FICHES et TESTS
de grammaire

ALLEMAND

AVEC CORRIGÉS

Marie Marhuenda
Bernard Viselthier

ÉDITIONS OPHRYS

Chez le même éditeur

- Petit vocabulaire actuel. Allemand
  B. Viselthier
- L'allemand du management
  C. Barrial
- Le Mot et l'idée. Allemand
  R. Loriche
- Histoire facile à lire. Allemand
  M. Briand

et dans la même collection :

- Fiches et tests. Anglais
  Claude Rivière

Achevé d'imprimer en janvier 2012 par EMD S.A.S. – 53110 Lassay-les-Châteaux
N° d'impression : 26060 – Dépôt légal : janvier 2012
Imprimé en France

ISBN : 978-2-7080-1332-2

Éditions Ophrys
25, rue Ginoux 75015 Paris
www.ophrys.fr

Conception graphique et réalisation **STDI**
Couverture **Guillaume Pigelet**

Mode d'emploi

À qui ce livre s'adresse

- Aux étudiant(e)s de tous domaines dont le cursus comporte de l'allemand.
- À tous ceux et celles qui ont à un moment étudié l'allemand et qui désirent rafraîchir, préciser et réorganiser leurs connaissances.

Les bases fondamentales de la grammaire et les actes langagiers de l'allemand les plus courants sont décrits avec simplicité.

Comment utiliser ce livre

Le livre est constitué de **fiches regroupées par thèmes**. Chaque fiche est suivie d'**exercices d'entraînement** utilisant un vocabulaire très actuel, tiré de la presse. À la fin de chaque groupe de fiches se trouve **un test** qui permet d'évaluer le niveau atteint.

- Vous pouvez utiliser les fiches individuellement pour préciser un point qui vous tracasse. Il est intéressant de faire les exercices une première fois avant, puis une deuxième fois après une lecture attentive. **Tous les exercices sont corrigés**.
- Pour mieux prendre conscience de votre niveau, il est recommandé d'étudier tout un thème. Faites le test avant et après, mais ne regardez le score de votre premier essai qu'après avoir étudié le thème et rempli le deuxième essai du test.

Le livre présente aussi **un test de départ général et un test d'arrivée**.

L'**index** contient des mots allemands, des mots français à problème et certains termes grammaticaux courants. Il vous aidera à retrouver ce que vous cherchez.

Sommaire

Test d'entrée

Test d'entrée
Test 1
Test 2
Test 3
Test 4
Test 5
Test 6
Test 7
Test Bilan

Vérifiez vos réponses à l'aide du corrigé p. 251 et comptabilisez vos points.

1 **Quelle phrase traduit : « Il était fier d'elle. » ?**

a. Er war stolz von ihr.
b. Er war mit ihr stolz.
c. Er war stolz auf sie.
d. Er war stolz an sie.

2 **Quelle est la question dont la réponse est : „*Max'Haus*" ?**

a. Für wen wurde das Haus gebaut?
b. Wessen Haus wurde überschwemmt?
c. Wem verkaufte er das Haus?
d. Worüber wurde bei ihnen diskutiert?

3 **Quelle est la phrase correcte ?**

a. Ihm ist geholfen worden.
b. Er ist geholfen worden.
c. Man half ihn.
d. Ihn ist geholfen worden.

4 **Quelle est la phrase correcte ?**

a. Die Experten kümmern sich für die Produktion der Firma.
b. Die Experten kümmern sich vor der Produktion der Firma.
c. Die Experten kümmern sich von der Produktion der Firma
d. Die Experten kümmern sich um die Produktion der Firma.

5 **Quelle est la traduction de « tous les Allemands » ?**

a. alle Deutsche
b. alle Deutschen
c. all die Deutschen
d. die gesamte Deutschen

6 **Quelle est la traduction de « De qui se souvient d'elle ? »**

a. An was erinnert sie sich?
b. Woran erinnert sie sich?
c. An wen erinnert sie sich?
d. Von wem erinnert sie sich?

7 **Comment traduire « Le manque de vitamines » ?**

a. Der Mangel an Vitamine?
b. Der Mangel von Vitaminen?
c. Der Mangel an Vitaminen?
d. Der Mangel der Vitamine?

8 **Quelle est la phrase correcte ?**

a. Er ist groβer als ich.
b. Er ist gröβer als ich
c. Er ist gröβer wie ich.
d. Er ist gröβer als mich.

9 Quelle est la phrase correcte ?
a. Indem man lernt Vokabeln, man kann die Fremdsprache besser sprechen.
b. Indem man lernt Vokabeln, kann man die Fremdsprache besser sprechen.
c. Indem man Vokabeln lernt, man kann die Fremdsprache besser sprechen.
d. Indem man Vokabeln lernt, kann man die Fremdsprache besser sprechen.

10 Quelle est la phrase correcte ?
a. Wir haben vor, in die USA fliegen.
b. Wir vorhaben, in die USA fliegen.
c. Wir haben vor, in die USA zu fliegen
d. Wir haben vor, in den USA zu fliegen.

11 Quelle est la phrase correcte ?
a. Wie dem auch ist, bleibe ich bei meinem Entschluss.
b. Wie dem auch sei, bleibe ich bei meinem Entschluss.
c. Wie dem auch war, ich bleibe bei meinem Entschluss.
d. Wie dem auch sei, ich bleibe bei meinem Entschluss.

12 Quelle est la question à laquelle on répond par : „*in die Schweiz*" ?
a. Wo fährt sie?
b. Woher fährt sie?
c. Wohin fährt sie?
d. Wann fährt sie?

13 Quelle est la phrase correcte ?
a. Je mehr die Kinder Platz haben, desto mehr bringen sie ihr Zimmer in Unordnung.
b. Je mehr Platz die Kinder haben, desto mehr sie ihr Zimmer in Unordnung bringen.
c. Je mehr Platz die Kinder haben, desto mehr bringen sie ihr Zimmer in Unordnung.
d. Je mehr Platz haben die Kinder, desto mehr bringen sie ihr Zimmer in Unordnung.

14 Quelle question ne convient pas pour la réponse : „*Mit Max*" ?
a. Mit wem ist er ins Kino gegangen?
b. Wer begeitete ihn ins Kino?
c. Mit welchem Freund ist er ins Kino gegangen?
d. Ist er mit Max oder mit Georg ins Kino gegangen?

15 Quelle est la phrase correcte ?
a. Nachdem er den Roman las, machte er sich auf den Weg.
b. Nachdem den Roman gelesen zu haben, machte er sich auf den Weg.
c. Nachdem er den Roman gelesen hat, machte er sich auf den Weg.
d. Nachdem er den Roman gelesen hatte, machte er sich auf den Weg.

16 Quelle est la phrase correcte ?
a. Er sagt, dass er nicht nach Berlin hat kommen können.
b. Er sagt, dass er hat nicht nach Berlin kommen können.
c. Er sagt, dass er nicht nach Berlin kommen können hat.
d. Er sagt, dass er nicht nach Berlin kommen hat können.

17 **Qu'est-ce qui est juste ?**

a. Ein den Nachbar störender Lärm?
b. Einer den Nachbarn störender Lärm?
c. Einer den Nachbarn störende Lärm?
d. Ein den Nachbarn störender Lärm?

18 **Quelle est la phrase correcte ?**

a. Er ist lange weg gewesen.
b. Er hat lange weg gewesen.
c. Er hat lange weg geworden.
d. Er wird lange weg gewesen.

19 **Quelle est la phrase correcte ?**

a. Wenn du sie treffst, grüß sie von mir.
b. Ob du sie triffst, grüß sie für mich.
c. Wann du sie triffst, grüß sie für mir.
d. Wenn du sie triffst, grüß sie von mir.

20 **Quelle est la phrase correcte ?**

a. Seit drei Tage gehe ich besser.
b. Seit drei Tage geht's mir besser.
c. Seit drei Tagen geht's mir besser.
d. Seit drei Tagen gehe ich besser.

Votre score ..../20

Appréciation du score :

de 18 à 20 : Bravo. Vous pouvez quand même parcourir le livre pour y découvrir quelques points méconnus, avant de passer à un niveau supérieur.
de 15 à 17 : C'est bien, mais il y a encore quelques lacunes. Travaillez les fiches concernées.
de 12 à 15 : Pas mal, mais une révision systématique s'impose pour clarifier la situation.
de 8 à 11 : Vous n'êtes pas au niveau, il y a trop d'incertitudes.
au-dessous de 8 : Reprenez tout à la base, lentement et systématiquement.

SECTION 1

LA SPHÈRE DU VERBE

Fiche 1

La place du verbe

La phrase allemande s'organise à partir du groupe verbal infinitif :

Jeden zweiten Montag ins Konzert ***gehen***
= aller au concert un lundi sur deux

Jeden Tag sechs Stunden Klavier ***üben***
= s'entraîner au piano six heures par jour

Le verbe, contrairement au français, est toujours **en fin d'énoncé**.

Le verbe se place en général en deuxième place après le premier élément de la phrase. Ce premier élément n'est pas nécessairement le sujet de la phrase. On obtient ainsi une phrase déclarative (affirmative) :

Maria und Ihr Mann ***gehen*** *regelmäßig jeden zweiten Montag ins Konzert.*
2
Maria et son mari vont régulièrement au concert un lundi sur deux.

Jeden Tag ***übt*** *Maria sechs Stunden Klavier.*
2
Chaque jour Maria fait six heures d'exercices au piano.

Lorsque la place 1 de la phrase n'est pas le sujet, celui-ci sera nécessairement en place 3 dans la phrase.

Mais le verbe peut se trouver **en première place** dans la phrase : c'est le cas dans les phrases interrogatives globales et impératives :

Haben *Sie Ihre Fahrkarte gelöst?* Avez-vous pris votre titre de transport ?
1

Kaufst *du immer bei Aldi, wenn du in der Stadt bist?* Fais-tu toujours tes courses chez Aldi quand tu es en ville ?

Sei *doch geduldig!* ***Rege*** *dich nicht auf!* Sois patient ! Ne t'énerve pas !
1 1

C'est le cas également lorsque ***WENN*** (si, conditionnel, *cf.* fiche 35) est supprimé dans la subordonnée. Le verbe de la subordonnée est alors en tête de la proposition :

Kommt *er nicht, dann gehen wir ohne ihn ins Kino.*
1
S'il ne vient pas, nous irons sans lui au cinéma.

Dans une phrase interrogative partielle, le verbe conjugué sera placé derrière le pronom interrogatif :

Wann hast du mit dieser Arbeit angefangen?
Quand as-tu commencé ce travail ?

Dans une proposition subordonnée, le verbe conjugué occupe la dernière place de la phrase, comme c'est le cas dans le groupe infinitif.

Groupe verbal : *in der Bibliothek **arbeiten***

*Ich weiß, dass du am Nachmittag in der Bibliothek **arbeitest**.*

Je sais que tu travailles chaque après-midi en bibliothèque.

Si toutefois une proposition subordonnée précède une proposition principale, le verbe de la principale sera toujours en deuxième place, la subordonnée comptant, elle, obligatoirement pour une première place :

*Dass er alle seit Jahren angelogen hat, **ist** jezt wohl bekannt*
1 **2**

Le fait qu'il a menti à tous depuis des années est maintenant chose bien connue.

Exercices

1. Faites les phrases en mettant les mots à la bonne place.

a. Aber – in Frankreich – die Schulferien – sind – sehr lang.
b. Ich – gestern – dass – sie – hat – einen – habe … gehört – Unfall – gehabt.
c. Nächste Woche – statt – in Paris – findet – eine Modeausstellung.
d. Ich – Krokodile – weiß – dass – gefährliche Tiere – sind.
e. Im Sommer – fahren – ich – mit meinem Freund – will – nach Süden.
f. Weißt – du – diese Pflanze – bei diesem Klimawechsel – kann – wachsen – ob – weiter.
g. Du – heute – zu Hause – bleibst – ?
h. Sie – diese Sendung – behaupten – kein Interesse – erwecken – dass – kann – beim Publikum
i. Er – kein Raucher – ist – er – aber – manchmal – gern – raucht – eine Zigarre.
j. Ich – mehr – hätte – Zeit – ich – wenn – würde – für die moderne Literatur – interessieren – mich.

2. Conjuguez et mettez à la bonne place les verbes à l'infinitif entre parenthèses.

a. Am 9.Juli der Süden des Sudan unabhängig vom Nordteil des Landes (werden sollen).
b. Der Darmkeim EHEC weiter (sich ausbreiten).
c. In Hamburg die Behörden zu Blutspenden (aufrufen), um Erkrankte richtig (behandeln können).
d. In den Haag der ehemalige Armeechef der bosnischen Serben vor seinen Richtern (erscheinen müssen).
e. Weil er in Krisenzeiten für einen stabilen Euro (sich eingesetzt haben), der Chef der Europäischen Zentralbank Jean-Claude Trichet den Karlspreis (erhalten).
f. Das Volk (aufbegehren).
g. Journalisten behaupten, dass auch italienische Diplomaten die jemenitische Hauptstadt (verlassen haben müssen).

3. Traduisez les groupes infinitifs suivants.

a. aller toujours se coucher tardivement
b. se préparer au concours avec espoir
c. danser toute la nuit avec des amis
d. faire un tour en voiture sur les bords du Rhin
e. traduire un texte mot à mot
f. recevoir de bonnes nouvelles d'Autriche
g. paresser devant un ciel sans nuages

Les verbes faibles, forts et faibles irréguliers

Fiche 2

Le verbe est le moteur de la phrase : il met en relation les différents éléments d'un énoncé. Comme en français les verbes allemands peuvent être :

- **transitifs** (avec un compléments à l'accusatif) : *sie kauft eine Cd*, elle achète un cd,
- **intransitifs** lorsqu'ils n'ont pas de C.O.D : *er lacht*, il rit.

Ils peuvent être également **réfléchis** lorsqu'ils sont accompagnés d'un pronom complément qui représente la même personne que le sujet : *du versteckst dich*, tu te caches.

Certains verbes, dits impersonnels ne se conjuguent qu'à la 3e personne du singulier avec le pronom ***ES*** comme sujet : *es regnet*, il pleut, *es klingelt*, on sonne à la porte.

On trouve en allemand deux grandes catégories de verbes : les verbes appelés « **faibles** », qui sont des verbes réguliers, et une bonne centaine de verbes appelés « **forts** » qui sont des verbes irréguliers. Autant les verbes faibles ne posent pas de problème particulier, autant il est indispensable d'apprendre les temps primitifs des verbes forts (*cf.* liste en annexes p. 239).

1 Les verbes faibles

ARBEITEN, travailler, ***GLAUBEN***, croire, ***HÖREN***, entendre, ***MACHEN***, faire, ***STUDIEREN***, étudier, etc.

A. À l'indicatif présent, ils prennent les terminaisons suivantes : ***-e, -st, -t, -en -t, -en***

Pour les verbes dont le radical est en ***-d, -t, -m, -n***, l'ajout d'un ***e*** euphonique s'impose : *er arbeit**e**t, du rechn**e**st.*

B. Au prétérit, ils prennent les terminaisons suivantes : ***-te, -test, -te, -ten, -tet, -ten***

Exemple avec le verbe ***SAGEN***, dire : *sagte, sagtest, sagte, sagten, sagtet, sagten*.

C. Au parfait, lorsque la 1re syllabe de l'infinitif du verbe est accentuée, le participe passé se construit avec : ***ge* + radical + *t*** :

*ma**chen → **ge**-mach-**t***. Fait

Les verbes faibles étant pour la plupart transitifs, l'auxiliaire utilisé au parfait sera ***HABEN*** :

du hast eine schöne Blume gemalt, tu as peint une jolie fleur.

2 Les verbes forts

Ils ont les mêmes terminaisons que les verbes faibles à l'indicatif présent, mais ils changent leur voyelle radicale : c'est leur particularité (*cf.* liste p. 239).

A. Au présent, deux catégories se présentent : celle des verbes forts en ***a***, comme ***FAHREN*** (aller en véhicule), et celle des verbes forts en ***e*** bref ou long comme ***WERFEN*** (lancer), ou ***LESEN*** (lire).

FAHREN : *ich fahre, du* ***fä****hrst, er* ***fä****hrt, wir fahren, ihr fahrt, sie fahren.*

WERFEN (e bref) : *ich werfe, du wirfst, er wirft, wir werfen, ihr werft, sie werfen.*

LESEN (e long) : *ich lese, du* ***lie****st, er* ***lie****st, wir lesen, ihr lest, sie lesen.*

B. Au prétérit : *-Ø, -st, -Ø, -en, -t, -en*

Exemple avec le verbe ***FAHREN*** : *fuhr, fuhrst, fuhr, fuhren, fuhrt, fuhren.*

C. Au parfait, lorsque la 1re syllabe de l'infinitif du verbe est accentuée, le participe passé se fera en ***ge* + radical** (avec ou sans changement de voyelle) + ***en*** :

fah*ren* → *ge-****fahr****-en*

trin*ken* → *ge-****trunk****-en*

L'auxiliaire utilisé sera ***HABEN*** ou ***SEIN*** (verbes intransitifs) :

Er ***hat*** *ein Glas Bier getrunken, hat sein Auto genommen und* ***ist*** *nach Hause gefahren.*
Il a bu un verre de bière, a pris sa voiture et est rentré à la maison.

3 Il existe aussi des verbes faibles irréguliers

Ils ont des marques de type « **fort** » au prétérit avec des terminaisons faibles et des marques de type « **faible** » au participe passé :

Ex. : *bringen*, apporter, *denken*, penser,
*bringen, br****a****chte, gebracht* *denken, d****a****chte, gedacht*
kennen, connaître, supprimer.
*kennen, k****a****nnte, gekannt*

Remarque : les verbes faibles ou forts qui commencent par un des préverbes suivants **inaccentués** : ***be-, emp-, ent-, er-, ge-, miss-, ver-, zer-*** ne prennent pas de préfixe ***ge*** au participe passé : *besucht*, visité, *erklärt*, expliqué, *gelungen*, réussi, *verloren*, perdu.

Il en va de même pour les verbes terminés en ***-ieren***, à racine étrangère : *manipuliert, transportiert, telefoniert…*

Pour les verbes précédés d'un préverbe **accentué**, tel ***auf****machen* (ouvrir), le préfixe ***ge*** au participe passé se place entre le préverbe et le verbe :

*Wer hat die Tür auf****ge****macht?* Qui a ouvert la porte ?

Exercices

1. Donnez le participe 2 (passé) des verbes suivants :

arbeiten
gehen
hören
mitspielen
nehmen
fahren
kennen
transportieren
zeigen
verbringen

2. Mettez les formes verbales suivantes au prétérit :

du kommst
er rechnet
sie telefoniert
ich verstehe
du brichst
ihr bringt
sie trinken
du schneidest
er erzählt
wir schweigen

3. Donnez l'infinitif des formes verbales suivantes :

gewesen
gehabt
geworden
geblieben
gekonnt
gestolpert
gerannt
geheißen
gemocht
gegessen

4. Quels auxiliaires accompagnent les formes ci-dessus au participe passé ?

....

....

5. Traduisez

a. Il est tombé hier dans l'escalier.
b. Ils ont vidé toute la bouteille.
c. Elle a vieilli.
d. J'ai eu de la chance.
e. Vous êtes devenus agressifs.
f. Quand cela est-il arrivé ?
g. Admettons que tu te sois trompé.
h. Elle a organisé le voyage.
i. J'ai mis les verres sur la table.
j. Ils ont libéré les prisonniers.

Fiche 3

Les temps et les conjugaisons d'un verbe faible et d'un verbe fort

1 Les temps de la conjugaison

On distingue les temps simples et les temps composés :

- Les temps simples comprennent **le présent de l'indicatif**, **le prétérit**, **le subjonctif I présent**, **le subjonctif II présent**.
- Les temps composés font appel à un auxiliaire, ***SEIN***, ***HABEN*** ou ***WERDEN***. Ce sont : **le parfait**, **le plus que parfait** et **le futur**.

A. Les temps simples

• **Les terminaisons de l'indicatif présent** sont : ***-e, -st, -t, -en, -t, -en***.

Pour certains verbes dont le radical (verbe amputé de ***-en***) se termine en ***-d, -t, -m, -n***, on ajoute un ***e*** euphonique entre le radical et la terminaison verbale :

Ex. : *arbeiten* (travailler) → radical : *arbeit-* → *du arbeitest* (tu travailles).

Attention : les verbes de modalité (voir fiche 5) n'ont pas de marque à la 1re et à la 3e personne du singulier : *ich kann* (je suis en mesure de), *sie muss* (elle doit).

• **Les terminaisons du prétérit** sont : ***-Ø, -st, -Ø, -en, -t, -en*** pour les verbes forts et ***-te, -test, -te, -ten, -tet, -ten*** pour les verbes faibles.

Les verbes forts subissent un changement de voyelle du radical :

singen → *du sangst* (tu chantais)

Il faut faire très attention au ***e*** intercalaire à la deuxième personne du singulier des verbes dont le radical se termine par deux « *s* » si la voyelle du radical est brève ou par un « *ß* » si la voyelle du radical est longue :

schließen – *schloss* = *du schlossest*, *essen* – *aß* = *du aßest*

• **Les terminaisons du subjonctif I présent** sont identiques pour tous les verbes : on ajoute à leur radical qui ne subit aucune transformation : ***-e, -est, -e, -en, -et, -en***. La 1re et la 3e personne du pluriel sont identiques à celles du présent de l'indicatif. Une exception toutefois : ***SEIN*** aux trois premières personnes du singulier : *ich sei, du seist, er sei* (*cf.* fiche 8).

• **Les terminaisons du subjonctif II présent** se différencient en fonction des verbes faibles et des verbes forts.

Pour les verbes faibles, les terminaisons sont semblables à celles du prétérit de l'indicatif.

Pour les verbes forts, on ajoute au radical du prétérit le ***e*** du subjonctif et la marque de la personne : *ich ginge, du gingest, er ginge*, etc.

Les verbes dont la voyelle du prétérit est en ***-a, -o, -u*** prennent une inflexion : *ich nähme, du nähmest, er nähme*, etc.

Les formes du subjonctif II présent tendent à être remplacées dans la langue parlée par les formes du futur du subjonctif II sauf pour les auxiliaires modaux : *ich würde ... gehen*, *du würdest... nehmen*, etc., mais *wir müssten*, *ihr könntet*, *wir s**o**llten*, *ihr w**o**lltet*, ces deux derniers sans ***Umlaut***)... Elles se traduisent en français par le conditionnel présent : j'irais, tu prendrais... nous devrions, vous pourriez.

Attention cependant à certaines formes archaïques du subjonctif II que l'on trouve encore à l'écrit :

befehlen = beföhle
helfen = hälfe/hülfe
stehen = stünde
sterben = stärbe/stürbe
empfehlen = empföhle
schwören = schwöre/schwüre
stehlen = stähle/stöhle
verstehen = verstünde

B. Les temps composés

Ils font appel à un auxilaire : ***HABEN***, ***SEIN***, ***WERDEN*** (*cf.* fiche 4).

• **Le parfait (passé composé)** se forme à partir de l'auxiliaire ***HABEN*** ou ***SEIN***, complété par une forme impersonnelle du verbe au participe II (passé) qui se place en fin de phrase :

*Sie **haben** sich alle gut miteinander **unterhalten** und **sind** bis am Spätnachmittag zusammen **geblieben**.*
Ils ont bien bavardé les uns avec les autres et sont restés ensemble jusque tard dans l'après-midi.

• **Le plus que parfait** se forme à partir du prétérit de ***HABEN*** ou de ***SEIN***. Comme pour le parfait, le participe II faible ou fort se place en fin de phrase :

*Sie **hatte** lange in München **gelebt** und **war** dann nach Hamburg **umgezogen**.*
Elle avait vécu longtemps à Munich et avait ensuite déménagé à Hambourg.

• **Le futur** est moins employé qu'en français. Il demande l'auxiliaire ***WERDEN*** conjugué au présent, *-ich werde, du w**irst**, er w**ird**, wir werden, ihr werdet, sie werden* et est suivi de la forme infinitive du verbe que l'on conjugue. Celle-ci se place en fin de phrase. Le futur est souvent remplacé par un présent « proche » complété par des adverbes de temps : *heute Abend, bald, morgen,...* sauf dans les cas où l'on insiste vraiment sur l'événement à venir :

*Du **kannst** dich auf mich verlassen, ich werde dir **helfen**.*
Tu peux compter sur moi, je t'aiderai.
Morgen Nachmittag gehe ich mit meiner Kusine ins Kino.
Demain après-midi, j'irai au cinéma avec ma cousine.

2 La conjugaison d'un verbe faible

Ils suivent tous ce modèle. Prenons par exemple le verbe ***SPIELEN*** (jouer).

Auxiliaire : *haben*, **participe présent (1) :** *spielend*, **participe passé (2) :** *gespielt*, **infinitif 2 :** *gespielt haben*.

Présent	Parfait	Futur
Ich spiele Du spielst Er/sie/es spielt Wir spielen Ihr spielt Sie spielen	*Ich habe… gespielt Du hast… gespielt Er/sie/es hat… gespielt Wir haben… gespielt Ihr habt… gespielt Sie haben… gespielt*	*Ich werde… spielen Du wirst… spielen Er/sie/es wird… spielen Wir werden… spielen Ihr werdet… spielen Sie werden… spielen*
Prétérit	**Plus que parfait**	
Ich spielte Du spieltest Er/sie/es spielte Wir spielten Ihr spieltet Sie spielten	*Ich hatte… gespielt Du hattest… gespielt Er/sie/es hatte… gespielt Wir hatten… gespielt Ihr hattet… gespielt Sie hatten… gespielt*	

Subjonctif I présent	Subjonctif I passé	Subjonctif I futur
Ich spiele Du spielest Er/sie/es spiele Wir spielen Ihr spielet Sie spielen	*Ich habe…gespielt Du habest… gespielt Er/sie/es habe… gespielt Wir haben… gespielt Ihr habet… gespielt Sie haben… gespielt*	*Ich werde… spielen Du werdest… spielen Er/sie/es werde… spielen Wir werden… spielen Ihr werdet… spielen Sie werden… spielen*
Subjonctif II présent	**Subjonctif II passé**	**Subjonctif II futur**
Ich spielte Du spieltest Er/sie/es spielte Wir spielten Ihr spieltet Sie spielten	*Ich hätte… gespielt Du hättest… gespielt Er/sie/es hätte… gespielt Wir hätten… gespielt Ihr hättet… gespielt Sie hätten… gespielt*	*Ich würde… spielen Du würdest… spielen Er/sie/es würde… spielen Wir würden…spielen Ihr würdet… spielen Sie würden… spielen*

Impératif : *spiel! spielt! spielen Sie!*

C. La conjugaison d'un verbe fort

Les verbes forts (irréguliers) changent tous la voyelle du radical de l'infinitif au prétérit et certains également au participe passé. De plus, deux familles de verbes forts présentent une modification du radical de l'infinitif au **présent de l'indicatif** (2e et 3e pers. du singulier).

- Les verbes en ***e*** qui changent leur « *e* » en ***i*** bref ou ***ie*** long : ***NEHMEN***, (prendre) : *ich nehme, du nimmst, er nimmt* (omission du „h") ; ***SEHEN*** : *ich sehe, du siehst, er sieht*.
- Les verbes en ***a*** qui changent leur « *a* » en ***ä*** : ***TRAGEN*** (porter) : *ich trage, du trägst, er trägt*.

Prenons par exemple le verbe ***TRINKEN*** (boire), prétérit : *trank*.

Auxiliaire : *haben*, **participe présent :** *trinkend*, **participe passé (2) :** *getrunken*, **infinitif 2 :** *getrunken haben*.

Présent	Parfait	Futur
Ich trinke *Du trinkst* *Er/sie/es trinkt* *Wir trinken* *Ihr trinkt* *Sie trinken*	*Ich habe.... getrunken* *Du hast... getrunken* *Er/sie/es hat... getrunken* *Wir haben... getrunken* *Ihr habt... getrunken* *Sie haben... getrunken*	*Ich werde... trinken* *Du wirst... trinken* *Er/sie/es wird... trinken* *Wir werden... trinken* *Ihr werdet... trinken* *Sie werden... trinken*
Prétérit	**Plus que parfait**	
Ich trank *Du trankst* *Er/sie/es trank* *Wir tranken* *Ihr trankt* *Sie tranken*	*Ich hatte... getrunken* *Du hattest... getrunken* *Er/sie/es hatte... getrunken* *Wir hatten... getrunken* *Ihr hattet... getrunken* *Sie hatten... getrunken*	

Subjonctif I présent	Subjonctif I passé	Subjonctif I futur
Ich trinke *Du trinkest* *Er/sie/es trinke* *Wir trinken* *Ihr trinket* *Sie trinken*	*Ich habe... getrunken* *Du habest... getrunken* *Er/sie/es habe... getrunken* *Wir haben... getrunken* *Ihr habet... getrunken* *Sie haben... getrunken*	*Ich werde... trinken* *Du werdest... trinken* *Er/sie/es werde... trinken* *Wir werden... trinken* *Ihr werdet... trinken* *Sie werden... trinken*
Subjonctif II présent	**Subjonctif II passé**	**Subjonctif II futur**
Ich tränke *Du tränkest* *Er/sie/es tränke* *Wir tränken* *Ihr tränket* *Sie tränken*	*Ich hätte... getrunken* *Du hättest... getrunken* *Er/sie/es hätte... getrunken* *Wir hätten... getrunken* *Ihr hättet... getrunken* *Sie hätten... getrunken*	*Ich würde... trinken* *Du würdest... trinken* *Er/sie/es würde... trinken* *Wir würden... trinken* *Ihr würdet... trinken* *Sie würden... trinken*

Impératif : *trink! trinkt! trinken Sie!*

Exercices

1. Mettez au prétérit :

du isst	ihr rechnet
ihr arbeitet	du schließt
ich schreite	er erhält
wir denken	ihr lügt
ich weiß	sie werden
ich kneife	du gefällst
du stehst	sie laufen

2. Mettez à la deuxième personne du singulier de l'impératif les verbes suivants :

lesen	nehmen
geben	schlafen
entschuldigen	werden
sterben	sein
antworten	rechnen

3. Mettez à la troisième personne du singulier du passé-composé les verbes suivants :

befehlen	verschwinden
stechen	helfen
sprechen	werden
bitten	wachsen
fahren	gehen
verbieten	reisen
binden	kennen

4. Mettez ces verbes à la troisième personne du singulier du présent du subjonctif 2 :

verstehen	kennen
genießen	denken
fliegen	fahren
lesen	bieten
gewinnen	trinken
sterben	werfen

Les trois auxiliaires : *HABEN, SEIN, WERDEN*

Fiche 4

Ce sont tous trois des verbes à part entière (avoir, être, devenir) mais ils sont aussi tous les trois auxiliaires : ***HABEN*** et ***SEIN*** interviennent dans les temps composés (*cf.* fiche 3), ***WERDEN*** pour la formation du futur et du passif (*cf.* fiche 10).

1 *HABEN*

Il est utilisé avec :

- les verbes **transitifs** (complément d'objet à l'accusatif) :
  Hast du ein gutes Buch gekauft? As-tu acheté un livre intéressant ?
- les verbes indiquant une **position** :
  Sie haben lange gesessen. Ils sont restés assis un long moment.
- les verbes **pronominaux et réfléchis** :
  Wir haben uns erkundigt. Nous nous sommes renseignés.
  Er hat sich die Zähne geputzt. Il s'est brossé les dents.
- les verbes **intransitifs** qui indiquent un état :
  Er hat zwei Stunden warten müssen und hat ein wenig geschlafen. Il a dû attendre deux heures et a dormi un peu.

2 *SEIN*

Il est utilisé avec :

- les verbes **intransitifs** qui expriment un changement de **lieu** :
  Wir sind nach Spanien zu Fuß gegangen. Nous sommes allés en Espagne à pied.
- les verbes **intransitifs** exprimant un changement **d'état** :
  Sie ist nach zwei Minuten eingeschlafen. Elle s'est endormie en deux minutes.
- les verbes ***BLEIBEN***, ***SEIN*** et ***WERDEN*** :
  Wie lange bist du dort geblieben? Combien de temps es-tu resté là-bas ?
  Er ist lange weg gewesen. Il a été longtemps absent (au loin).
  Im Dezember ist es plötzlich sehr kalt geworden. Il a fait froid subitement en décembre.
  Die Kinder von gestern sind älter geworden. Les enfants d'hier ont vieilli.

3 WERDEN

Il est utilisé :

- comme auxiliaire du futur de l'indicatif, des futurs du subjonctif I et II (*cf.* fiche 3),

  Sie wird bald ihr Examen machen. Elle passera bientôt son examen.

- comme auxiliaire du passif indiquant le déroulement ou la description d'une activité en cours (*cf.* fiche 10)

  Viele Wagen werden jährlich von Deutschland exportiert. Chaque année, l'Allemagne exporte de nombreuses voitures. Ou : De nombreuses voitures sont exportées chaque année par l'Allemagne.

Exercices

1. Complétez par les bons auxiliaires :

a. Sie ...... sich heute zum ersten Mal gesehen.
b. Er ...... lange an der Bushaltestelle warten müssen.
c. Wir ...... gestern unserer Mutter Blumen zum Geburtstag gebracht.
d. Wie ...... du so spät nach Hause zurückgekehrt?
e. Warum ...... ihr plötzlich so aggressiv geworden?
f. Wir ...... lange Zeit in Berlin geblieben, weil wir dort viel zu tun gehabt ....
g. Wo ...... du denn in den Ferien gewesen? Dort, wo ich aufgewachsen ....
h. ...... ihr im Zug wenigstens schlafen können?
i. Wir ...... uns über den Weg informiert und ...... problemlos am Ziel angekommen.
j. Glaubst du, dass er schon nach Rom gefahren ...... ?
k. Ihr ...... heute Morgen aber faul gewesen!
l. Was ...... deine Eltern über deine Zukunft beschlossen?
m. Seit Jahren ...... er nicht mehr in die Heimat zurückgekehrt.
n. Sie .... sich gestern die Haare färben lassen.
o. Was ...... dieses Ding da gekostet.
p. Gestern ...... wir ihm auf der Straße gefolgt.
q. Nach drei Stunden ...... das Kind endlich eingeschlafen.
r. Es ...... in der Nacht gefroren.
s. Er ...... lange überlegen müssen.
t. Wann ...... du von den USA zurückgeflogen?

2. Traduisez :

a. Dès maintenant, l'Iran fait partie des États dans lesquels la communication sur le net est extrêmement surveillée.
b. Jusqu'à maintenant, la présence de l'agent pathogène du EHECE dans les germes de soja n'a pas encore été décelée par les laboratoires.
c. Les produits concernés furent retirés du commerce.
d. Après le départ du président yéménite Saleh en Arabie Saoudite, un changement de pouvoir semble devenir possible. C'est depuis l'attaque de sa résidence que Saleh est soigné dans ce pays voisin.
e. La chancelière Angela Merkel et le président des États-Unis Obama se sont rencontrés à Washington dans une atmosphère chaleureuse.
f. Les combats au Yémen se poursuivent encore après le départ du dictateur Saleh, il y a eu de nouveau des morts.
g. En Allemagne, le football devient de plus en plus populaire auprès des femmes et des filles aussi.
h. La Chinoise Li Na est la première asiatique à gagner un tournoi du grand chelem.

Fiche 5

Les verbes de modalité

Il y a **six** verbes de modalité qui expriment le pouvoir, le devoir, le vouloir. On associe souvent à ceux-ci le verbe ***WISSEN*** (savoir).

1 Le pouvoir

DÜRFEN : avoir la permission de, être autorisé par autrui à

In der Schule dürfen die Schüler nicht rauchen.
Les élèves ne sont pas autorisés à fumer à l'école.

KÖNNEN : être en mesure, être capable de faire quelque chose

Du kannst wahrscheinlich arabisch ohne Mühe lernen.
Tu peux vraisemblablement apprendre l'arabe sans peine.

2 Le devoir

MÜSSEN : être contraint de

Heute Abend muss ich meinen Vortrag zu Ende schreiben.
Ce soir il faut que je termine d'écrire mon exposé.

Ich werde bis spät in die Nacht arbeiten müssen.
Je serai obligé de travailler jusque tard dans la nuit.

SOLLEN : être obligé (par le fait d'autrui), être indécis, le ouï-dire, la rumeur

Ich soll bis morgen meine Arbeit fertig geschrieben haben.
Il faut que d'ici demain j'aie terminé la rédaction de mon travail.

Du solltest deine Großmutter öfter besuchen.
Tu devrais rendre visite à ta grand-mère plus souvent.

Soll ich das grüne oder das blaue Kleid kaufen?
Que vais-je acheter, la robe verte ou la bleue ?

Er soll reich sein.
On dit qu'il est riche.

3 Le vouloir

MÖGEN : aimer bien, apprécier, le désir (subjonctif II)

Am Nachmittag mag ich eine Wurst essen.
L'après-midi, j'aime bien manger une saucisse.

Sie möchten eine Reise nach Algerien machen.
Ils aimeraient faire un voyage en Algérie.

WOLLEN : le désir ferme

Willst du wirklich Spanisch sprechen?
Tu veux vraiment parler espagnol ?

Ces verbes ont tous les **mêmes caractéristiques** :

- Au présent de l'indicatif la 1re et la 3e personne du singulier est identique.
- Les trois personnes du singulier ont une voyelle autre que celle de l'infinitif (à l'exception de ***SOLLEN***) : ils perdent leur inflexion.
- Au prétérit, ils se comportent en verbes faibles, ils perdent complètement leur inflexion.
- Leur participe passé est également de type faible lorsque le verbe n'a pas d'infinitif complément (*cf.* le double infinitif, fiche 9).
- Le verbe ***WISSEN*** se comporte comme un verbe de modalité. Sa seule différence est que son infinitif complément est toujours précédé de ***ZU***.

Tous ces verbes peuvent prendre des sens particuliers en fonction de la modalisation des énoncés (*cf.* la modalisation, fiche 41).

Indicatif présent

dürfen	können	mögen	müssen	sollen	wollen	wissen
ich darf	*kann*	*mag*	*muss*	*soll*	*will*	*weiß*
du darfst	*kannst*	*magst*	*musst*	*sollst*	*willst*	*weißt*
er darf	*kann*	*mag*	*muss*	*soll*	*will*	*weiß*
wir dürfen	*können*	*mögen*	*müssen*	*sollen*	*wollen*	*wissen*
ihr dürft	*könnt*	*mögt*	*müsst*	*sollt*	*wollt*	*wisst*
sie dürfen	*können*	*mögen*	*müssen*	*sollen*	*wollen*	*wissen*

Prétérit

ich durfte	*konnte*	*mochte*	*musste*	*sollte*	*wollte*	*wusste*
du durftest	*konntest*	*mochtest*	*musstest*	*solltest*	*wolltest*	*wusstest*
er durfte	*konnte*	*mochte*	*musste*	*sollte*	*wollte*	*wusste*
wir durften	*konnten*	*mochten*	*mussten*	*sollten*	*wollten*	*wussten*
ihr durftet	*konntet*	*mochtet*	*musstet*	*solltet*	*wolltet*	*wusstet*
sie durften	*konnten*	*mochten*	*mussten*	*sollten*	*wollten*	*wussten*

Participe passé

gedurft	*gekonnt*	*gemocht*	*gemusst*	*gesollt*	*gewollt*	*gewusst*

Exercices

1. Traduisez en utilisant un verbe de modalité :

a. Je suppose qu'il ne viendra pas aujourd'hui.
b. On dit qu'il fait un stage à Bâle.
c. Il est interdit de fumer au bureau.
d. Il prétend être allé plusieurs fois à Moscou.
e. Ils ne purent s'empêcher de rire.
f. Elle aurait dû prévoir les conséquences de ses actes.
g. Il a l'intention de prendre le train.
h. Ils voudraient te rendre visite.
i. Il ne peut pas venir nous chercher à la gare.
j. Que me veut-il ?
k. Advienne que pourra, je sèche les cours.
l. Il sait nager.
m. Il faut que je parte.

2. Traduisez :

a. Ihm muss geholfen werden.
b. Sie kann nicht lügen.
c. Wir haben nicht kommen können.
d. Sie hat nicht ins Eisstadion gedurft.
e. Ich kann es ihm nicht erzählen.
f. Diese Pflanze will trockenen Boden.
g. Der Junge kann viele Gedichte.
h. Er will die Sterne vom Himmel holen.
i. Das Kind kann schon sprechen.

3. Traduisez :

a. Le parti turc au gouvernement, l'Akape, triomphe aux élections législatives ; avec une avance considérable, il peut continuer à gouverner sans former de coalition.
b. Les difficultés économiques ont été l'une des causes des révolutions tunisienne et égyptienne. À présent, l'occident se doit d'apporter une aide financière si l'on veut éviter que le prolongement de cette situation ne provoque l'échec des réformes.
c. Karl Jäger et le meurtre des juifs lituaniens : Sa ville natale ne veut rien savoir. L'homme est mort depuis longtemps. 66 ans après, le passé doit rester le passé. Mais un historien est d'un tout autre avis.
d. On pense que plusieurs personnes ont été tuées pour avoir critiqué le régime.
e. Désormais, les protestations doivent se poursuivre sous une autre forme.

f. Des malades sévèrement atteints par la bactérie EHEC ont les reins si abîmés qu'ils relèvent d'un don d'organe s'ils ne veulent pas subir une dialyse toute leur vie.

g. Beaucoup d'enfants à l'est de la République Démocratique du Congo doivent gagner leur vie eux-mêmes.

Les préverbes (particules verbales)

Fiche 6

Il existe trois catégories de préverbes : **les séparables, les inséparables, les mixtes**.

1 Le préfixe verbal séparable accentué

La base verbale de certains verbes est précédée d'une particule telle que ***auf-, zu-, mit-***, etc. Observons le verbe suivant : ***auf****stehen* (se lever). Comme la particule, préfixe du verbe, est **accentuée**, le verbe **se sépare de sa particule**.

À l'infinitif, le préfixe est soudé au verbe ; il forme d'ailleurs avec le verbe un groupe infinitif. Mais dans une structure énonciative ou interrogative, seul le verbe va occuper la première ou la deuxième place dans la proposition, le préfixe accentué, lui, garde sa place.

In die Wohnung ***ein****treten.* Entrer dans l'appartement.

Sie tritt in die Wohnung ***ein****.* Elle entre dans l'appartement.

Wer ***tritt*** *in die Wohnung* ***ein****?* Qui entre dans l'appartement ?
2

Le préfixe garde sa place en fin de proposition, après les compléments, lorsque le verbe est en 1re place à l'impératif :

Tritt *doch endlich* ***ein****!* Vas tu finir par entrer ?
1

Au parfait et dans une subordonnée infinitive, le préfixe est soudé graphiquement au verbe par l'élément ***ge*** du participe II ou la marque ***zu*** de l'infinitif : la construction est identique.

*Sie ist in die Wohnung ein****ge****treten.* Elle est entrée dans l'appartement.

*Sie freut sich, in die Wohnung ein****zu****treten.* Elle se réjouit d'entrer dans l'appartement.

Les préverbes accentués les plus courants : ***ab-, an-, auf-, bei-, dar-, ein-, entgegen-, empor-, fort-, hin-*** (+ composés)***, her-*** (+ composés)***, los-, mit-, nach-, nieder-, vor-, weg-, weiter-, zu-*** ...

2 Le préfixe verbal inséparable inaccentué

Un préverbe **inaccentué** comme ***er****'zählen* (raconter) ou ***ver****'lieren* (perdre) indique qu'il ne peut jamais se trouver séparé du verbe. C'est grâce à l'oreille que l'on distingue le préfixe accentué du préfixe inaccentué.

Liste des préverbes inaccentués : ***be-, emp-, ent-, er-, ge-, miss-, ver-, zer-***.

Au participe 2 (passé), le verbe ne prend pas la marque ***ge***. La marque ***zu*** de l'infinitif ne sera pas soudée au verbe.

Um 5 Uhr morgens beginnt er seinen Tag. Il commence sa journée le matin à 5 heures.

Heute hat er seinen Tag um 6 Uhr ***begonnen****.* Il a commencé sa journée à 6 heures.

Um seinen Tag früher ***zu*** *beginnen,...* Pour commencer sa journée plus tôt,...

3 Le préfixe verbal mixte

Il est tantôt accentué (séparable), tantôt inaccentué (inséparable).

Liste des préverbes mixtes : ***durch-, über-, um-, unter-, voll-, wider-***

S'il est employé dans son **sens propre**, il est **séparable** (***über****setzen*) :

Mais employé au sens **figuré**, il est **inséparable**.

A. Quatre sont simples :

- ***um*** est **inséparable** quand le verbe exprime l'idée d'entourer ou de contourner et **séparable** dans tous les autres sens : *Sie umfährt das Gesetz.* Elle contourne la loi. *Renn die Frau nicht um!* Ne renverse pas la dame en courant !
- ***voll*** est **séparable** au sens propre de plein : *Gieß mein Glas nicht voll!* Ne remplis pas mon verre ! et **inséparable** lorsque le verbe exprime l'accomplissement d'une tâche : *vollbringen* (venir à bout de), *vollenden* (mener à bonne fin, achever), *vollführen* (réaliser, accomplir), *vollstrecken* (exécuter un ordre, un jugement, mettre à exécution), *vollziehen* (exécuter, accomplir).
- ***wider*** n'est **séparable** qu'avec un verbe qui exprime le renvoi d'une lumière ou d'un son : *widerhallen* (résonner), *widerscheinen* (réverbérer), *widerspiegeln* (refléter).
- ***wieder*** n'est **inséparable** qu'avec *wiederholen* (répéter).

B. En restent trois plus complexes : ***durch, über, unter***.

- ***Durch***

  Il est séparable :

  - Si le verbe est **intransitif** et traduit **le sens propre de** ***durch*** : le fait de traverser de part en part, de passer sans s'arrêter : *Bis Berlin fährt der Zug durch.* Le train est direct jusqu'à Berlin.
  - Si le verbe traduit **une action faite à fond** : *Ein Thema durchsprechen.* Débattre d'un sujet en en traitant tous les aspects. *Ein Buch durchlesen.* Lire un livre de façon approfondie.
  - Si le verbe traduit **un succès, une action bien menée, réussie** : *sich durchsetzen/durchdringen* (s'imposer), *durchkommen* (s'en sortir).

  Il est inséparable :

  - Si le verbe est **transitif** et traduit **le sens propre de** ***durch*** : *den Patienten durchleuchten* (radiographier le patient), *die Wolken durchbrechen* (percer les nuages), *die Gegend durchwandern* (traverser la région).

- Si le verbe exprime **un mélange, une infiltration** : *Das Gestein ist mit Erz durchsetzt.* La roche contient du minerai. *Das Land ist mit Spionen durchsetzt.* Des espions se sont infiltrés dans le pays.
- Si le verbe exprime **une prise de conscience, un échec** : *Sie hat die Falle durchschaut.* Elle a perçu le piège. *Er hat meine Projekte durchkreuzt.* Il a contrecarré mes projets.

• ***Über***

Il est séparable :

- Si le verbe traduit **le sens propre de *über*** : *Er setzte uns über.* Il nous déposa de l'autre côté. *Die Milch läuft über.* Le lait déborde.
- Si le verbe exprime l'action de **mettre un vêtement** : *Nach dem Spiel warf er seinen Pullover über.* Après le match, il jeta son pullover sur ses épaules.

Il est inséparable :

- Si le verbe exprime une idée d'**aller au-delà des limites normales** : *Sich überarbeiten* (se surmener), *überheizen* (trop chauffer), *überschätzen* (surestimer), *sich überstützen* (se précipiter), *sich übernehmen* (présumer de ses forces).
- Si le verbe exprime l'idée de **dominer, de persuader** : *überreden* (persuader), *überschreien* (crier plus fort que qqn), *überzeugen* (convaincre), *überwältigen* (maîtriser), *überleben* (survivre).
- Si le verbe exprime l'idée de **survoler,** de **passer au-dessus** : *Der Hubschrauber überfliegt die Gegend.* L'hélicoptère survole la région. *Der Lehrer überflog das Heft des Schülers.* Le maître lut en diagonale le cahier de l'élève. *Die Touristen überblickten das ganze Tal.* Les touristes eurent une vue d'ensemble de toute la vallée.
- Si le verbe exprime **une omission** : *überhören* (faire semblant de ne pas entendre ou ne pas entendre), *übersehen* (faire semblant de ne pas voir ou ne pas voir), *eine Zeile überschlagen* (sauter une ligne).
- Si le verbe exprime **une transmission** : *übertragen* (retransmettre), *übergeben* (remettre une décoration...).

• ***Unter***

Il est séparable :

- Si le verbe traduit **le sens propre de *unter*** : *Während des Regens stellten wir uns in einer Scheune unter.* Pendant la pluie, nous nous sommes abrités dans une grange.

Il est inséparable :

- Si le verbe est employé **au sens figuré** : *Sein langer Aufenthalt in tropischen Ländern hat seine Gesundheit untergraben.* Son long séjour sous les tropiques a miné sa santé.
- Si le verbe exprime **une idée d'infériorité** : *Der Lehrling wurde mir unterstellt.* L'apprenti fut placé sous mon autorité.

Exercices

1. Quelle est la forme verbale correcte ?

a. Er hat das Zimmer durchgesucht.
Er hat das Zimmer durchsucht.
b. Sie lesen den Text durch.
Sie durchlesen den Text.
c. Sie haben es eilig. Sie umfahren die Stadt.
Sie haben es eilig. Sie fahren die Stadt um.
d. Er nachtet in Wien über.
Er übernachtet in Wien.
e. Achtung! Das Wasser fließt über.
Achtung! Das Wasser überfließt.
f. Der Arzt untersucht den Patienten.
Der Arzt sucht den Patienten unter.
g. Der Obdachlose kommt bei Freunden unter.
Der Obdachlose unterkommt bei Freunden.
h. Gieß das Glas voll! Der Wein schmeckt aber gut!
Vollgieß das Glas! Der Wein schmeckt aber gut!
i. Der Vater widerspricht immer seinem Sohn.
Der Vater spricht immer seinem Sohn wider.
j. Gib acht! Die Vase fällt um!
Gib acht! Die Vase umfällt!

2. Donnez les participes passés des verbes mentionnés ci-dessous :

beginnen	vorziehen
auftreten	beobachten
mitmachen	gefallen
verstehen	aufhören
losfahren	wiederholen

3. Traduisez en utilisant le verbe proposé entre parenthèses :

a. Le soldat déserta. (zum Feind übergehen)
b. Après le match, il jeta son pull sur ses épaules. (überwerfen)
c. En hiver, il ne faut pas trop chauffer. (überheizen)
d. Il est couvert de cadeaux (überhäufen)
e. Vous nous enterrerez tous ! (überleben)
f. Les policiers maîtrisent le cambrioleur. (überwältigen)
g. On lui remit l'ordre du mérite. (übergeben)
h. Les squatteurs résistent à la police. (sich widersetzen)
i. La voix résonne dans la pièce vide. (widerhallen)
j. Qui a donné le contrordre ? (den Befehl widerrufen)
k. Le jardinier a rempoté les plantes. (umpflanzen)
l. Tous les jours, il met une nouvelle cravate. (sich umbinden)

m. Elle a esquivé les difficultés. (umgehen)
n. J'ai surestimé mes capacités. (überschätzen)

Test de niveau
Fiches 1 à 6

Test d'entrée
Test 1
Test 2
Test 3
Test 4
Test 5
Test 6
Test 7
Test Bilan

Vérifiez vos réponses à l'aide du corrigé p. 251 et comptabilisez vos points.

1 *Der internationale bekannte Produzent Bernd Eichinger ...... als Deutschlands erfolgreichster Filmemacher.*

a. gelt b. giehlt c. gilt d. gal

2 *Wie ...... wir künftig leben?*

a. wird b. werden c. wurden d. waren

3 *Das ägyptische Volk ...... locker.*

a. ließt b. lasst c. liest d. lässt

4 *Die aktuelle Euro-Krise ...... alle Debatten.*

a. überlagert b. lagert ... über c. überlägert d. überliegt

5 *Grenzstreit zwischen Thailand und Kambodscha: das Weltkulturerbe ...... zerstört werden*

a. kennte b. könnte c. könntet d. kannte

6 *Da ...... das Verhängnis über uns herein.*

a. brachte b. bruch c. brach d. bringt

7 *Der Richter ...... Sanktionen gegen den Täter.*

a. verhängte b. verhing c. verhangte d. verhing

8 *Ich kann das allein schaffen, du ...... nicht kommen.*

a. darfst b. musst c. sollst d. kannst

9 *...... ich hier rauchen?*

a. Will b. Muss c. Magst d. Darf

10 *In der Bibel heißt es: du ...... nicht töten.*

a. kannst b. sollst c. magst d. musst

11 *...... Sie dieses Kapitel bei der Lektüre.*

a. Gehen ...... über
b. Gingen ...... über
c. Übergangen
d. Übergehen

12 **Quel est l'infinitif de :**

a. gewesen
b. gekonnt
c. gerannt
d. gebracht
e. gebrochen

13 **Quel est le prétérit de :**

a. gehen: ich/er ____________
b. lügen: ich/er ____________
c. mögen: ich/er ____________
d. nachdenken: ich/er ____________
e. sitzen: ich/er ____________

14 *Ihre Gefühle sind ....*

a. erloschen b. erlischt c. erlöscht d. erloscht

15 Quel est l'intrus ?

a. gehen b. heben c. werfen d. stehen

16 Quel est le participe passé du verbe à l'infinitif entre parenthèses ?

a. Ägyptens Generäle haben das Parlament (auflösen).

b. Die tunesische Regierung hat den Vorschlag Italiens entschieden (zurückweisen).

c. Angesichts der vielen Flüchtlinge hat Italien den humanitären Notstand (ausrufen).

d. Seit dem Sturz vom Staatschef Zine El Abidine Ben Ali sind immer mehr Tunesier nach Italien (flüchten).

17 *Die ägyptische Militärführung hat die Verfassung außer Kraft ......*

a. gesitzt b. gesetzt c. gesessen d. gegessen

18 *In Großstädten wie Rom, Neapel und Palermo haben die Frauen ......: „Italien ist kein Bordell".*

a. geskandiert b. geskandieren c. scandiert d. scandeirt

19 Quel verbe de modalité employer ? *müssen? sollen? wollen?*

a. Am Freitag ...... die Opposition auf dem Tahrir-Platz den Erfolg ihrer Proteste feiern.

b. In spätestens sechs Monaten ...... es Neuwahlen geben.

c. Italien ...... Polizisten nach Tunesier schicken.

d. Europa ...... Ägypten helfen.

20 *Bei den Gedenkfeiern wurde dem Dirigenten und Pianisten Daniel Barenboim den 25 000 -Euro dotierten Dresden-Preis ....*

a. verleiht b. verliehen c. verleihen d. geverleiht

Votre score ..../20

Appréciation du score :

de 18 à 20 : Bravo. Vous pouvez quand même parcourir le livre pour y découvrir quelques points méconnus, avant de passer à un niveau supérieur.
de 15 à 17 : C'est bien, mais il y a encore quelques lacunes. Travaillez les fiches concernées.
de 12 à 15 : Pas mal, mais une révision systématique s'impose pour clarifier la situation.
de 8 à 11 : Vous n'êtes pas au niveau, il y a trop d'incertitudes.
au-dessous de 8 : Reprenez tout à la base, lentement et systématiquement.

Fiche 7

L'impératif, les participes 1 et 2

1 L'impératif

Pour constituer une forme impérative, il faut prendre le radical du verbe à l'infinitif : ***spiel-en, komm-en, fahr-en.***

Ce radical constitue en lui-même la 2e personne du singulier. On peut lui ajouter un ***e*** (facultatif) : ***spiel****(e) doch!* ***komm****(e) mit!* ***fahr****(e) schneller!*

Les verbes qui ont un radical terminé par ***-er, -el, -n, -ig*** prennent obligatoirement le ***e*** :

Rechn-en → rechn → rechne! Calcule !

Pour la 2e personne du pluriel, on ajoute un ***-t*** au radical : *Spiel****t*** *doch! Komm****t*** *mit! Fahr****t*** *schneller!*

Les verbes qui ont un radical terminé par ***-er, -el, -n***, garderons le ***e*** euphonique : *Rechn****et*** *gut!* Calculez bien!

Pour la 1re personne du pluriel, on utilise la forme indicative, inversée : *Trinken wir!* Buvons !

Attention à l'auxiliaire ***SEIN*** : *Sei! Sei****d****! Seien Sie!*

La forme de politesse ressemble à la forme indicative, inversée : *Spielen Sie doch! Fahren Sie schneller! Kommen Sie mit! Seien Sie lieb!*

Attention : Les verbes forts en *e* (*nehmen, lesen, sehen*, etc.) se transforment à la 2e personne du singulier en ***i*** ou ***ie*** comme au présent de l'indicatif : *Sieh mal!* Regarde ! *Lies weiter!* Continue la lecture ! *Nimm das Blatt!* Prends la feuille !

À la 2e personne du pluriel : *Seht mal! Lest weiter! Nehmt das Blatt!*

À la forme de politesse : *Sehen Sie mal! Lesen Sie weiter! Nehmen Sie das Blatt!*

2 Les participes 1 et 2 des verbes

A. Le participe passé (P2) peut être faible ou fort.

- **Faible :** ***SPIELEN*** : *ge-spiel-t* (*gespielt. Ich habe gut gespielt*).
- **Fort :** ***FAHREN*** : *ge-fahr-en* (sans changement de voyelle radicale).
  SINGEN : *ge-sung-en* (avec changement de voyelle radicale).

Du bist aber schnell gefahren. Tu as roulé bien vite.

Wir haben alle im Chor schön gesungen. Nous avons tous bien chanté à la chorale.

Les participes passés des verbes forts s'apprennent par cœur, (*cf.* liste en annexe p. 239)

Les participes 2 des verbes terminés en ***-ieren*** ne prennent pas le préfixe ***-ge*** étant inaccentués sur la première syllabe de l'infinitif (*cf.* fiche 2) :

*Er hat die leeren Kisten bis zur Deponie **transportiert**.* Il a transporté les caisses vides jusqu'à la décharge

B. Le participe présent (P1)

Il se forme en ajoutant un ***-d*** systématiquement sur l'infinitif des verbes faibles ou forts.

*spielen → spielen**d***　　　　*singen → singen**d***

Le participe présent peut servir d'adjectif, il décrit alors l'action qui se déroule :

Das spielende Kind, ein singendes Mädchen.

(*cf.* la proposition qualificative, fiche 38 et « en » + participe présent, fiche 39).

Exercices

1. Traduisez :

a. Gib nicht so an!
b. Sprecht doch lauter!
c. Sei nicht so schüchtern!
d. Helfen Sie ihnen doch!
e. Lass ihn in Ruhe!
f. Stell dich nicht so an!

2. Employez directement l'impératif :

a. Du sollst vorsichtig sein.
b. Du sollst dich sportlich anziehen.
c. Du sollst nicht seekrank werden.
d. Du sollst nicht ins Wasser springen.
e. Du sollst nicht über Bord fallen.
f. Du sollst aufpassen.

3. Traduisez ce poème d'Uwe Timm :

Erziehung
lass das
komm sofort her
bring das hin
kannst du nicht hören
hol das sofort her
kannst du nicht verstehen
sei ruhig
fass das nicht an
sitz ruhig
nimm das nicht in den Mund
schrei nicht
stell das sofort wieder weg
pass auf
nimm die Finger weg
sitz ruhig
mach dich nicht schmutzig
bring das sofort wieder zurück
schmier dich nicht voll
sei ruhig
lass das
wer nicht hören will
muss fühlen

Le subjonctif

Il se présente sous deux composantes : le subjonctif I et II. Il n'y a pas de correspondance entre le subjonctif allemand et l'emploi du subjonctif en français.

1 Le subjonctif I

Il est utilisé principalement dans le discours indirect (*cf.* fiche 40). On le trouve aussi dans quelques rares subordonnées (*cf.* concessives fiche 36) et dans certaines formulations telles que : *es lebe die deutsche Sprache!* Vive la langue allemande ! ou celles qui expriment un souhait : *Mögen sie glücklich sein!* Puissent-ils être heureux !

Il est formé de 3 temps : le présent, le futur et le passé.

Il se forme à partir du radical de l'infinitif du verbe ou de l'auxiliaire.

Il prend les marques suivantes : ***-e, -est, -e, -en, -et, -en***. Quelle que soit la caractéristique du verbe (faible ou fort). Seul l'auxiliaire ***SEIN*** fait exception.

Ex. : ***NEHMEN*** ***MÖGEN*** ***SEIN***

Présent :

Ich nehme	*Ich* ***möge***	*Ich* ***sei***
Du ***nehmest***	*Du* ***mögest***	*Du* ***seist***
Er ***nehme***	*Er* ***möge***	*Er* ***sei***
Wir nehmen	*Wir mögen*	*Wir* ***seien***
Ihr ***nehmet***	*Ihr* ***möget***	*Ihr* ***seiet***
Sie nehmen	*Sie mögen*	*Sie* ***seien***

Les formes en gras indiquent les changements par rapport à l'indicatif présent.

Futur : auxiliaire ***WERDEN*** + infinitif du verbe.

ich werde, du ***werdest****, er* ***werde****, wir werden, ihr werdet, sie werden… verreisen* (voyager).

Passé : auxilaire ***HABEN*** ou ***SEIN*** + P2 du verbe.

ich habe, du ***habest****, er* ***habe****, wir haben, ihr* ***habet****, sie haben… genommen.*

ich ***sei****, du* ***seist****, er* ***sei****, wir* ***seien****, ihr* ***seiet****, sie* ***seien****… gefahren.*

2 Le subjonctif II

On l'emploie essentiellement pour former le **conditionnel**. On le trouve également dans certaines subordonnées (*als ob, damit*). Il sert aussi à transposer le discours direct au discours indirect.

Il comporte aussi 3 temps essentiels : le présent, le futur et le passé.

A. Pour les verbes faibles, le présent du subjonctif II présente les mêmes formes que celles du prétérit : *ich lernte, du lerntest, er lernte, wir lernten, ihr lerntet, sie lernten*.

Wenn du öfter arbeitetest, würdest du bestimmt mehr Geld verdienen.
Si tu travaillais plus souvent, tu gagnerais certainement plus d'argent.

B. Pour les verbes forts, le présent du subjonctif II se forme sur le radical du prétérit en ajoutant le suffixe ***e*** et une inflexion sur ***a, o, u***.

Wenn ich im Lotto gewänne (ou : *gewinnen würde*), *würde ich mir eine Villa am Bodensee bauen lassen.*
Si je gagnais au Loto, je me ferais construire une villa au bord du lac de Constance.

Avec le verbe ***BLEIBEN*** (rester) :

Présent :

ich bliebe	*du bliebest*	*er bliebe*
wir blieben	*ihr bliebet*	*sie blieben*

Futur : *ich würde, du würdest, er würde, wir würden, ihr würdet, sie würden...* + (inf.) *nehmen.*

ich werde, du werdest, er werde, wir werden, ihr werdet, sie werden... verreisen (voyager).

Passé : *ich hätte, du hättest, er hätte, wir hätten, ihr hättet, sie hätten...* + (P2) *genommen*

ou : *ich wäre, du wärest, er wäre, wir wären, ihr wäret, sie wären...* + (P2) *geblieben*.

Ich hätte gern die Zeitung mitgenommen. J'aurais bien aimé emporter le journal.

Wir wären länger geblieben, wenn wir mehr Zeit gehabt hätten. Nous serions restés plus longtemps si nous avions eu plus de temps.

Attention :

- Parmi les auxiliaires de mode, seuls ***WOLLEN*** et ***SOLLEN*** ne prennent pas d'inflexion au subjonctif II.
- Certains verbes comme ***BRENNEN, KENNEN, RENNEN***, etc. forment leur subjonctif II présent comme suit : *brennte, kennte, rennte*. Mais ces formes deviennent de plus en plus archaïques et n'existent plus qu'à l'écrit.

Exercices

1. Précisez si les formes verbales suivantes sont au subjonctif I, au subjonctif II, à l'indicatif (présent ou prétérit) ou communes à l'indicatif et au subjonctif :

sie käme
wir gäben
ihr sprecht
ihr lest
er wisse
du bliebest
ihr nehmet
ihr wäret
ich stünde
er lernte
ich werde
wir seien
wir müssen
sie wüssten
du bliebst
sie brächten
er könne
wir riefen

2. Transposez le discours direct en discours indirect :

a. Inge erzählt: „Die Nachbarn haben viel Lärm gemacht. Zum Glück werden sie bald nach Frankreich umziehen. Ich werde sie nicht vermissen, weil sie nicht besonders kontaktfreudig waren. Vorige Woche war ich in Berlin. Ich konnte die Stadt von früher nicht mehr erkennen. Ich traf mich mit meiner alten Freundin, und wir sind dann zusammen in das berühmteste Café auf dem Kudamm gegangen und haben dort lange geplaudert."

b. Hugo sagt: „Seit drei Tagen geht es mir gut. Ich bin froh, weil sich die ganze Familie freut, dass ich wieder auf den Beinen bin. Ich war gestern wirklich glücklich, als mir der Arzt sagte, ich kann wieder ein normales Leben führen. Natürlich habe ich sofort an all meine Freunde gedacht, die mich so oft im Krankenhaus besuchten. Manche von ihnen werden mich bestimmt für verrückt halten, aber ich werde sehr gern wieder ins Büro gehen."

c. Peter erkundigt sich am Bahnhofsschalter:
„Was kostet die Hinfahrt nach Wien? Wie lange dauert die Reise? Gibt es Studentenermäßigungen für die Reise mit dem Zug? Fahren die Züge von München direkt nach Wien? Warum muss ich einen Sitzplatz reservieren? Darf mein Hund kostenlos mitfahren?"

3. Traduisez :

Il nous a écrit la semaine dernière qu'il viendrait nous voir dès que possible. Il ne sait pas s'il pourra se libérer de bonne heure le vendredi soir, mais il fera de son mieux.

L'infinitif avec ou sans *ZU*, le double infinitif

Fiche 9

1 L'infinitif avec ou sans ZU

Généralement, l'infinitif est précédé de ***ZU***.

Ex. : *Er hatte keine Lust, ins Kino **zu** gehen.* Il n'avait pas envie d'aller au cinéma.

Mais on n'emploie jamais ***ZU*** :

- après un verbe de **modalité** (***SOLLEN, MÜSSEN, KÖNNEN, DÜRFEN, MÖGEN, WOLLEN***) :

  Er will nicht ins Kino gehen. Il ne veut pas aller au cinéma.

  Hier darf nicht geparkt werden. On n'a pas le droit de se garer ici.

- après les verbes de **perception** (***FÜHLEN, HÖREN, SEHEN, SPÜREN***) :

  Ich höre ihn kommen. Je l'entends venir.

  Sie fühlte sich erröten. Elle se sentit rougir.

- après les verbes ***LASSEN, MACHEN, SCHICKEN*** :

  Er lässt sich die Haare schneiden. Il se fait couper les cheveux.

  Sie schickte mich einkaufen. Elle m'envoya faire les courses.

  Er macht mich lachen. Il me fait rire.

- après les verbes ***FAHREN, FÜHREN, GEHEN, KOMMEN*** :

  Um 18 Uhr gehen sie essen. À 18 heures, ils vont manger.

- après les verbes ***BLEIBEN, FINDEN, SICH LEGEN*** exprimant une position :

  Sie blieben sitzen. Ils restèrent assis.

  Er legt sich schlafen. Il va dormir.

  Nach seiner Reise fand er viele Briefe vor seiner Tür liegen. À son retour de voyage, il trouva beaucoup de lettres devant sa porte.

- après ***WERDEN*** pour former le futur :

  Er wird dich morgen anrufen. Il t'appellera demain.

Attention : Les verbes ***HEIßEN*** (ordonner), ***HELFEN*** (aider), ***LERNEN*** (apprendre), ***LEHREN*** (enseigner) ne sont pas suivis de ***ZU*** s'ils n'ont pas (ou s'ils ont peu) de complément.

*Sie **lehrt** sie Klavier spielen.* Elle lui apprend à jouer du **piano.**

*Er **half** dem Kind, die Schwierigkeiten der Schulaufgaben schneller zu überwinden.*

Il aida l'enfant à surmonter plus vite les difficultés qu'il rencontrait en faisant ses devoirs.

Remarque : une virgule est nécessaire entre une proposition principale et une infinitive :

Sie freuen sich, die Ferien in den Bergen zu verbringen. Ils se réjouissent de passer les vacances à la montagne.

2 Le double infinitif

Les verbes de modalité et le verbe ***LASSEN*** à un temps composé et suivis d'un infinitif complément exigent l'emploi du double infinitif :

Er hat heute nicht kommen können. Il n'a pas pu venir aujourd'hui.

Le double infinitif est également possible avec les verbes de perception et le verbe ***HELFEN*** :

Ich habe ihn kommen sehen. Je l'ai vu venir.

Attention : dans une subordonnée comportant un double infinitif, l'auxiliaire conjugué se place **devant** les deux infinitifs :

*Er sagt, dass er heute nicht **hat** kommen können.*
Il dit qu'il n'a pas pu venir aujourd'hui.

*Er musste sich entschuldigen, weil er nicht rechtzeitig **hatte** kommen können.*
Il fut obligé de s'excuser parce qu'il n'avait pas vu arriver à temps.

Exercices

1. Traduisez :

a. Il semble tout savoir.
b. Nous aidons les enfants à ranger.
c. Il a envie d'aller à la campagne.
d. Il est facile d'apprendre l'allemand.
e. Tu n'as pas le droit de marcher sur la pelouse.
f. J'aimerais passer la nuit dans une auberge de jeunesse.
g. Il a l'intention de travailler au jardin.
h. J'aurais dû le savoir.
i. Il se demande comment il a pu le savoir.
j. Il sait qu'elle viendra.
k. Il savait apprécier le travail de ses étudiants.
l. J'ai appris à patiner.
m. Il m'aida à porter la valise.
n. Reste à ta place.

2. *Zu* ou pas *zu* ?

a. Er kommt uns vom Zug ab...... holen.
b. Er hat Angst, den Zug...... verpassen.
c. Hörst du ihn...... singen?
d. Wir hoffen sehr, an diesem Festessen teil...... nehmen.
e. Er hat...... kommen müssen.

3. Traduisez :

a. Les utilisateurs de Facebook, de You Tube et les blogger ne peuvent remplacer le journalisme professionnel.
b. L'Allemagne arrivera-t-elle à s'en sortir sans réacteurs nucléaires ?
c. En tirant en l'air, l'armée essaya de disperser la foule.
d. L'ex-chef militaire des Serbes de Bosnie, Ratko Mladic, doit répondre de ses actes devant le Tribunal pénal international à La Haye.
e. Dans la capitale grecque, des dizaines de milliers de personnes veulent descendre dans la rue pour protester contre la corruption et les mesures d'austérité.
f. Selon les Nations Unies, environ 1 200 réfugiés ont perdu la vie depuis le début de la guerre en Libye en essayant de traverser la Méditerranée.

Le passif

D'une manière générale, le passif est beaucoup plus employé en allemand qu'en français.

L'auxiliaire du passif est ***WERDEN***, aux temps composés son participe 2 devient ***WORDEN***.

Dans la construction du passif personnel, l'auxiliaire ***WERDEN*** est suivi du participe 2 du verbe.

Le complément d'agent est introduit par ***VON* + datif**, le complément de moyen par ***DURCH* + accusatif**.

Der Wagen wird vom Automechaniker repariert.
La voiture est réparée par le mécanicien.

*Er ist **durch den Straßenlärm** geweckt **worden**.*
Il a été réveillé par le bruit de la rue.

Forme active	Forme passive
Présent : *Der Minister trifft neue Maßnahmen.* Le ministre prend de nouvelles mesures.	*Neue Maßnahmen werden vom Minister **getroffen**.* De nouvelles mesures sont prises par le ministre.
Prétérit : *Der Minister traf neue Maßnahmen.*	*Neue Maßnahmen **wurden vom** Minister **getroffen**.*
Parfait : *Der Minister hat neue Maßnahmen getroffen.*	*Neue Maßnahmen **sind** vom Minister **getroffen worden**.*
Plus que parfait : *Der Minister hatte neue Maßnahmen getroffen*	*Neue Maßnahmen **waren** vom Minister **getroffen worden**.*
Futur : *Der Minister wird neue Maßnahmen treffen*	*Neue Maßnahmen werden vom Minister **getroffen werden**.*

Remarque : Les verbes qui expriment une possession tels que ***HABEN***, ***BEKOMMEN***, recevoir, ***BESITZEN***, posséder, ne peuvent pas avoir de forme passive.

Exercices

1. Transposez les phrases suivantes au passif :

a. Wer hat diesen langen Brief geschrieben?
b. Jeden Morgen räumt die Putzfrau sein Zimmer auf.
c. Seine Eltern werden wahrscheinlich einen neuen Opel kaufen.
d. In der Nacht hat die Polizei einige Demonstranten kontrolliert.
e. Letzte Woche hat der Chefarzt dreißig Patienten operiert.
f. Das Hotel sucht dringend einen guten Koch.
g. Im Jahre 1950 schrieb Prévert dieses Gedicht.

2. Mettez les phrases suivantes à la forme active :

a. In der deutschen Grammatik werden Haupt- und Nebensätze durch ein Komma getrennt.
b. Das Heu ist vor dem Gewitter von den Bauern in die Scheune getragen worden.
c. Nächste Woche werden die Sommerartikel vom Supermarkt reduziert verkauft werden.
d. Die Party wurde von allen Gästen sehr geschätzt.

3. Traduisez en utilisant des passifs :

a. Selon l'opposition, au moins neuf manifestants ont été tués par la police et les militaires lors des protestations massives.
b. Au cours des onze prochaines années en Allemagne, les neuf réacteurs nucléaires restants seront progressivement arrêtés.
c. Selon le dernier rapport de l'Unicef, on sous-estime la violence contre les enfants.
d. Jusqu'à présent, la France a livré environ 40 tonnes de matériel de guerre aux rebelles libyens
e. On exige beaucoup des jeunes footballeuses qui se forment en Allemagne à l'école d'élite de Bad Neuenahr.

Le passif impersonnel

Le passif impersonnel, formé avec l'auxiliaire ***WERDEN***. Le passif impersonnel est très utile dans la vie de tous les jours : il correspond à l'emploi du pronom français indéfini « on » : on travaille, on joue, on danse... etc.

Le passif impersonnel est donc sans sujet.

*Es **wird** hier nicht **geraucht*** = on ne fume pas ici.

*Es **wird** am Wochenende **getantzt*** = on danse(ra) le weekend.

Des verbes intransitifs (sans C.O.D.) font aussi l'objet de construction au passif impersonnel :

Es wird bald geschlafen = on va bientôt se coucher.

Le pronom impersonnel ***ES*** joue le rôle du sujet du passif. Mais ce sujet ***ES*** ne se positionne qu'en première place. Le pronom ***ES*** disparaît obligatoirement lorsque la phrase commence par un complément de sorte que le verbe au passif semble ne pas avoir de sujet :

Es *wird um sieben gegessen* = *Um sieben wird gegessen.*
1

Le passif impersonnel existe aux mêmes temps que ceux de la forme personnelle : présent, prétérit, parfait. Le futur est plus rare.

Présent : *Man lacht viel in diesem Lokal.*	*Es wird in diesem Lokal viel gelacht.* *In diesem Lokal wird viel gelacht.*
Prétérit : *Man lachte viel in diesem Lokal.*	*Es wurde in diesem Lokal viel gelacht.* *In diesem Lokal wurde viel gelacht.*
Parfait : *Man hat in diesem Lokal viel gelacht.*	*Es ist in diesem Lokal viel gelacht worden.* *In diesem Lokal ist viel gelacht worden.*
Plus que parfait : *Man hatte in diesem Lokal viel gelacht.*	*Es war in diesem Lokal viel gelacht worden.* *In diesem Lokal war viel gelacht worden.*
Futur : *Man wird in diesem Lokal viel lachen.*	*Es wird in diesem Lokal viel gelacht werden.* *In diesem Lokal wird viel gelacht werden.*

Remarque : Il n'est pas rare d'utiliser un verbe de modalité avec la forme passive impersonnelle.

La forme verbale est alors à la 3e personne du singulier :

Man darf in diesem Lokal rauchen.
Es darf in diesem Lokal ***geraucht werden****.*
ou : *In diesem Lokal darf* ***geraucht werden****.*

Attention à la construction des verbes qui sont suivis d'un datif (***GRATULIEREN***, féliciter, ***DANKEN***, remercier, ***HELFEN***, aider...) :

Man hat ihm gratuliert. *Ihm ist gratuliert worden.*
On l'a félicité.
ou : *Es ist ihm gratuliert worden.*

Man konnte ihm nicht mehr helfen.
Ihm konnte nicht mehr geholfen werden.
On ne pouvait plus l'aider
ou: *Es* ***konnte*** *ihm nicht mehr* ***geholfen werden***

Exercices

1. Transposez au passif :

a. Gewöhnlich isst man und trinkt man bei ihm immer viel.
b. Normalerweise arbeitet man in Frankreich im August sehr wenig.
c. Gestern Abend tanzte man bei ihr bis Mitternacht.
d. Bei Schmidts hat man letzte Woche viel über die Jugend diskutiert.
e. Achtung! Jetzt fangen wir an!

2. Traduisez en employant la tournure impersonnelle :

a. Après le dîner, on va se promener.
b. On l'a aidé.
c. En pension, il faut travailler dur.
d. Dans ce journal, on a écrit que la jeunesse d'aujourd'hui est paresseuse.
e. Autrefois en Allemagne, il n'y avait jamais de grèves.

3. Remplacez les tournures suivantes par des phrases avec *man*.

a. Sie kann über Nacht gefeuert werden.
b. Diese Landschaft ist viel fotografiert worden.
c. Am Ende des Jahres wurde ihr nicht gratuliert.
d. Dieses Problem muss bis nächste Woche gelöst werden.
e. Morgen wird den ganzen Tag gewandert.
f. An die Zukunft wird oft gedacht.
g. Den neuen Nachbarn wird sofort geholfen.

4. Introduisez *es* dans les phrases suivantes :

a. Im benachbarten Garten wird im Sommer gegrillt.
b. Während der Sportstunde wird nie gefaulenzt.
c. In Berlin wurde damals nicht mehr viel gefilmt.
d. Darüber kann nicht mehr viel diskutiert werden.

La rection des verbes

Fiche 12

Certains verbes allemands et français de même sens ne se construisent pas nécessairement de la même façon : un verbe allemand peut être transitif alors que son équivalent français est intransitif et vice versa. Par ailleurs, un certain nombre de verbes allemands se construisent avec une préposition qu'il est indispensable de mémoriser.

1 Verbes suivis de l'accusatif

- ***AN**RUFEN (rief an, angerufen)* : passer un coup de fil à qqn
  Deine Mutter hat dich eben angerufen. Ta mère vient de t'appeler.
- ***AUS**LACHEN* : se moquer de
  Kinder können es nicht leiden, dass man sie auslacht. Les enfants ne supportent pas qu'on se moque d'eux.
- *BITTEN (bat, gebeten)* : prier qqn de faire qqc.
  Darf ich dich um Rat bitten? Puis-je te demander conseil ?
- *BRAUCHEN* : avoir besoin de
  Er braucht Geld für einen neuen Laptop. Il a besoin d'argent pour s'acheter un nouvel ordinateur portable.
- *FRAGEN* : demander à qqn
  Er fragte ihn nach seinem Namen. Il lui demanda son nom.
- *GENIEẞEN* (genoss, genossen) : profiter de, jouir de, savourer
  Die Touristen genießen das schöne Wetter. Les touristes apprécient qu'il fasse beau.
- *KENNEN/**LERNEN*** : faire la connaissance de
  Es hat uns sehr gefreut, Sie kennenzulernen. Nous avons été ravis de faire votre connaissance.
- ***LOS**WERDEN (wurde los, losgeworden; er wird los)* : se débarrasser de
  Wie können wir diesen Widerling loswerden? Comment nous débarrasser de ce casse pieds ?
- *MISSBRAUCHEN* : abuser de
  Er hat unser Vertrauen missbraucht. Il a trahi notre confiance.
- *SPRECHEN (sprach, gesprochen; er spricht)* : avoir un entretien avec
  Ist Herr Müller da? Ich möchte ihn sprechen. Monsieur Müller est-il là ? Je voudrais lui parler.
- *ÜBERLEBEN* : survivre à
  Keiner überlebte den Flugabsturz. Personne ne survécut au crash de l'avion.

2 Verbes suivis d'un double accusatif

- ***AB**FRAGEN* : interroger qqn sur qqc.
  Der Lehrer fragt die Schüler die Vokabeln ab. Le professeur fait réciter les mots de vocabulaire aux élèves.
- *KOSTEN* : coûter qqc. à qqn
  Dieser Fehler kann dich deine Stellung kosten. Cette faute peut te coûter ta place.
- *LEHREN* : apprendre qqc. à qqn
  Sie lehrt das Kind das Lesen. Elle apprend l'enfant à lire.

3 Verbes suivis du datif

- *BEGEGNEN (+ sein)* : rencontrer
  Ich bin ihr auf der Straße begegnet. Je l'ai rencontrée dans la rue.
- *DANKEN* : remercier
  Er dankt dir von ganzem Herzen für deine Hilfe. Il te remercie du fond du cœur de ton aide.
- *DROHEN* : menacer
  Er drohte dem Gegner, ihn bei der Polizei anzuzeigen. Il menaça l'adversaire de le dénoncer à la police.
- *FOLGEN (+ sein)* : suivre
  Die Jäger sind den Spuren im Schnee gefolgt. Les chasseurs ont suivi les traces dans la neige.
- *GLAUBEN :* croire qqn
  Niemand wollte ihnen glauben. Personne ne voulut les croire.
- *GRATULIEREN* : féliciter
  Sie gratulierten ihm zu seiner Beförderung. Ils le félicitérent pour sa promotion.
- *HELFEN (half, geholfen; er hilft)* : aider
  Sie hilft ihrem Bruder bei seinen Hausaufgaben. Elle aide son frère à faire ses devoirs.
- *MISSTRAUEN* : se méfier de
  Er misstraut seiner Sekretärin. Il se méfie de sa secrétaire.
- *SICH NÄHERN* : s'approcher de
  Sie näherten sich dem Ziel ihrer Reise. Ils approchaient du but de leur voyage.
- *SCHMEICHELN* : flatter
  Sie schmeichelte ihm, um den Posten zu kriegen. Elle le flattait pour obtenir le poste.
- *TROTZEN* : résister, défier
  Diese Pflanze trotzt jeder Witterung. Cette plante résiste à tous les temps.
- *VERTRAUEN* : faire confiance
  Ich vertraue ihm rückhaltlos. Je lui fais totalement confiance.

- ***VORAUS**GEHEN (ging voraus, vorausgegangen)* : précéder
  Sie ist ihm in den Tod vorausgegangen. Elle l'a précédé dans la mort.
- *WIDERSPRECHEN (widersprach, widersprochen; er widerspricht)* : contredire
  Das widerspricht dem gesunden Menschenverstand. Ça va à l'encontre de tout bon sens.
- ***ZU**HÖREN* : écouter
  Hör mir gut zu und befolge, was ich dir sage! Écoute-moi bien et fais ce que je te dis !
- *ZÜRNEN* : en vouloir à qqn
  Odysseus? Die Götter zürnten ihm! Ulysse ? Les dieux le poursuivirent de leur courroux !
- ***ZU**SEHEN (sah zu, zugesehen; er sieht zu)* : regarder
  Ich kann das nicht, wenn ihr mir zuseht! Je n'y arriverai pas si vous me regardez !

4 Verbes suivis du génitif

- ***AN**KLAGEN/BESCHULDIGEN* : accuser de qqc.
  Der Zeuge klagte den Mann dieses Diebstahls an. Le témoin accusa l'homme de ce vol.
- *SICH BEDIENEN* : se servir de
  Er bediente sich eines Beispiels, damit ich die Situation besser verstehe. Il prit un exemple pour que je comprenne mieux la situation.
- *BEDÜRFEN (bedurfte, bedurft; er bedarf)* : avoir besoin de
  Der Kranke bedarf der Hilfe eines Arztes. Le malade a besoin de l'aide d'un médecin.
- *SICH BEMÄCHTIGEN* : s'emparer de
  Die Armee bemächtigte sich der Stadt. L'armée s'empara de la ville.
- *SICH (dat.) BEWUSST SEIN (war, gewesen; er ist)* : être conscient de
  Ich bin mir des Problems bewusst. J'ai conscience du problème.
- *SICH ENTHALTEN (enthielt, enthalten; enthält)* : se dispenser de
  Enthalte dich des Alkohols! Passe-toi d'alcool !
- *SICH ENTSINNEN (entsann, entsonnen)* : se souvenir de
  Er entsinnt sich dieses Ortes. Il se souvient de cet endroit.
- *SICH ERBARMEN* : avoir pitié de
  Sie erbarmte sich der Armen und gab ihnen zu essen. Elle avait pitié des pauvres et leur donnait à manger.
- *SICH ERFREUEN* : jouir de (confiance, renommée, richesse, santé…)
  Dieser Star erfreut sich großer Beliebtheit. Cette star est très aimée.
- *GEDENKEN (gedachte, gedacht)* : commémorer, évoquer la mémoire de
  Die Staatsmänner gedenken der Opfer des Ersten Weltkrieges. Les hommes d'État commémorent le souvenir des victimes de la Première Guerre mondiale.

- *SICH RÜHMEN* : se vanter de
  Das Team hat sich seines Erfolgs gerühmt. L'équipe s'est vantée de son succès.
- *SICH SCHÄMEN* : rougir, avoir honte de qqc.
  Sie schämt sich ihrer Lügen. Elle a honte de ses mensonges.
- *VERDÄCHTIGEN* : soupçonner de qqc.
  Er wurde des Diebstahls verdächtigt. On le soupçonna du vol.

5 Verbes suivis d'une préposition

AN + acc.

- *SICH **AN**PASSEN, SICH AKKLIMATIEREN, SICH ASSIMILIEREN* : s'adapter, s'acclimater, s'assimiler
  Das zentralistische, marxistisch orientierte Schulsystem der ehemaligen DDR wurde 1990 an die westdeutschen Strukturen angepasst. En 1990, on adapta le système scolaire centraliste et marxiste de l'ancienne RDA aux structures de l'ouest.
- *DENKEN (dachte, gedacht)* : penser à
  Denk nicht nur an die Ferien! Ne pense pas qu'aux vacances.
- *GLAUBEN* : croire en
  Glaubst du an ein Leben nach dem Tod? Crois-tu en une vie après la mort ?
- *SICH GEWÖHNEN* : s'habituer à
  Sie gewöhnen sich an ihre neue Umgebung. Ils s'habituent à leur nouvel environnement.
- *GREIFEN (griff, gegriffen)* : saisir
  Dieses Unglück griff ihm ans Herz. Ce malheur le toucha.
- *RICHTEN* : adresser à
  Er richtete sein Gesuch an den Botschafter. Il adressa sa requête à l'ambassadeur.
- *SCHREIBEN (schrieb, geschrieben)* : écrire à
  Sie haben an das Finanzamt einen Beschwerdebrief geschrieben. Ils ont envoyé une lettre de réclamation au fisc.
- *SICH WENDEN (wandte, gewandt)* : s'adresser à qqn
  Der Ratsuchende wendet sich an einen Experten. Celui qui cherche conseil s'adresse à un expert.

AN + dat.

- *ERKENNEN (erkannte, erkannt)* : reconnaître à
  Sie erkannte ihn an seiner Stimme. Elle le reconnut à sa voix.
- *JDN HINDERN* : empêcher qqn de faire qqc.
  Der Lärm hinderte ihn am Einschlafen. Le bruit l'empêcha de s'endormir.
- *LEIDEN (litt, gelitten)* : souffrir (d'une maladie)
  Sie leidet an Arthritis. Elle a de l'arthrite.
- *ES MANGELT* : on manque de
  Es mangelt ihm an Humor. Il manque d'humour.

- *SICH RÄCHEN* : se venger de qqn
  Ich werde mich an ihm für diese Grobheit rächen. Je me vengerai de sa grossièreté.
- *STERBEN (starb, gestorben; er stirbt)* : mourir (d'une maladie)
  Er starb an Krebs. Il mourut d'un cancer.
- ***TEIL**NEHMEN (nahm teil, teilgenommen; er nimmt teil)* : prendre part à
  Er hat am Fußballturnier teilgenommen. Il a participé au tournoi de football.
- *ÜBERTREFFEN (übertraf, übertroffen; er übertrifft)* : surpasser en
  Er übertrifft mich an Fleiß. Son zèle surpasse le mien.
- *ZWEIFELN* : douter de
  Ich zweifle nicht an deinem guten Willen. Je ne doute pas de ta bonne volonté.

AUF + acc.

- *ACHTEN/**AUF**PASSEN* : faire attention à
  Pass auf die Kinder auf! Fais attention aux enfants.
- ***AN**KOMMEN (kam an, angekommen)* : dépendre de
  Es kommt auf dich an, ob du diese Stelle bekommst. Il dépend de toi d'avoir cette place.
- *ANTWORTEN* : répondre à (une chose : lettre, question, mail...)
  Sie antwortete auf die Frage mit einem vielsagenden Blick. Elle répondit à la question avec un regard qui en disait long.
- *SICH **AUS**WIRKEN/**DURCH**SCHLAGEN* : avoir des effet sur/se répercuter sur
  Die Aschenwolke aus Island beginnt, negativ auf die Industrie durchzuschlagen. Le nuage de cendres du volcan islandais commence à avoir des effets négatifs sur l'industrie.
- *SICH BESCHRÄNKEN* : se limiter
  Diese Regelung beschränkt sich auf die Minderjährigen. Cette directive ne concerne que les mineurs.
- *SICH BEZIEHEN (bezog, bezogen)* : se rapporter à
  Ich beziehe mich auf deinen Anruf von gestern. Je fais référence à ton coup de fil d'hier.
- *FOLGEN* : succéder
  Auf Regen folgt Sonnenschein. Après la pluie, le beau temps.
- *SICH FREUEN* : se réjouir à la pensée de
  Alle Schüler freuen sich auf die Ferien. Tous les élèves se réjouissent à la perspective des vacances.
- *HOFFEN* : espérer en
  Sie hofften auf die Hilfe der Freunde. Ils espéraient l'aide des amis.
- *HÖREN* : obéir/écouter
  Hör auf deinen Lehrer! Obéis à ton maître !
- *HORCHEN* : écouter
  Horch auf das, was ich dir sage. Écoute ce que je te dis.

- *LAUERN* : guetter
  Die versteckten Soldaten lauerten auf den Feind. Les soldats cachés guettaient l'ennemi.
- *REAGIEREN* : réagir à
  Das politische Berlin reagierte überrascht auf den Rücktritt von Horst Köhler. La démission de Köhler a surpris le Berlin politique.
- *RECHNEN* : compter sur
  Er rechnete auf seine Fähigkeiten, um das Problem zu lösen. Il comptait sur ses compétences pour régler le problème.
- *RICHTEN* : diriger vers
  Der Journalist richtete die Aufmerksamkeit der Leser auf die Euro-Krise. Le journaliste attira l'attention des lecteurs sur la crise de l'euro.
- *SICH VERLASSEN* : se fier à, compter sur
  Wir konnten uns auf ihn verlassen, denn er war ein guter Freund. Nous pouvions nous fier à lui car c'était un ami sûr.
- *VERTRAUEN* : se fier à qqc.
  Ich würde nicht darauf vertrauen, dass diese Angaben der Wahrheit entsprechen. Je ne me fierais pas à la véracité de ces indications.
- *VERZICHTEN* : renoncer à
  Da er in einem Benefizkonzert spielte, verzichtete er auf die Gage. Comme c'était un concert de bienfaisance, il renonça à son cachet.
- *SICH **VOR**BEREITEN :* se préparer à
  Die Deutschen bereiten sich auf eine Steuererhöhung vor. Les allemands se préparent à une hausse des impôts.
- *WARTEN* : attendre
  Warte nicht auf mich mit dem Essen. Ne m'attends pas pour manger.

AUF + dat.

- *BEHARREN* : insister sur
  Er beharrt auf seiner Meinung. Il n'en démord pas.
- *BERUHEN* : reposer sur
  Diese Geschichte beruht auf Tatsachen. Cette histoire repose sur des faits.
- *BESTEHEN (bestand, bestanden)* : persister dans
  Er besteht auf der Erfüllung des Vertrags. Il tient à ce que le contrat soit respecté.

AUS + dat.

- *BESTEHEN (bestand, bestanden)* : se composer de
  Dieser Gegenstand besteht zu 80% aus Holz. Cet objet se compose à 80 % de bois.
- *ESSEN (aß, gegessen; er isst)* : manger dans
  Er isst jeden Mittag aus einem Pappteller. Tous les midis, il mange dans une assiette en carton.
- *FOLGERN/SCHLIEßEN (schloss, geschlossen)* : conclure de, déduire de
  Aus seinem Schweigen darf man nicht folgern, dass er nicht interessiert ist. Son silence ne signifie pas qu'il n'est pas intéressé.

- *STAMMEN* : venir de, être originaire de
  Seine Mutter stammt aus Estland. Sa mère est originaire d'Estonie.
- *TRINKEN (trank, getrunken)* : boire dans
  Lass mich mal aus deinem Glas trinken! Laisse moi boire dans ton verre.
- *ÜBERSETZEN* (*in* + acc.) : traduire de ... (en ...)
  Wir sollen diesen Text aus dem Deutschen ins Französische übersetzen. Nous devons traduire ce texte de l'allemand en français.

***FÜR* + acc.**

- *SICH* ***AUS****GEBEN (gab aus, ausgegeben; er gibt sich... aus)* : se faire passer pour
  Um sie zu beeindrucken, gibt er sich für einen Millionär aus. Pour l'impressionner, il se fait passer pour un millionnaire.
- *SICH* ***AUS****SPRECHEN (sprach aus, ausgesprochen)* : se prononcer en faveur de
  US-Präsident Barack Obama und Israels Regierungschef Benjamin Netanjahu haben sich nach ihrem Treffen in Washington für baldige direkte Verhandlungen mit den Palästinensern ausgesprochen. Après leur rencontre à Washington, le président des États-Unis Barack Obama et le chef du gouvernenement israëlien Benyamin Nétanyahou se sont prononcés en faveur de pourparlers directs avec les Palestiniens dans un proche avenir.
- *SICH BEDANKEN/DANKEN* : remercier pour
  Ich bedanke mich bei ihr für die Hilfe. Je la remercie de son aide.
- *SICH INTERESSIEREN* : s'intéresser à
  Interessierst du dich für die letzten Orang-Utans? T'intéresses-tu aux derniers orang-outans ?
- *SICH* ***EIN****SETZEN/SICH ENGAGIEREN* : s'engager en faveur de
  Die N-VA (Neue Flämische Allianz) setzt sich für mehr Autonomie in Flandern und letzlich für dessen Unabhängigkeit ein. La N-VA s'emploie à donner à la Flandre la plus large autonomie, voire son indépendance.
- *DANKEN* : remercier de
  Ich danke dir für deinen Besuch. Je te remercie d'être venu.
- *SICH EIGNEN* : être qualifié pour, être approprié à
  Die junge Frau ist zu schüchtern. Sie eignet sich nicht für die Stelle der Empfangsdame. Cette jeune femme est trop timide. Elle ne convient pas pour un poste d'hôtesse d'accueil.
- *SICH ENTSCHEIDEN (ie, ie)* : se décider en faveur de
  Ich entscheide mich für ein Studium in Deutschland. Je me décide à faire des études en Allemagne.
- *GELTEN (galt, gegolten: er gilt)* : passer pour, être valable pour
  Diese Anweisung gilt für alle Mitarbeiter. Cette directive vaut pour tous les collaborateurs.
- *HALTEN (hielt, gehalten; er hält)* : prendre pour
  Hältst du sie für die Schuldige? La crois-tu coupable ?

- *SORGEN* : veiller à, causer
  Die Euro-Krise sorgt in Europa für Unruhe. La crise de l'euro provoque l'inquiétude des européens.

IN + acc.

- *SICH **EIN**MISCHEN* : se mêler de
  Er mischt sich in alles mit. Il se mêle de tout.
- *SICH ERGEBEN (ergab, ergeben, er ergibt sich) sich fügen* : se résigner à
  Der Held fügt sich nicht in sein Schicksal. Le héros ne se résigne pas à son sort.
- *GERATEN (geriet, geraten; er gerät)* : tomber dans
  Der Leiter geriet in Wut, als die Arbeiter zu streiken begannen. Le directeur se mit en rage quand les ouvriers commencèrent leur grève.
- *ÜBERSETZEN* : traduire en
  Dieser Roman wurde in mehrere Sprachen übersetzt. Ce roman fut traduit en plusieurs langues.
- *SICH VERLIEBEN* : tomber amoureux de
  Die Drachendame verliebt sich in den Esel und Shrek in die Prinzessin. La dame dragon tombe amoureuse de l'âne et Shrek tombe amoureux de la princesse.
- *SICH VERWANDELN* : se transformer en
  Der Frosch verwandelt sich in einen Prinzen. La grenouille se transforme en un prince.

IN + dat.

- *BESTEHEN (bestand, bestanden)* : consister en
  Sein Leben besteht nur in Arbeit. Sa vie n'est que travail.
- *SICH ÜBEN* : s'exercer à
  Du musst dich noch häufig darin üben, wenn du Erfolg haben willst. Il va falloir que tu t'entraînes souvent si tu veux avoir du succès.

MIT + dat.

- ***AN**FANGEN (fing an, angefangen; er fängt an)/beginnen (begann, begonnen)* : commencer par
  Fangt mit dem Spiel an! Commencez à jouer !
- ***AUF**HÖREN* : cesser
  Ohne Motivation ist es sehr schwer, mit dem Rauchen aufzuhören. Sans motivation, il est très dur d'arrêter de fumer.
- *BEDECKEN* : couvrir de
  Er war am ganzen Körper mit Narben bedeckt. Il avait tout le corps couvert de cicatrices.
- *SICH BEFASSEN/SICH BESCHÄFTIGEN* : s'occuper de
  Die Polizei musste sich mit diesem Fall befassen. La police dut s'occuper de ce cas.
- *ENDEN/SCHLIEẞEN (schloss, geschlossen)* : finir par
  Die Demonstration endete mit einer Prügelei. La manifestation se termina en bagarre.

- *FÜLLEN* : remplir de
  Der Gänsebraten wird mit Äpfeln gefüllt. L'oie rôtie est farcie de pommes.
- *PRAHLEN* : se vanter de
  Hör bloß auf, mit deinem Reichtum zu prahlen! Arrête de frimer avec ta richesse !
- *RECHNEN* : compter sur
  US-Geheimdienste rechnen mit einem Al-Kaida-Anschlag. Les services secrets américains s'attendent à un attentat d'Al-Qaida.
- *SPRECHEN (sprach, gesprochen; er spricht)* : parler
  Mit diesem Menschen kann man nicht sprechen! Il est impossible de parler à cette personne !
- *TELEFONIEREN* : téléphoner à
  Vergiss nicht, mit deiner Großmutter zu telefonieren. N'oublie pas de téléphoner à ta grand-mère.
- *UMGEBEN (umgab, umgeben; er umgibt)* : entourer de
  Er hat sich mit einem großen Expertenteam umgeben. Il s'est entouré d'une grosse équipe d'experts.
- *VERGLEICHEN (verglich, verglichen)* : comparer
  Wer bringt die stärkste Leistung? In der Arbeit vergleichen wir uns ständig mit Kollegen. Das nervt! Qui est le plus performant ? Au travail, nous nous comparons sans cesse aux collègues. Que c'est énervant !
- *VERKEHREN* : fréquenter qqn
  Sage mir, mit wem du verkehrst, und ich sage dir, wer du bist. Dis-moi qui tu fréquentes et je te dirai qui tu es.
- *VERSORGEN* : approvisionner en
  Nach dem Erdbeben wurde die Stadt mit Trinkwasser versorgt. Après le tremblement de terre, la ville fut approvisionnée en eau potable.

NACH + dat.

- *SICH ERKUNDIGEN* : s'informer de
  Die Polizei erkundigte sich nach ihm. La police s'informa à son sujet.
- *FRAGEN* : demander qqc.
  Er fragte ihn nach seinem Pass. Il lui demanda son passeport.
- *GREIFEN (griff, gegriffen)* : tendre la main vers
  Sie griff nach dem rettenden Strohhalm. Elle a saisi sa dernière chance.
- *SICH SEHNEN* : avoir la nostalgie de
  Er sehnte sich im Stillen nach Anerkennung. En secret, il avait soif de reconnaissance.
- *STREBEN* : aspirer à
  Er hat sein Leben lang nach Anerkennung gestrebt. Toute sa vie, il a aspiré à être reconnu.
- *SUCHEN* : chercher
  Die Republik Moldau will der EU beitreten und sucht nach Unterstützung. La Moldavie veut adhérer à l'Union européenne et cherche un soutien.

- *VERLANGEN* : exiger/commander qqc., demander à voir qqn
Die Basken verlangen nach größerer Unabhängigkeit. Les basques exigent une plus grande autonomie.

ÜBER + acc.

- *SICH ÄRGERN* : être contrarié par
Ich habe mich über sein Verhalten geärgert. Son comportement m'a contrarié.
- *SICH **AUF**REGEN* : s'emporter contre
Die Vorbeigehenden regten sich über die Krawallmacher auf. Les passants s'emportèrent contre les fauteurs de trouble.
- *SICH BESCHWEREN/KLAGEN/SICH BEKLAGEN* : se plaindre de
Die Nachbarn beklagen sich über den Lärm. Les voisins se plaignent du bruit.
- *DISKUTIEREN* : discuter de
Über dieses Problem muss noch diskutiert werden. Il faut qu'on rediscute de ce problème.
- *SICH FREUEN* : se réjouir de
Ich freue mich über deinen Erfolg. Je me réjouis de ton succès.
- *HERRSCHEN* : régner sur
Alexander der Große herrschte über ein riesiges Reich. Alexandre Le Grand régna sur un immense empire.
- *LACHEN* : rire de
Über diese Geschichte musste er lachen. Il ne put s'empêcher de rire de cette histoire.
- ***NACH**DENKEN (dachte nach, nachgedacht)* : réfléchir à
Bevor du eine Entscheidung triffst, denk über die Folgen nach! Avant de prendre une décision, pense aux conséquences !
- *SCHIMPFEN* : pester contre
Sie schimpft über die rücksichtslose Fahrweise der anderen Autofahrer. Elle peste contre la façon de conduire éhontée des autres conducteurs.
- *SIEGEN* : vaincre
Der Außenseiter siegte über den Favoriten. L'outsider vainquit le favori.
- *SPOTTEN* : se moquer de
Die anderen Kinder spotteten über seine Angst. Les autres enfants se moquèrent de sa peur.
- *SPRECHEN (sprach, gesprochen; er spricht)* : parler de
Sie spricht nur über ihre Arbeit. Elle ne fait que parler travail.
- *STAUNEN/SICH WUNDERN* : s'étonner de
Die Europäer wunderten sich über Horst Köhlers Rücktritt. Les européens furent étonnés de la démission de Horst Köhler.
- *SICH UNTERHALTEN (unterhielt, unterhalten; er unterhält sich)* : s'entretenir de
Sie unterhält sich stundenlang mit ihrem Freund am Telefon. Elle parle pendant des heures à son ami au téléphone.

- *VERFÜGEN* : disposer de
  Er kann über seine Zeit frei verfügen. Il peut disposer librement de son temps.

UM + acc.

- *SICH BEWERBEN (bewarb, beworben; er bewirbt sich)* : postuler
  Um die Nachfolge des Präsidenten bewerben sich neun Kandidaten. Neuf candidats postulent à la succession du président.
- *JDEN BENEIDEN* : envier qqc. à qqn
  Ich beneide ihn um sein Glück. Je lui envie son bonheur.
- *BITTEN* (bat, gebeten) : prier qqn de faire qqc.
  Ich bitte dich um Hilfe. Je te demande de l'aide.
- *RUFEN (rief, gerufen)* : appeler (um Hilfe à l'aide)
  Eine Stimme rief um Hilfe. Une voix appela à l'aide.
- *STREITEN (stritt, gestritten)* : se disputer qqc.
  Der Junge streitet immer mit seiner Schwester um dieses Spielzeug. Le garçon et sa sœur se disputent toujours le même jouet.
- *SICH VERRECHNEN* : se tromper de
  Pass auf! Du verrechnest dich um fünf Prozent. Fais attention ! Tu te trompes de cinq pour cent.

UNTER + dat.

- *LEIDEN (litt, gelitten)* : souffrir (de ce qui est désagréable)
  Viele Menschen leiden unter dem Lärm in einer Großstadt. Beaucoup de personnes souffrent du bruit dans une grande ville.

VON + dat.

- *BEFREIEN* : libérer de
  Die Polizei hat die Geiseln von ihren Fesseln befreit. La police a libéré les otages de leurs liens.
- *SICH ENTFERNEN* : s'éloigner de
  Wir enfernen uns weit von unserem Thema. Nous sommes bien loin de notre sujet.
- *HALTEN (hielt, gehalten; er hält)* : penser de
  Was halten Sie von unserem Projekt? Que pensez-vous de notre projet ?
- *SPRECHEN (sprach, gesprochen; er spricht)* : parler de
  Er sprach von seinen Reiseplänen. Il parla de ses projets de voyage.
- *TRÄUMEN* : rêver de
  Alle Menschen träumen von einem besseren Leben. Tout le monde rêve d'une meilleure vie.
- *ÜBERZEUGEN* : convaincre de
  Er will uns von der Richtigkeit seiner Handlungsweise überzeugen. Il veut nous convaincre qu'il a correctement agi.
- *SICH VERABSCHIEDEN* : prendre congé de
  Sie verabschiedete sich von allen mit Händedruck. Elle prit congé de tous en leur serrant la main.

VOR + dat.

- *FLIEHEN (floh, geflohen)* : fuir
  Circa 12 Millionen deutsche Flüchtlinge aus den ehemaligen deutschen Gebieten flohen bei Kriegsende vor der russischen Armee. Environ 12 millions de réfugiés originaires des anciens territoires allemands fuyèrent l'armée russe à la fin de la guerre.
- *SICH FÜRCHTEN* : craindre
  Sowohl die Arbeitgeber als auch die Arbeitnehmer fürchten sich vor der Inflation. Les employeurs tout comme les employés craignent l'inflation.
- *SICH HÜTEN* : se garder de
  Rotkäppchen hätte sich vor dem bösen Wolf hüten sollen. Le Chaperon Rouge aurait dû prendre garde au méchant loup.
- *SCHÜTZEN* : protéger de
  Alter schützt vor Torheit nicht. L'âge ne protège pas de la folie.
- *STERBEN (starb, gestorben; er stirbt)* : mourir (pas de maladie)
  Ich bin vor Angst fast gestorben. J'ai manqué mourir de peur.
- *WARNEN* : avertir de
  In der Metro wird vor Taschendieben gewarnt. Dans le métro, on met en garde contre les pickpockets.
- *ZITTERN* : trembler de
  Er zittert vor Kälte. Il tremble de froid.

ZU + dat.

- ***AN**REGEN* : pousser qqn à
  Dieses Ereignis regte ihn zum Nachdenken an. Cet événement le fit réfléchir.
- ***AUF**FORDERN, **AUF**RUFEN (rief auf, aufgerufen)* : exhorter à
  Bundesfinanzminister ruft die Bürger zum Sparen auf. Le ministre fédéral des finances exhorte les citoyens à l'épargne.
- *BEGLÜCKWÜNSCHEN/GRATULIEREN* : féliciter pour
  Ich beglückwünsche dich zu deiner Beförderung. Je te félicite de ta promotion.
- ***BEI**TRAGEN (trug bei, beigetragen; er trägt bei)* : contribuer à
  Wir sollten alle zum Umweltschutz beitragen. Nous devrions tous participer à la protection de l'environnement.
- *BERECHTIGEN* : autoriser à
  Berechtigt die Religion zur Gewalt? La religion autorise-t-elle le recours à la violence ?
- ***EIN**LADEN (lud ein, eingeladen; er lädt ein)* : inviter à
  Horst Köhler gratulierte Obama und lud ihn zu einem baldigen Besuch nach Deutschland ein. Horst Köhler félicita Obama et l'invita à venir prochainement en Allemagne.
- *ERNENNEN (ernannte, ernannt)* : nommer
  Obama ernennt Ex-General Clapper zum Geheimdienstkoordinator. Obama nomme l'ex-général Clapper coordinateur des services secrets.

- *GEHÖREN* : faire partie de
  Das gehört zum Allgemeinwissen. Ça fait partie des choses que tout le monde sait.
- *GREIFEN (griff, gegriffen)* : prendre
  Wenn sie entnervt ist, greift sie zur Zigarette. Quand elle est énervée, elle prend une cigarette.
- *VERARBEITEN* : transformer en
  Er verarbeitet Gold zu Schmuck. Il transforme l'or en bijoux.
- *VERURTEILEN* : condamner à
  Wie kann man einen Menschen zum Tode verurteilen? Comment peut-on condamner un homme à mort ?
- *ZWINGEN (zwang, gezwungen)* : forcer à
  Dürfen Lehrer Schüler zum Sport zwingen? Les professeurs ont-il le droit de forcer des élèves à faire du sport ?

Exercices

1. Complétez par la bonne préposition :

a. Freilassung der Fotografin Maryam Majd gefordet: sie wollte...... die Frauenfußball-WM in Deutschland berichten.

b. Die Diktatoren klammern sich verzweifelt...... die Macht.

c. Kaum einer kennt ihn – doch Peter Pewas gehört...... den großen Filmregisseuren des deutschen Kinos.

d. München 2018: Die Münchner hoffen...... ein Wintermärchen: die bayerische Metropole setzt vor allem...... Nachhaltigkeit.

e. Die deutschen Streitkräfte sind seit dem ersten Juli 2011 eine Freiwilligenarmee. Damit folgt Deutschland den meisten anderen NATO-Staaten nach, die ...... Berufsarmeen setzen.

f. Die großen Klimasünder USA und China wollen sich bisher nicht...... rechtsverbindlichen CO2-Minderungszielen verpflichten lassen.

g. Zeitzeugen und Experten der SED-Geschichte werden unter anderem mit Studenten...... die DDR sprechen.

h. Als Kompromiss bot die Regierung in Athen an, in Kooperation mit den Vereinten Nationen selbst...... den Transport humanitäter Hilfsgüter in den Gazastreifen zu sorgen.

i. Zum 60. Geburtstag des Goethe-Instituts machte Außenminister Guido Westerwelle deutlich, dass das weltweit tätige Kultur- und Bildungsinstitut nicht...... zusätzliche Mittel hoffen könne.

j. Die geplante Lieferung von deutschen Panzern nach Saudi-Arabien sorgt nun auch in der Regierungskoalition...... Kritik.

2. Quelle est la bonne réponse ?

a. Der Minister stimmte die anwesenden Gäste...... die bevorstehenden Tage ein.

a. an | b. auf | c. für | d. über

b. Der Physikkurs hat sich...... der Frage beschäftigt, wie wichtig die Rolle des Wissenschaftlers ist.

a. bei | b. zu | c. mit | d. von

c. Eine Studentengruppe befasst sich...... einem Umweltschutzprojekt.

a. mit | b. von | c. aus | d. zu

d. Die Studenten bereiten sich...... dieses wichtige Ereignis vor.

a. für | b. durch | c. an | d. auf

e. Da kommen neue Schwierigkeiten...... uns zu.

a. zu | b. an | c. auf | d. bei

f. Die Journalisten halten sich...... die Tatsachen.

a. gegen | b. an | c. für | d. vor

Test de niveau
Fiches 7 à 12

! Vérifiez vos réponses à l'aide du corrigé p. 251 et comptabilisez vos points.

1 *Wind, Wolken, Meer und viel Sonne gibt es auf ...... Nordseeinsel Juist.*
a. dem b. der c. die d. den

2 *Die Einheimischen von Juist haben schon immer gewusst, dass sie „auf ...... schönsten Sandhaufen der Welt" leben.*
a. den b. der c. dem d. die

3 *1891 ...... in Dresden der schönste Milchladen der Welt" eingerichtet.*
a. wurde b. wird c. hatte d. war

4 *Bei großer Kälte ...... in der Hauptstadt immer mehr Notunterkünfte für Obdachlose eröffnet.*
a. sind b. seien c. haben d. werden

5 *Der Redebedarf ist groß. Vieles ...... am Tresen besprochen.*
a. haben b. war c. wird d. ist

6 *Nach dem Erdbeben ...... Japan am Rand eines Super-GAUs.*
a. liegt b. steht c. hängt d. sitzt

7 *Wo ist denn Robert? ...... er noch im Bett?*
a. liegt b. legt er sich c. steht d. hängt

8 *Niemand weiß heute, wie die Bundeswehr im Jahr 2012 ...... wird.*
a. ausgesehen b. aussehen c. aussieht d. ausseht

9 *Was indes jetzt ...... die Bundeswehr zukommt, ist bei Weitem die einschneidendste Reform seit ihrer Gründung 1955.*
a. um b. für c. an d. auf

10 *Die Wehrpflicht ...... abgeschaffen.*
a. ist b. wird c. werden d. hat

11 *Der Streitkräfteumfang wird ...... höchtens 185 000 geschrumpft.*
a. an b. auf c. aus d. mit

12 *Was erwarten Eltern von idealen Kindern?* Transposez à l'impératif ce qu'ils leur disent :
a. Ihr sollt immer höflich sein. ⇒ ______________
b. Ihr sollt euer Zimmer aufräumen. ⇒ ______________
c. Ihr sollt uns beim Putzen mithelfen. ⇒ ______________
d. Ihr sollt besser arbeiten. ⇒ ______________

13 *Was raten Sie Ihrem kleinen Bruder?* Transposez à l'impératif ce que vous lui dites :
a. Du sollst mich in Ruhe lassen. ⇒ ______________
b. Du sollst mich nicht unterbrechen. ⇒ ______________
c. Du sollst dich entschuldigen. ⇒ ______________
d. Du sollst früh ins Bett gehen. ⇒ ______________

14 ***Die Menschen in Deutschland wollen ...... gesellschaftlichen und politischen Themen mitbestimmen.***

a. bei b. zu c. an d. auf

15 ***Über das Internet haben Oppositionsgruppen ...... Protesten gegen das Regime von Präsident Gaddafi aufgerufen.***

a. aus b. auf c. zu d. gegen

16 ***Tausende nehmen ...... Demonstrationen für mehr Rechte und gegen Vetternwirtschaft teil.***

a. zu b. bei c. mit d. an

17 ***Die Glaubwürdigkeit von Deutschlands beliebtestem Politiker ...... auf dem Spiel: Verteidigungsminister Zu Guttenberg bestreitet, bei seiner Doktorarbeit betrogen zu haben.***

a. steht b. sitzt c. setzt d. stellt

18 ***Zu* ou pas *zu* devant l'infinitif ?**

a. Warum lohnt es sich, Deutsch ...... lernen?

b. Seit Januar 2011 dürfen die Schriftführer des Bundestages nicht mehr ohne Krawatte ...... arbeiten.

c. Diese Obdachlosen sind in Sicherheit: sie können die bisher kälteste Nacht im Warmen ...... verbringen.

d. Patienten auf Verlangen ...... töten ist den Ärzten weiterhin verboten.

19 ***Unter autoritären Regimen ...... viel zensiert.***

a. ist b. hat c. wird d. will

20 **Employez le discours indirect. Les verbes en parenthèses sont à l'infinitif :**

Der Journalist berichtet: Atomkraftgegner *(haben)* der Polizei vorgeworfen, beim jüngsten Castor-Transport brutal und willkürlich gegen Demonstranten vorgegangen zu sein. Mehrere Menschen *(sein)* verletzt worden. Einige Demonstranten *(sein)* ohne Begründung bis zu drei Stunden festgehalten worden. Die Polizei *(zurückweisen)* den Vorwurf unangemessener Gewaltanwendung.

Votre score ..../20

Appréciation du score :

de 18 à 20 : Bravo. Vous pouvez quand même parcourir le livre pour y découvrir quelques points méconnus, avant de passer à un niveau supérieur.
de 15 à 17 : C'est bien, mais il y a encore quelques lacunes. Travaillez les fiches concernées.
de 12 à 15 : Pas mal, mais une révision systématique s'impose pour clarifier la situation.
de 8 à 11 : Vous n'êtes pas au niveau, il y a trop d'incertitudes.
au-dessous de 8 : Reprenez tout à la base, lentement et systématiquement.

SECTION 2

LA SPHÈRE DU NOM

Fiche 13

Le genre et le pluriel des noms

1 Le genre des noms

Il existe 3 genres en allemand : **le masculin**, **le neutre** et **le féminin**. Il convient de mémoriser les genres par le biais de l'article défini qui accompagne le substantif : ***DER***, pour le masculin, ***DAS***, pour le neutre, ***DIE*** pour le féminin. Il n'y a pas de stricte correspondance entre le genre en français et celui en allemand. Les terminaisons des noms et leurs suffixes permettent de les reconnaître :

A. Appartiennent au **masculin** les noms :

- qui se terminent en ***-er, -ler,-ig,-ich,-ling*** :
  der Bruder, le frère, *der Bäcker*, le boulanger, *der Honig*, le miel, *der Gänserich*, le jars, *der Lehrling*, l'apprenti.
- dont le suffixe est étranger (***-ant, -är, -eur, -ent, -ier, -iker,-ismus, -ist, -or***) :
  der Praktikant, le stagiaire, *der Militär*, le militaire, *der Amateur*, l'amateur, *der Dirigent*, le chef d'orchestre, der Mathematiker, le mathématicien, *der Journalismus*, le journalisme, *der Pianist*, le pianiste, *der Professor*, le professeur d'université.
  die Neugier (la curiosité), du genre féminin est une exception.
- les noms appelés **faibles** qui prennent la marque ***en*** à tous les cas sauf au nominatif singulier et qui désignent le plus souvent des êtres animés :
  der Mensch, l'être humain, *der Franzose*, le français, *der Christ*, le chrétien, *derTourist*, le touriste, *der Zeuge*, le témoin, *der Bär*, l'ours,...
- les jours, les mois, les saisons, les points cardinaux :
  der Sonntag, le dimanche, *der Juli*, le mois de juillet, *der Winter*, l'hiver, *der Westen*, l'ouest.
- les marques automobiles :
  der Porsche, *der Audi*, etc.

B. Appartiennent au **féminin** les noms :

- terminés en ***-e, -ei, -in, -heit, -keit, -schaft, -ung*** :
  die Rose, la rose, *die Bücherei*, la librairie, *die Freundin*, l'amie, *die Schönheit*, la beauté, *die Dankbarkeit*, la reconnaissance, *die Mannschaft*, l'équipe, *die Wohnung*, l'habilitation.
- ceux à suffixes étrangers (***-ade, -age, -anz, -ion, -tät, -ur***) : *die Marmelade*, la confiture, *die Etage*, l'étage, *die Bilanz*, le bilan, *die Portion*, la portion, *die Qualität*, la qualité, *die Natur*, la nature...

C. Appartiennent au **neutre** les noms :

- terminés en ***-chen, -lein*** (diminutifs) : *das Mädchen*, la fille, *das Fräulein*, la demoiselle ;
- terminés en ***-tel, -tum*** : *das Drittel*, le tiers, *das Judentum*, le judaïsme, (deux exceptions : *der Irrtum*, l'erreur, *der Reichtum*, la richesse) ;
- à suffixe en ***-nis*** : *das Erlebnis*, l'expérience, *das Gefängnis*, la prison. Une exception toutefois : *die Elaubnis*, la permisson ;

- à suffixes étrangers (*-eau, -o, -in, -ment, -um*) : *das Niveau*, le niveau, *das Büro*, le bureau, *das Benzin*, l'essence, *das Argument*, l'argument, *das Museum*, le musée... ;
- qui ont un préfixe *-ge* et qui désignent un ensemble : *das Gebirge*, la chaîne de montagnes ;
- formés à partir d'un infinitif (infinitif substantivé) : *das Gehen*, la marche, *das Lesen*, la lecture ;
- des couleurs, des lettres, des langues, des métaux : *das Rot*, le rouge, *das S, das Englische*, la langue anglaise, *das Holz*, le bois. Une exception : *der Stahl* (l'acier).

Attention :

- Les noms composés prennent l'article du **déterminé** (dernier terme) :

  Die Arbeit, das Buch, — *das Arbeitsbuch*, le livre de classe
  Der Berg, die Bahn, — *die Bergbahn,* le téléphérique
  Die Zeitung, der Artikel, — *die Zeitungsartikel,* l'article de journal

- Le pluriel d'un mot composé est toujours celui du déterminé : *Die Arbeitsbücher, die Bergbahnen, die Zeitungsartikel.*

2 Le pluriel des noms

Selon le genre des mots (masculin, féminin ou neutre) des marques de pluriel spécifiques leur sont attribuées. Le pluriel de l'article défini, ***der, die, das*** est unique pour les trois articles : ***DIE***.

A. pour les masculins : **sept possibilités**

-e	*¨+e*	*¨+-er*	*-er*	*-(e)n*	*-s*	*= singulier*
Der Fisch *Die Fische*	*Der Wolf* *Die Wölfe*	*Der Wald* *Die Wälder*	*Der Leib* *Die Leiber*	Les masculins faibles*	*Der Uhu* *Die Uhus*	Les noms en *-er, -el, -en*
Der Tag *Die Tage*	*Der Gast* *Die Gäste*	*Der Gott* *Die Götter*		*Der Bär* *Die Bären* *Der Mensch* *Die Menschen* *Der Herr* *Die Herren*	*Der Park* *Die Parks*	*Der Wagen = Die Wagen = Der Lehrer, Die Lehrer, Der Igel = Die Igel***

* **Attention :** Les masculins faibles prennent la marque *-n* ou *-en* à tous les cas, sauf au nominatif singulier. Quelques noms masculins (non faibles) ont un pluriel en *en* ou *n* : ***der Staat, der Professor, der Motor, der Schmerz*** (la douleur), ***der See*** (le lac), ***der Stachel*** (le dard). Mais certains noms masculins prennent *en* aux mêmes cas que les masculins faibles mais ont en plus la marque *s* du génitif masculin : ***der Name*** (le nom), ***des Namens*** (pl : ***die Namen***).

** Les noms masculins terminés en *er, el, en*, ont un pluriel identique au singulier. Font exception : ***der Vater, der Apfel, der Mantel, der Faden*** (le fil)... qui prennent l'inflexion (*cf.* grammaire pour liste exhaustive).

B. pour les féminins : **six possibilités**

¨e	-e	-n ou -en
Die Nacht *Die Nächte* souvent des monosyllabiques	*Die Kenntnis* *Die Kentnisse* noms terminés en ***nis*** (*cf.* ci-dessous)	*Die Tasse* *Die Tassen* *Die Tür* *Die Türen*
-¨	**-s**	**-nen**
Die Mutter *Die Mütter* *Die Tochter* *Die Töchter*	*Die Oma* *Die Omas*	*Die Freundrin* *Die Freundinnen* Pour les noms terminés en ***-in***

C. pour les neutres : **sept possiblités**

-e	-er	-¨er	-en*
Das Jahr *Die Jahre*	*Das Kind* *Die Kinder*	*Das Haus* *Die Häuser*	*Das Bett* *Die Betten*
-s	**-nisse**	**= singulier**	
Das Auto *Die Autos*	*Das Erlebnis* *Die Erlebnisse* Pluriel des noms neutres en ***nis***.	Les noms en ***-er, -el, -en***** ainsi que les diminutifs en ***chen*** et ***lein***.	

* ***das Herz***, le cœur, prend ***„en"*** à tous les cas sauf au génitif singulier « ***des Herzens*** ».

** **Exemples :** ***das Fenster, die Fenster, das Mädchen, die Mädchen***. Une exception toutefois : ***das Kloster***, le monastère, est le seul mot neutre qui prend une inflexion au pluriel : ***die Klöster***.

Un seul mot neutre prend ***¨+e*** : ***das Floß***, le radeau = ***die Flöße***.

Exercices

1. Classez les mots suivants en 4 colonnes :

	Masculin	Féminin	Neutre	Pluriel
Minister				
Tauben				
Geister				
Tische				
Alte				
Artist				
Monate				
Zeug				
Frauen				
Auge				
Löffel				
Gesellschaft				
Studium				
Heiterkeit				

2. Quel est l'intrus ?

a. Erlebnis – Rätsel – Mädchen – Geist
b. Hütte – Hotel – Horn – Haus
c. Hase – Hering – Hamster – Hemd
d. Eisen – Silber – Stahl – Gold
e. Irrtum – Herzogtum - Judentum – Kaisertum
f. Bär – Soldat – Affe – Giraffe
g. Elefant – Robbe – Löwe – Tiger
h. Lay-out – Fax – Top – Server
i. Zug – Straßenbahn – Wagen – Karren
j. Winter – Schnee – Frist – Frost

3. Indiquez l'article des noms composés suivants :

Wörterbuch – Bücherschrank – Schönheitswettbewerb – Zeitungsartikel – Straßenseite – Tanzabend – Biologielektion – Hausarbeit – Haustür – Sportschuh – Klavierpartitur – Reisepass – Tanzlokal – Bergbahn - Hausordnung

4. Quel est le bon pluriel ?

a. der Hut:	die Hute?	die Hüte?
b. der Strand:	die Stranden?	die Strände?
c. das Meer:	die Meers?	die Meere?

d. der Herr:	die Herren?	die Herrn?
e. der Chef:	die Chefs?	die Chefe?
f. der Krieg:	die Kriegen?	die Kriege?
g. der Maurer:	die Maurer?	die Maurern?
h. das Loch:	die Lochen?	die Löcher?
i. die Maus:	die Mäuse?	die Mausen?
j. das Hemd:	die Hemde?	die Hemden?
k. die Arbeit:	die Arbeiten?	die Arbeiter?
l. der Passagier:	die Passagieren?	die Passagiere?
m. das Argument:	die Argumenten?	die Argumente?
n. der Apparat:	die Apparäte?	die Apparate?
o. Die Gefahr:	die Gefahren?	die Gefähre?

5. Donnez le pluriel des noms composés suivants :

Das Drehbuch – das Küchengerät – die Grammatikübung – der Seefisch – der Funkturm – der Kinosaal – der Geburtstagskuchen – das Kinderlied – der Seemann – der Deutschlehrer – der Betriebsrat – das Bierfass – der Tierarzt – das Taschentuch – das Schlafzimmer

6. Quel est le singulier des mots suivants ?

Die Gründe, Briefe, Deutsche, die Babys, die Haare, die Töchter, Grenzen, die Bälle, die Kinder, Eindrücke, Ratschläge, Themen, die Französinnen, Feste, die Zeitschriften, Artikel, die Texte

7. Quelques pluriels peu ordinaires, quel est le pluriel des mots suivants ?

Das Album, der Atlas, die Basis, der Dank, das Drama, das Examen, die Firma, der Globus, das Gremium, das Gymnasium, das Komma, der Hass, das Klima, das Konto, das Lexikon, das Praktikum, der Sport, das Solo, der Sport, der Virus

Les 4 cas du nom et du groupe nominal

Fiche 14

Le groupe nominal comporte 4 cas : **le nominatif, l'accusatif, le datif et le génitif**.

Rappelons la fonction précise de chacun de ces cas.

1 Le nominatif

C'est le cas du sujet qui fait une action, c'est le cas également, comme en français, de l'attribut du sujet. Il répond à la question ***WER?***

Der Brieträger kommt immer um 8. Uhr.

Der Briefträger ist ein netter Mann.

2 L'accusatif

C'est le cas du complément d'objet direct, c'est le cas également que régissent certaines prépositions ou certains verbes. C'est, de plus, le cas privilégié du « directionnel » (*cf.* fiche 24). Le cas de l'accusatif se marque en fonction du genre du substantif utilisé (*cf.* Les adjectifs épithètes 1 et 2 fiche 15).

Il répond à la question ***WEN?*** pour les personnes et ***WAS*** pour les choses.

Kannst du dieses alte Haus erkennen?

Er kauft einen großen Wagen.

Sie bekommt ein großes Plüschtier.

Wir haben eine nette Lehrerin.

Wir gehen jetzt durch den alten Stadtpark. „Durch" régit l'accusatif.

Freust du dich auf die nächsten Ferien? Sich freuen auf + accusatif.

Wohin fahrt ihr? In die Vereinigten Staaten.

3 Le datif

C'est le cas du complément d'attribution, c'est le cas également que régissent certaines prépositions ou certains verbes (à apprendre par cœur). C'est, de plus, le cas privilégié du « locatif ». Il répond à la question ***WEM?*** et à ***WO?***.

Er schenkt seiner Freundin eine schöne Uhr (datif féminin).

Il offre une belle montre à son amie.

Wir geben unseren Gästen einen guten Stadtplan (datif pluriel).

Nous donnons un bon plan de ville à nos invités.

Attention à la place des compléments, celui au datif précédant celui à l'accusatif. C'est l'inverse, quand ils sont sous forme de pronoms !

Er schenkt sie ihr. Wir geben ihn ihnen.

Ne pas oublier non plus le ***n*** à reporter sur le substantif au datif pluriel.

Mit dir kann man nie sicher sein. ***Mit*** régit le datif.

Er hilft seinem Kollegen. ***Helfen*** (aider) demande le datif.

Wo arbeitet er in der Woche? In einer Werbungsfirma (agence de pub).

4 Le génitif

Il sert à définir l'appartenance.

C'est le cas du complément de nom : le chapeau de ma mère, le vélo de mon professeur, les livres des étudiants etc. *Der Hut meiner Mutter, das Rad meines Lehrers, die Bücher der Studenten* (voir aussi le génitif saxon fiche 16).

Rappel : Sur les substantifs masculins et neutres, il ne faut pas oublier de porter la marque ***s***, sauf pour les masculins faibles (*cf.* fiche 13).

La question ***WESSEN?*** n'est guère plus utilisée. *Wessen Hut ist es?* On préférera dire : *Wem gehört der Hut?*

On le trouve derrière certaines prépositions : *während des Sommers* = pendant l'été...

Et avec certains verbes : *er rühmt sich seiner Tat* = il se vante de son action.

Attention : la fonction grammaticale de complément du nom n'est pas toujours traduite à l'aide du génitif : *Der Mangel an Geld,* le manque d'argent, *der Appetit auf Pilze,* l'envie de champignons.

Exercices

1. Relevez dans ce texte trois nominatifs, trois accusatifs, deux datifs et deux génitifs :

Fukushima: Die Kühlungsmaßnahmen der beschädigten Reaktoren zeigen wohl Wirkung. Techniker melden weitere kleine Erfolge. Dafür bleibt die Gefahr der Strahlung hoch. So gibt es erste Nachweise von Radioaktivität in Lebensmitteln.

2. Quel cas après ces prépositions ? (*cf.* fiche 23). Mettez les groupes nominaux qui sont au nominatif entre parenthèses, au cas convenable :

a. **Trotz** (die Atomkatastrophe) in Japan halten Moskau und Minsk am Bau eines Atomkraftwerks in Belarus fest.
b. **Seit** (Jahrzehnte) arbeiten Forscher an einer neuen Art der Energieerzeugung.
c. **Für** (ihr fulminantes Romandebüt) in deutscher Sprache bekommt Olga Martynova den Chamisso-Förderpreis.
d. **Statt** (umweltschädlicher Kohlestrom) bekommen immer mehr Haushalte nun Energie aus Wasserkraft.
e. **Wegen** (Vergewaltigung und sexuelle Nötigung) ist der frühere israelische Präsident zu sieben Jahren Gefängnis verurteilt worden.
f. Jemen: **Unter** (der Druck) der Protesbewegung erklärte sich der **seit** (32 Jahre) regierende Staatschef bereit, auf eine nochmalige Kandidatur zu verzichten.
g. **Wegen** (die radioaktive Strahlung) werden alle Techniker und Feuerwehrleute vorerst abgezogen. **Über** (der Reaktor) steigt Rauch auf.
h. **Trotz** (die Angriffe) denkt Machthaber Gaddafi nicht daran aufzugeben.
i. **Bei** (ein Bombenanschlag) in Jerusalem wurden mindestens 25 Menschen verletzt.
j. Bereits **seit** (eine Woche) protestieren Regimegegner in Syrien.
k. **Nach** (wochenlange Unruhen) steht Jemens Präsident vor dem Aus.

3. Quel est le cas convenable ?

a. Die Zeit des Alleinherrschers? / dem Alleinherrscher? ist vorbei.
b. Sicherheitskräfte haben mehrere Demonstranten? / mehreren Demonstranten? getötet.
c. Angesichts den Protesten? / der Proteste? im Jemen wechseln immer mehr Politiker und Militärs die Seite.
d. 41 Prozent die Bürger? / der Bürger gaben ihre Stimme ab.

4. Mettez les groupes nominaux entre parenthèses au cas convenable :

a. (Unsere Freunde) geht es gut.
b. Ich bin stolz auf (dieser Erfolg).
c. Es gelang (der Architekt), seinen Plan durchzusetzen.
d. Ich gehe mit (meine Freundin) ins Konzert.
e. Ich traue (diese Kollegen) nicht.
f. Das wissen wir aus (die Zeitung).
g. Die Touristen genießen (jeder Tag) ihres Urlaubs.

Les marques morphologiques du groupe nominal

Il existe plusieurs types de marquage du groupe nominal :

- **les marques des quatre cas :** nominatif, accusatif, datif et génitif ;
- **le genre, le nombre :** masculin, neutre, féminin d'une part, singulier ou pluriel d'autre part ;
- **les marques spécifiques à certains noms** (faibles ou forts) ;
- **les marques du groupe nominal avec adjectif épithète**.

L'adjectif attribut est invariable (contrairement au français, mais de manière identique à l'anglais) : il ne subit aucune transformation.

Ex. : *Der Wagen ist schwarz, das Hemd ist schwarz, die Katze ist weiß, die Schuhe sind weiß.*

Mais l'adjectif épithète a toujours une marque qui varie en fonction du principe suivant :

La fonction du groupe nominal ainsi que le déterminatif qui le précède influent sur le marquage de l'adjectif épithète.

Dans un groupe nominal qui comporte un adjectif épithète, seul un élément porte une des 5 marques du cas et du genre : ***-er, -en, -em, -es, -e***. Ces marques sont portées pour chaque genre et pour chaque cas par l'article défini ***der, das, die*** ou par un autre déterminant du même type : ***DIESER***, celui-ci, ***JENER***, celui-là, ***WELCHER?*** quel ?...

Si le déterminatif utilisé porte l'une des 5 marques ci-dessus, l'adjectif ne peut porter que l'une des deux marques suivantes : ***-e*** ou ***-en.***

Ces deux marques sont réparties sur les 16 cas de la déclinaison selon le schéma suivant :

Type 1 :

	masculin	**neutre**	**féminin**	**pluriel**
Nom.	***e***	***e***	***e***	*en*
Acc.	*en*	*e*	*e*	*en*
Dat.	*en*	*en*	*en*	*en*
Gén.	*en*	*en*	*en*	*en*

Un groupe nominal dans lequel le déterminatif porte l'une des 5 marques caractéristiques du cas et du genre / nombre et l'adjectif la désinence ***e*** ou ***en*** est appelé groupe nominal de **type 1.**

Ex. : *D**er** neue Mathelehrer ist streng.* (nom. masc. sing.)

*Kannst du mir dies**es** spannende Buch leihen?* (acc. neutre sing.).

*Ich fahre mit de**m** neuen Fahrrad in**s** Grüne spazieren.* (***MIT*** + datif).

À l'inverse un groupe nominal dans lequel l'adjectif porte les terminaisons caractéristiques : ***-er, -en, -em, -es, -e***, est dit de **type 2**. C'est le cas en l'absence de déterminatif :

- article partitif au singulier : **du** bon pain ;
- article indéfini au pluriel : **de** bonnes réponses ;
- déterminatif non marqué : ***ein / kein*** et les adjectifs possessifs au nominatif masculin, au nominatif et à l'accusatif neutre.

Type 2 :

	masculin	neutre	féminin	pluriel
Nom.	*er*	*es*	*e*	*e*
Acc.	*en*	*es*	*e*	*e*
Dat.	*em*	*em*	*er*	*en*
Gén.	*en*	*en*	*er*	*er*

Quelques exemples :

Du bon fromage (article partitif) : *Ø gut**er** Käse (der)*.

Des œufs durs : *Ø hart**e** Eier (die).*

Mon / un grand verre (déterminant non marqué) : *m- ein Ø groBes Glas.*

Pas de bonne viande : *kein Ø gut**es** Fleisch (das).*

Avec du beurre frais : *mit* (+ datif) ***Ø*** *frisch**er** Butter* (fém.)

Parler la bouche pleine : *mit voll**em** Mund* (masc.) *sprechen.*

Exercices

1. Comment décliner ces adjectifs ?

ein alt...... Wagen
unsere alt...... Wagen
welcher alt...... Wagen?
alle alt...... Wagen
diese alt...... Wagen
dieser alt...... Wagen
der alt...... Wagen
zwei alt...... Wagen
sein alt...... Wagen
wenige alt...... Wagen
einige alt...... Wagen
euer alt...... Wagen

2. Portez les marques manquantes :

a. Viele deutsch...... Eltern geben ihren Kindern heute kurz...... Namen.

b. Einerseits haben viele jung...... Frauen eine besser...... schulisch...... Ausbildung als Männer. Andererseits gibt es gerade für verheiratet...... Frauen noch immer stark...... Anreize, einen klein...... Job zu übernehmen.

c. Ein etwas welk...... Salat oder ein Apfel mit einer braun...... Stelle bleiben im Regal liegen. Nur teur...... Produkte sind für Menschen viel Wert.

d. Euer von allen Angestellt...... unterschrieben...... Protest hat den Chef genervt.

e. Die Streiche Till Eulenspiegels sind nicht nur in Deutschland beliebt: auf der ganz...... Welt kennt man seine spannend...... Abenteuer.

f. Wir kennen jedes alt...... Haus der malerisch...... Altstadt.

g. Diese wunderschön...... Geschichte werde ich nie vergessen.

h. Schrill...... Stimmen gellen uns in den Ohren.

3. Que mettre après un pronom personnel ?

a. Wir Deutsch......

b. Für uns Deutsch......

c. Wir alt...... Freunde

d. Ihr mutig...... Grün......

4. Que nous souhaitons-nous ?

Gut...... Appetit!
Gut...... Rutsch!

Gut...... Nacht!
Gut...... Morgen!
Froh...... Fest!
Schön...... Reise!
Gut......Tag!
Schön...... Wochenende!
Gut...... Abend!
Froh......Weihnachten!
Gut...... Fahrt!
Gut...... Erholung!

Le génitif saxon

Fiche 16

Cette dénomination est propre à la grammaire allemande. C'est ce qu'on appelle en anglais « cas possessif » : Steven's books (les livres de Steven).

Le génitif saxon peut s'employer pour les noms propres masculins ou féminins. Dans ce cas, il précède le nom qu'il complète en prenant la marque ***s*** et n'est précédé d'aucun déterminatif.

Stefans Buch liegt auf dem Tisch. = ***Sein*** *Buch liegt auf dem Tisch.*

Ø Ø

Le livre de Stefan est sur la table.

Stefan Zweigs Novellen : les nouvelles de Stefan Zweig.

Christa Wolfs letztes Buch : le dernier livre de Christa Wolf.

L'adjectif qui suit éventuellement le génitif saxon est au type 2 (pas de déterminatif) :

*Peters neue**s** Haus steht neben dem Wald.*

*Marias best**er** Freund studiert Germanistik.*

Si le nom propre au génitif se termine par ***-s, -ß, -x, -z, -tz,*** on a recours à l'apostrophe : *Iris' Brief, Günter Grass' letztes Buch, Marx' Werke.*

Si le nom propre est précédé d'un titre seul, le nom propre porte la marque ***s*** : *Tante Christas Kuchen, Kanzler Helmut Kohls Rede, Professor Müllers Unterricht, Kaiser Napoleons Niederlage*.

Attention :

- ***Herr***, masculin faible garde sa marque du génitif ***n*** : *Herrn Müllers Wagen.*
- Il en va de même pour un adjectif substantivé : *Abgeordneten Hermann Scheers Rede* = Le discours du député Hermann Scheer.
- L'article indéfini ***EIN*** ou un nombre interdisent l'emploi du génitif saxon : *Heines Gedicht* = le poème de Heine, mais : *Ein Gedicht Heine**s** / von Heine* = Un poème de Heine.

  *Er hat Thomas Bernhard**s** Romane gelesen* = il a lu les romans de Thomas Bernhard, mais : *Er hat zwei Romane von Thomas Bernhard gelesen.* = Il a lu deux romans de Thomas Bernhard.

Exercices

1. Reformulez les phrases ci-dessous en utilisant le génitif saxon :

a. (Ludwig Erhard): seine wirtschaftliche Politik trug Früchte.
b. (Bärbel): ihre jüngere Schwester hat einen interessanten Zeitungsartikel geschrieben
c. (Doktor Müller): seine Konferenz wurde in einem Fernsehgespräch erwähnt.
d. (Herr Müller): ich bin mit seinem Wagen nach Berlin gefahren.
e. (Carl Spitzweg): seine volkstümlichen Bilder sind sehr beliebt.
f. (Bertolt Brecht): *Mutter Courage* wird regelmäßig gespielt.
g. (Walter Gropius): seine entworfenen Gebäude sind in einem Berliner Museum aufbewahrt.
h. (Onkel Fritz): sein Wagen ist gestern gestohlen worden.
i. (Kokoschka): seine ersten Werke entstanden ab 1906.
j. (Manfred): die Freunde haben gestern seinen Geburtstag gefeiert.
k. (Herr Meyer): sein neuer Wagen ist ein Mercedes.
l. (Alban Berg): Seine Oper *Wozzeck* wurde 1925 bei der Uraufführung in Berlin sehr kritisiert.
m. (Clara): von ihrem Fenster aus sehen wir den Wald.
n. (Johann-Sebastian Bach): alle Musiker kennen seine Werke.
o. (Thomas): die Kinder spielen sehr oft in seinem Garten.

2. L'emploi du génitif saxon est-il possible dans les phrases suivantes ? Si oui, traduisez en l'utilisant :

a. Le drame romantique de Georg Büchner *Wozzeck* inspira Alban Berg.
b. Deux amies de Gisela sont arrivées hier soir.
c. Un poème de Georg Trakl m'émeut toujours.
d. La carrière politique de Ludwig Erhard commença après la guerre.
e. Un des films de Fritz Lang traite de l'immensité d'une mégapole qui écrase l'homme.
f. Martina aime lire les romans d'Ingrid Noll.

3. Comment traduire … ?

a. l'allocution du pape Benoît XVI
b. les farces de Till Eulenspiegel
c. Les favoris de la reine Christine de Suède
d. Kadhafi, le dirigeant de la Libye
e. Le mariage du prince William
f. L'abbaye de Westminster est l'église la plus célèbre d'Angleterre.
g. La mort de Socrate

Test de niveau
Fiches 13 à 16

Vérifiez vos réponses à l'aide du corrigé p. 251 et comptabilisez vos points.

1 *Gesundheitsminister Philipp Rösler soll Nachfolger von Guido Westerwelle an der Spitze d...... Liberal...... werden.*

a. der Liberale b. den Liberalen c. der Liberalen d. des Liberalen

2 *Der in die Kritik geraten...... Außenminister gibt außerdem den Posten des Vize-Kanzlers an Rösler ab.*

a. e b. en c. es d. er

3 *AKW Fukushima lässt radioaktiv verseucht...... Wasser ins Meer ab.*

a. e b. es c. er d. en

4 Comment traduire... ?

a. un émissaire de Kadhafi
b. l'arrestation de l'artiste chinois Ai Weiwei
c. le gouvernement de la Libye

5 *Wegen d...... ungelöst...... Probleme mit der Atomenergie könnte die japanische Regierung seine Klimaschutzziele vefehlen.*

a. die ungelöste
b. dem ungelösten
c. der ungelösten
d. die ungelösten

6 *Wir haben d...... Ereignisse zusammengefasst.*

a. die b. das c. den d. der

7 *Wir suchen ungewöhnliche oder lustige Bilder von Fußball spielend...... Frauen in aller Welt*

a. e b. er c. em d. en

8 *Die Ukraine gedenkt d...... Opfer von Tschernobyl.*

a. dem b. die c. der d. den

9 *Haiti hat sein...... beliebtest...... Musiker zum Präsidenten gewählt.*

a. e/en b. en/en c. em/en d. -/er

10 *Fukushima ist auch für japanisch...... Landwirte eine Katastrophe.*

a. en b. e c. em d. er

11 *Japan-Krise erreicht deutsch...... Firmen.*

a. e b. en c. er d. em

12 *Denn in Japan stehen derzeit viele B...... still.*

a. Bande b. Bänder c. Bände d. Bands

13 Quel est le genre de...... ?

Fall-out
Hightlight
Hightech
Videoclip

14 **Quel est le genre de...... ?**
Container
Chip
Cocktail
Cockpit

15 **Que signifient...... ?**
das Pony :
der Pony :

16 **Quel est le groupe nominal correct ?**
a. die gut bezahlte Mannequin
b. der gut bezahlter Mannequin
c. das gut bezahlte Mannequin
d. das gut bezahltes Mannequin

17 **Quel est le pluriel de...... ?**
ein Ehrenmann :
ein Seemann :
ein Strohmann :
ein Kaufmann :

18 **Quel est l'intrus ?**
Bedürfnis - Erlaubnis - Erlebnis - Geheimnis

19 **Quel est l'intrus ?**
Der Spiegel - der Stiefel - der Muskel - der Flügel

20 **Quel est l'intrus ?**
Honig - Käfig - Essig - Reisig

Votre score ..../20

Appréciation du score :
de 18 à 20 : Bravo. Vous pouvez quand même parcourir le livre pour y découvrir quelques points méconnus, avant de passer à un niveau supérieur.
de 15 à 17 : C'est bien, mais il y a encore quelques lacunes. Travaillez les fiches concernées.
de 12 à 15 : Pas mal, mais une révision systématique s'impose pour clarifier la situation.
de 8 à 11 : Vous n'êtes pas au niveau, il y a trop d'incertitudes.
au-dessous de 8 : Reprenez tout à la base, lentement et systématiquement.

Les pronoms personnels et le pronom *ES*

Fiche 17

1 Les pronoms personnels

Le pronom personnel remplace un groupe nominal.

Der Lehrer zeigt den Schülern einen Film über Berlin. Er zeigt ihn ihnen. Il le leur montre.

Remarque : Le pronom personnel à l'accusatif précède le pronom personnel au datif.

Le pronom personnel est employé essentiellement au nominatif, à l'accusatif et au datif. Les formes au génitif *(meiner, deiner, seiner/ihrer, unser, euer, ihrer)* sont peu usitées.

Nominatif	Accusatif	Datif
ich	*mich*	*mir*
du	*dich*	*dir*
er, sie, es	*ihn, sie, es*	*ihm, ihr, ihm*
wir	*uns*	*uns*
ihr	*euch*	*euch*
sie, Sie	*sie, Sie*	*ihnen, Ihnen*

Remarque : À la troisième personne, les pronoms personnels ont la même terminaison que l'article défini.

- *Der Lehrer hilft **den** Schülern.*
  Er hilft ihnen.
- *Die Schülerin hilft der Freundin.*
  Sie hilft ihr.
- *Das Kind hat die Lektion gut gelernt.*
  Es hat sie gut gelernt.
- *Die Lehrer verlangen viel von den Schülern.*
  Sie verlangen viel von ihnen.

Lorsque plusieurs pronoms à différents cas sont présents dans un même énoncé, il faut respecter l'ordre suivant : **nominatif, accusatif, datif**.

Ich kann dir versichern, dass er es ihr mitgeteilt hat.
Nom. Acc. Dat.

Je peux t'assurer qu'il le lui a annoncé.

Les pronoms personnels sont rarement utilisés au génitif. Ils subsistent dans de vieilles formes : *Gott, erbarme dich meiner!* Seigneur, aie pitié de moi !

Le **pronom personnel réfléchi « se », « soi »** se traduit par *sich* aussi bien à l'accusatif qu'au datif.

Ex. : *Er wäscht sich* (acc.) *jeden Morgen.* Il se lave tous les matins.
Er wäscht sich (dat.) *die Haare.* Il se lave les cheveux.

Mais :

- Je m'achète un chapeau. = *Ich kaufe **mir** einen Hut.*
- Je m'allonge. = *Ich lege mich hin.*

2 Le pronom ES

ES occupe des fonctions très différentes :

a) ***Es*** est le pronom personnel neutre singulier au nominatif et à l'accusatif : *Das Baby schläft. Wecke es nicht auf!* = Le bébé dort. Ne le réveille pas.

b) ***Es*** est sujet de verbes impersonnels qui ne sont conjugués qu'à la 3e personne du (singulier. La plupart de ces verbes décrivent des phénomènes climatiques : *es regnet* (il pleut) ; *es hagelt* (il grêle) ; *es taut* (c'est le dégel) ; *es friert* (il gèle)...

c) ***Es*** employé avec ***SEIN*** et ***WERDEN*** peut indiquer le temps, les saisons, la date : *es ist kalt* ; *es ist Mittwoch* ; *es ist höchste Zeit* (il est grand temps) ; *es wird spät* (il se fait tard)...

d) ***Es*** accompagne certaines locutions verbales : *Es gibt* (il y a) ; *es geht mir gut* (je vais bien) ; *es geht um.../es handelt sich um...* (il s'agit de) ; *er wimmelt von...* (cela fourmille de...) ; *es klappt* (ça marche).

e) ***Es*** occupe la première place quand il est :

- sujet d'un passif impersonnel (voir la fiche 11).
- sujet apparent, le sujet réel étant placé derrière le verbe : *Es sind dreißig Kinder in dieser Klasse.* = Il y a trente enfants dans cette classe.

f) ***Es*** annonce une proposition : *Es freut mich, dich morgen zu treffen.* = Je me réjouis de te voir demain. **Attention :** on peut dire aussi : *Dich morgen zu treffen, freut mich.*

Remarque : Lorsqu'il anticipe une subordonnée, ***ES*** est obligatoire avec les verbes suivants :

- ***Es...finden,... :*** trouver... de/que
  Ich finde es schön, lange Ferien zu haben...
- ***Es als... betrachten, bezeichnen, empfinden,... :*** ressentir comme... le fait de /que...
  Ich empfinde es als angenehm, dass wir viele Freunde haben.
- ***Es für... halten,... :*** tenir pour... le fait de/que
  Ich halte es für wahnsinnig, jetzt umzuziehen. = Je trouve insensé le fait de déménager maintenant.
- ***Es... aufgeben,... :*** renoncer à...
- ***Es aushalten, ertragen,... :*** supporter de...
  Ich kann es nicht mehr ertragen, täglich zwei Stunden Auto zu fahren.
- ***Es nicht erwarten,... :*** ne pouvoir attendre que...

- ***Es jemandem überlassen,... :*** laisser à quelqu'un le soin de...
  Ich überlasse es meiner Mutter, den Koffer zu packen.
- ***Es übernehmen,... :*** prendre sur soi de...
  Ich übernehme es, die Rechnung zu zahlen.
- ***Es unterlassen,... :*** omettre de
- ***Es unternehmen,... :*** entreprendre de

Exercices

1. Complétez :

Ich finde meinen Walkman nicht. Siehst du …… ? Vielleicht hat Isabel…… benutzt. Kannst du…… danach fragen? Sie ruft gerade ihren Freund an. Hörst du…… ? Sie spricht lange mit……, obgleich die Mutter…… verbietet, ständig am Telefon zu hängen. Isabel aber sagt…… , dass ihre Freunde auch von…… hören lassen, sobald sie auf Reisen sind. Sie freut sich dann, von…… zu hören.

2. Traduisez :

a. An sich war das Buch nicht viel wert, aber es war ein teures Andenken.
b. Er glaubte, dass sie sich diesen Film schon angesehen hatte, aber sie kannte ihn eigentlich nicht.
c. Weißt du, woher dieses Lied kommt? Kannst du sie fragen, ob sie es wissen?
d. Wenn du diese Landschaften kenntest, würdest du sie nie vergessen.
e. Lass von dir hören!

3. Traduisez :

a. Je n'ai malheureusement pas réussi à arriver à temps à la gare.
b. Il n'est rien arrivé de grave.
c. On manqua de temps pour aborder ce sujet.
d. C'est à peine si je l'ai vu tant il était pressé.
e. Il a neigé tout l'hiver.
f. On sonne à la porte.
g. C'était hier soir.
h. C'est moi.
i. Ça sent le tabac.
j. Il est très tard.
k. On chante ce soir.
l. Il y avait trois chevaux à l'écurie.

4. Traduisez :

a. Es geht schlecht aus.
b. Es wird dir gelingen, diese Hindernisse zu überwinden.
c. Es waren seine Kinder.
d. Es blitzt.
e. Es weihnachtet.
f. Es fehlt an Brot.

g. Es schwindelt ihr.
h. In diesem Buch wimmelt es von Fremdwörtern.
i. Es kommt darauf an.
j. Er hat es übernommen, auf die Kinder zu achten.
k. Ich habe es satt.
l. Mach schnell, wir haben es eilig.
m. Seit Mitte der siebziger Jahre gibt es eine eigene Frauenliteratur.
n. Er hat es zu etwas gebracht.

Les pronoms adverbiaux « en » et « y »

1 La traduction de « en »

Il faut distinguer « en » pronom et « en » suivi d'un participe présent (*cf.* fiche 39).

- « **en** » : pronom exprimant une quantité imprécise le plus souvent au pluriel : ***WELCHE***.

  Hat er noch gute Weinflaschen? Ja, er hat noch welche.

  A-t-il encore de bonnes bouteilles de vin ? Oui, il en a encore.

- Lorsque « **en** » pronom exprime une partie globale d'un ensemble que l'on désigne : ***DAVON***.

  Das ist französischer Weichkäse. Möchten Sie davon?

  C'est du fromage français à pâte molle. En voulez-vous ?

- Lorsque « **en** » est employé avec des pronoms indéfinis (***EINIGE, VIELE, MEHRERE***, etc.), il ne se traduit pas en allemand.

  Wie viele CD Platten hast du? Ich habe viele.

  Combien de CD as-tu ? J'en ai beaucoup.

  Hast du welche von Genesis? Nein, ich habe nur ***eine****/ich habe* ***keine.***

  En as-tu de Genesis ? Non, j'en ai juste un/je n'en ai aucun.

- En fonction de la rection du verbe ou de l'adjectif (reprise d'un élément) : ***DA(R)***.

  Er hat ein neues Motorrad. Er ist ***damit*** *zufrieden.*

  Il a une nouvelle moto. Il en est satisfait.

  Er hat den ersten Preis gewonnen. Alle freuen sich ***darüber.***

  Il a gagné le premier prix. Tous s'en réjouissent.

2 La traduction de « y »

- Lorsque « **y** » exprime un **directionnel :** ***HIN*** ou ***DORTHIN*** ou les pronoms composés avec ***HIN*** (*hinein, hinaus, hinauf hinab*...)

  Der Supermarkt ist weit von hier. Ich fahre dich ***lieber hin.***

  Le supermarché est loin d'ici. Je préfère t'y conduire.

  Es gibt viele alte Sachen im Dachboden. Ich möchte gern hinauf.

  Il y a plein de vieilles choses au grenier. J'aimerais bien y aller.

- Lorsque « **y** » exprime un locatif : ***DORT***

  Er hat in Göttingen gelebt und dort hat er auch studiert.

  Il a vécu à Göttingen et il y a également fait ses études.

- En fonction de la rection du verbe ou de l'adjectif (*cf.* fiches 12 et 22) : ***DA(R)*** **+ préposition** (*daran, darauf* etc.)

  Sie denkt ***daran.*** Elle y pense. *Er* ***muss darauf*** *verzichten.* Il doit y renoncer.

  Sie sind darauf gefasst. Ils s'y attendent. *Er ist* ***dazu*** *bereit.* Il y est prêt.

Exercices

1. Traduisez :

a. Je n'y suis pas allé hier.
b. Berlin ? J'y ai de bons amis et j'en reviens.
c. Es-tu déjà monté sur cette tour ? J'aimerais bien y monter aussi.
d. As-tu pensé au voyage ? Oui, j'y ai pensé.
e. Les îles de la Frise ? J'y ai passé deux étés.
f. Je m'attends à avoir une bonne note en allemand.
g. Des exercices de maths ? J'en fais encore.
h. C'est de la saucisse de Francfort. En veux-tu ?
i. Sa nouvelle école ? Il en est fier.
j. Un séjour à la mer ? Nous devons y renoncer cette année.

2. Complétez :

a. Warst du in Australien? Ja, ich bin gestern von ...... gekommen.
b. Er hat einen neuen VW. Er ist sehr stolz ....
c. Führen Sie diese Marmeladensorte? Nein, ich habe ...... mehr.
d. Hätten Sie noch grüne Äpfel? Ja, ich habe ....
e. Weißt du, ob er schließlich nach Kanada fährt? Ja, er ist ...... bereit.
f. Ach, der Gipfel des Berges! Ich möchte gern ....
g. Wie bitte? Nach Sylt? Nein, er ist doch nicht ...... gegangen!
h. Er bewundert seinen Bruder, aber er ist ein wenig eifersüchtig ...... ihn.
i. Mozart war lange in Wien. Er hat ...... sehr schöne Stücke komponiert.
j. Seine Trägheit, er ist sich nicht ...... bewusst.

Les adjectifs épithètes : leurs déclinaisons

Fiche 19

Contrairement à l'adjectif attribut qui est invariable (*Dieses Buch ist interessant, Diese Bücher sind interessant*) l'adjectif épithète a toujours une marque et se place devant le substantif qu'il qualifie. La fonction du groupe nominal ainsi que le déterminatif qui le précède influent sur son marquage (*cf.* fiche 3) :

*Ich habe dies**es** interessant**e** Buch gelesen.*
*Ich habe ein interessant**es** Buch gelesen.*

	Masculin	Féminin	Neutre	Pluriel
N.	*der frische Wind* *ein frischer Wind*	*die schwarze Wolke* *eine schwarze Wolke*	*das heftige Gewitter* *ein heftiges Gewitter*	*die grellen Blitze*
A.	*den frischen Wind* *einen frischen Wind*	*die schwarze Wolke* *eine schwarze Wolke*	*das heftige Gewitter* *ein heftiges Gewitter*	*die grellen Blitze*
D.	*dem frischen Wind* *einem frischen Wind*	*der schwarzen Wolke* *einer schwarzen Wolke*	*dem heftigen Gewitter* *einem heftigen Gewitter*	*den grellen Blitzen*
G.	*des frischen Windes* *eines frischen Windes*	*der schwarzen Wolke* *einer schwarzen Wolke*	*des heftigen Gewitters* *eines heftigen Gewitters*	*der grellen Blitze*

- Suivent le modèle de l'article défini ***DER, DIE, DAS*** : ***DIESER*** (ce...ci), ***JENER*** (ce...là), ***JEDER*** (chaque), ***MANCHER*** (plus d'un), ***WELCHER?*** (quel ?) et ***ALLE*** pl. (tous les), ***KEINE*** au pluriel (pas de), ***SOLCHE***, pl. (de tels) et les adjectifs possessifs pluriels : ***MEINE, DEINE***...
- Suivent le modèle de l'article indéfini ***EIN, EINE*** : ***KEIN*** au singulier (pas un, pas de, aucun) et les adjectifs possessifs singuliers (***MEIN, DEIN***...). *Kein anderes Getränk ist so eng mit der Kulturgeschichte des Menschen verknüpft wie der vergorene Gerstensaft.* Aucune autre boisson n'est aussi liée à la culture humaine que l'orge fermentée. ***Kein anderes Getränk*** et ***der vergorene Gerstensaft*** : groupes nominaux au nominatif singulier.

Attention : quelques adjectifs épithètes sont invariables : ***LILA, ROSA, PRIMA***

Ex. : *Eine lila Krawatte.*

L'adjectif épithète n'est précédé **d'aucun déterminatif** : dans ce cas, il prend les marques suivantes :

Adjectif + Nom

	Masculin	**Féminin**	**Neutre**	**Pluriel**
N.	*Rostfreier Stahl*	*Reine Wolle*	*Glänzendes Gold*	*Seltene Erze*
A.	*Rostfreien Stahl*	*Reine Wolle*	*Glänzendes Gold*	*Seltene Erze*
D.	*Rostfreiem Stahl*	*Reiner Wolle*	*Glänzendem Gold*	*Seltenen Erzen*
G.	*Rostfreien Stahls*	*Reiner Wolle*	*Glänzenden Goldes*	*Seltener Erze*

Rappel :

- N'existent pas en allemand l'article partitif ni l'article indéfini au pluriel : *rostfreier Stahl*, de l'acier inoxydable, *seltene Erze*, des minerais rares.
- Les adjectifs indéfinis : ***ETLICHE/EINIGE*** (quelques), ***MANCHE*** (certains), ***MEHRERE*** (plusieurs), ***VIELE*** (beaucoup de) et ***WENIGE*** (peu de) sont traités au **pluriel** comme des adjectifs **épithètes.**

  Viele ***moderne Museen*** *sind in den letzten Jahren gebaut worden.* = Ces dernières années, on a construit beaucoup de musées modernes.

  Viele moderne Museen : groupe nominal au nominatif pluriel.

  Eine Reihe ***neuer Museen*** *ist nämlich geplant worden.* = En effet, un grand nombre de nouveaux musées ont été planifiés.

  Neuer Museen : groupe nominal au génitif pluriel.

  Mit avantgardistischen ***Ausstellungen*** *genießt die Stadt Düsseldorf großes Ansehen.* = La ville de Dusseldorf, avec ses expositions avant-gardistes, jouit d'une grande renommée.

  Mit avantgardistischen Ausstellungen : groupe nominal au datif pluriel.

Exercices

1. Complétez :

a. Genau einen Monat nach d...... verheerend...... Erdbeben und d...... Tsunami-Katastrophe fanden in Japan Gedenkveranstaltungen statt.

b. In Japan sind Roboter längst fest...... Bestandteil der Gesellschaft. Sie pflanzen Reis oder arbeiten in Fabriken. In nah...... Zukunft sollen sie auch im Haushalt und in der Altenpflege eingesetzt werden.

c. Wir leben in herausfordernd......, unsicher...... Zeiten, die sogar die Zuversicht des größt...... Optimist...... erschüttern könnten. Einst sicher...... Plätze sind gefährdet, und die Zahl der Arbeitslos...... vervielfacht sich. Gibt es nichts und niemanden, der unser...... ganz...... Vertrauens würdig wäre?

2. Traduisez les phrases suivantes :

a. Il y a bien 18 millions de jeunes gens en Allemagne.

b. La jeunesse s'approprie de nouvelles valeurs, mais elle reste attachée aux valeurs traditionnelles.

c. Ce qui prime pour beaucoup d'adolescents, c'est d'avoir un métier sûr.

d. En Allemagne se côtoient beaucoup d'étrangers qui ont connu des expériences très diverses.

e. La jeunesse défend des formes de vie alternatives.

3. Complétez :

In Deutschland gibt es Museen verschiedenst...... Art. Sie sind meistens aus bürgerlich...... Sammlungen entstanden. Schon im 16. Jahrhundert gab es in München ein international...... Kunstzentrum. Viel...... wohlhabend...... Bürger wirken als Mäzene am Museumsboom mit. In verschieden...... Ländern müssen wir über die Häufung berühmt...... Museen staunen. Sie verdienen oft besonder...... Beachtung.

4. Traduisez les phrases suivantes :

a. C'est près d'un adolescent allemand sur deux qui joue d'un instrument de musique.

b. L'architecture allemande a longtemps souffert de sa situation précaire après 1945.

c. Helmut Jahn, architecte allemand, a construit à Francfort sur le Main une tour de 256 mètres de haut.

d. Tous les artistes allemands ne peuvent pas vivre uniquement de la vente de leurs œuvres exposées

La comparaison : les degrés de l'adjectif et de l'adverbe

Fiche 20

1 Le comparatif

Les trois degrés de comparaison se forment de la façon suivante :

- **Comparatif d'égalité :** ***SO*** + adjectif ou adverbe + ***WIE***.
  Viele Frauen sind im Unternehmen so qualifiziert wie die Männer.
  Dans les entreprises, beaucoup de femmes sont tout aussi qualifiées que les hommes.
- **Comparatif d'infériorité :** ***NICHT SO*** + adjectif ou adverbe + ***WIE***.
  Ihre Löhne aber sind nicht so hoch wie die der Männer.
  Mais leurs salaires ne sont pas aussi élevés que ceux des hommes
- **Comparatif de supériorité :** adjectif ou adverbe + ***ER... ALS***.
  Dabei sind die Frauen anspruchsvoller als ihre Großmütter.
  Pourtant, les femmes sont plus ambitieuses que leurs grand-mères.

Attention : Certains adjectifs monosyllabiques prennent obligatoirement l'inflexion au comparatif de supériorité et au superlatif : ***ALT, ARM, DUMM, GROB, GROß, HART, JUNG, HOCH, KALT, KLUG, KRANK, KURZ, LANG, NAH, SCHARF, SCHWACH, SCHWARZ, STARK, WARM*** de même que l'adverbe ***OFT*** au comparatif de supériorité. Beaucoup de ces adjectifs vont par paire antinomique : ***ALT/JUNG, DUMM/KLUG, KALT/WARM, KURZ/LANG, SCHWACH/STARK.***

Il existe des **comparatifs irréguliers** :

gut/wohl → *besser*, *gern* → *lieber*, *viel* → *mehr*, *hoch* → *höher*.

Emploi de ***DENN*** au lieu de ***ALS*** devant ***JE*** au sens positif de « jamais » :

Heutzutage haben die Frauen mehr zu erledigen denn je.
De nos jours, les femmes sont plus actives que jamais.

Emploi également de ***DENN*** pour éviter la répétition de ***ALS*** :

Ich trinke Wein mehr als Amateur denn als Kenner.
En matière de vin, je suis plus un amateur qu'un connaisseur.

Quand on compare deux éléments, le comparatif en allemand remplace le superlatif français :

Paul ist der jüngere unserer beiden Söhne.
Paul est le plus jeune de nos fils.

2 Les superlatifs

On emploie un superlatif lorsque l'on compare plus de deux éléments.

Le superlatif de l'adjectif épithète : épithète + ***st*** + marque de la déclinaison.

Die niedrigste Geburtenrate. = Le taux de natalité le plus bas.

Paul ist der klügste Schüler der ganzen Klasse. = Paul est l'élève le plus intelligent de toute la classe.

Le superlatif de l'adjectif attribut ou de l'adverbe : ***AM*** + adjectif ou adverbe + ***STEN***.

In den neuen Bundesländern ist die Geburtenrate am niedrigsten.
C'est dans les nouveaux Länder que le taux de natalité est le plus bas.

Von uns allen kocht Sabine am besten.
De nous tous, c'est Sabine qui fait le mieux la cuisine.

Irrégularités :

gut → *der beste / am besten.*
hoch → *der höchste / am höchsten.*
nah → *der nächste / am nächsten.*
viel → *die meisten / am meisten.*
oft → *der häufigste / am häufigsten.*

Ex. :

Der beste Koch hat den Preis gewonnen.
C'est le meilleur cuisinier qui a gagné le prix.

Er kocht wirklich am besten.
C'est vraiment lui qui cuisine le mieux.

Dieses Denkmal wird am meisten besichtigt.
C'est ce monument qu'on visite le plus.

Die meisten Leute träumen von der Südsee.
La plupart des gens rêvent des mers du Sud.

Exercices

1. Traduisez les phrases suivantes :

a. La bière est plus chère que l'eau minérale.
b. Elle travaille mieux que son frère.
c. Les impôts sont plus élevés en France qu'au Japon.
d. Il y a autant de préjugés en France qu'en Allemagne.
e. Il y a davantage de pauvres dans le tiers-monde qu'en Europe.
f. Celui qui ne parle pas couramment allemand a moins de chances de trouver une place en Allemagne.
g. Les écoliers turcs ont davantage de difficultés que les écoliers allemands.
h. Ils doivent se donner davantage de peine que leurs camarades de classe.
i. Les Allemands devraient penser de façon plus internationale pour mieux intégrer les étrangers.
j. C'est ainsi que les étrangers se sentiraient moins exclus.
k. Celui qui parle couramment allemand a donc de meilleures chances de promotion.
l. Il est plus connu comme journaliste que comme peintre.

2. Utilisez l'adjectif proposé au superlatif :

a. groß: Das Ruhrgebiet ist das ...... europäische Industriegebiet.
b. mitgliederstark: Der deutsche Fußballbund ist der ...... Sportverband in Deutschland.
c. viel: der Staat ist für die ...... Bürger ein abstrakter Begriff.
d. sicher: Der Zug bleibt das ...... Verkehrsmittel.
e. gut: Die Jugendromane von Erich Kästner gefallen den deutschen Kindern ....
f. bekannt: Pei ist einer der ...... Architekten der modernen Zeit.
g. stark: die ...... Impulse der deutschen Architektur gingen von Weimar und Dessau aus.

3. Traduisez les phrases suivantes :

a. C'est la voiture la plus rapide de tout le salon.
b. À l'école, c'est Paul qui court le plus vite.
c. Connais-tu les régions les plus froides d'Europe ?
d. La plupart des gens s'intéressent aux livres.
e. La publicité la plus folle est celle de l'Opel.

4. Quels sont les comparatifs de .... ?

a. gut: ______________
b. gern: ______________
c. dunkel: ______________
d. teuer: ______________
e. nah: ______________
f. wenig: ______________
g. klug: ______________
h. hoch: ______________

Fiche 21

Comment traduire « plus … plus », « moins … moins », « de plus en plus », « de moins en moins », « la plupart »

1 « Plus … plus »

***Je länger** die Tage werden, **desto kürzer** werden die Nächte.*
Plus les jours rallongent, plus les nuits raccourcissent.

La première proposition a la structure d'une subordonnée, la seconde celle d'une principale.

*Je länger ich ihn kenne, **um so** lieber habe ich ihn.*
Plus je le connais, plus je l'aime.

Construction de la phrase :

JE* + comparatif** + sujet + (compléments) + verbe, ***DESTO* ou *UM SO + comparatif + verbe + sujet + (compléments).

Ex. : *Je mehr er im Büro arbeitet, desto / um so nervöser wird er zu Hause.*
Plus il travaille au bureau, plus il s'énerve chez lui.

2 « Moins … moins »

Construction :

JE WENIGER + sujet ou groupe conjonctionnel + verbe, ***DESTO WENIGER*** + verbe + sujet ou **comparatif**

***Je weniger** du arbeitest, desto / um so weniger Geld verdienst du*
Moins tu travailles, moins tu gagnes

3 « De plus en plus », « de moins en moins »

IMMER + comparatif

Ex. : *Immer mehr Leute leiden an Allergien.*
De plus en plus de gens souffrent d'allergies.

Die Nahrung wird immer teurer.
La nourriture devient de plus en plus chère

IMMER WENIGER + adjectif / adverbe

Ex. : *Die Konjonkturflaute hat zur Folge, dass die jungen Leute immer weniger Arbeitsplätze finden.*
Le marasme économique fait que les jeunes trouvent de moins en moins de travail.

Er redete weiter und immer weiter.
Il n'arrêtait pas de parler.

4 « Plus … moins », « moins … plus »

Je mehr *sie spricht,* ***desto weniger*** *höre ich ihr zu.*
Plus elle parle, moins je l'écoute.

Je weniger *du schläfst,* ***desto*** *müd**er** bist du.*
Moins tu dors, plus tu es fatigué

5 La plupart, la plupart du temps

On utilise l'adjectif ***MEIST***, *die meisten, meistens*

*Die **meisten** Kinder lesen gern Comics.*
La plupart des enfants aiment lire des bandes dessinées.

Die meiste Zeit des Jahres ist er auf Reisen.
Les trois quarts de l'année, il est en voyage.

Meistens *ist er nicht telefonisch zu erreichen.*
La plupart du temps on ne peut pas le joindre au téléphone.

Exercices

1. Traduisez :

a. Die meisten Einbrüche ereignen sich am späten Abend.
b. Ich leide an Achillessehnen: je mehr ich renne, desto mehr tut es mir weh.
c. Wir dürfen nicht zögern, das gilt um so mehr, als diese Angelegenheit nicht neu ist.
d. Je länger sie fastet, desto mehr nimmt sie zu.

2. Traduisez :

a. Moins il parle, mieux c'est.
b. De moins en moins de gens veulent devenir marins.
c. Plus de sécurité signifie de moins en moins de liberté.
d. La population européenne diminue et vieillit de plus en plus.
e. Les Européens vivent de plus en plus longtemps, mais font moins d'enfants et travaillent moins.

3. Formez des phrases en reliant les éléments des deux colonnes :

1. Je mehr der Angeklagte redete,	a. desto schwieriger ist die Kommunikation zwischen ihnen.
2. Je teurer die Spielzeuge zur Weihnachtszeit sind,	b. fahren mit der ECE.
3. Je mehr Platz die Kinder haben,	c. desto weniger glaubte ihm der Richter.
4. Je reifer die Trauben sind,	d. desto mehr reiben sich die Kaufleute die Hände.
5. Je weniger mehrsprachig die Leute in Europa sind,	e. desto mehr bringen sie ihr Zimmer in Unordnung.
6. Immer mehr Geschäftsleute	f. desto süßer ist der Wein.

4. Comment traduire ... ?

Plus que jamais : ______________
Moins que jamais : ______________

Application : En matière de politique étrangère, l'Europe ne parle toujours pas – et même moins que jamais – d'une seule voix.

La rection des adjectifs

Certains adjectifs régissent un complément prépositionnel.

Il faut s'efforcer de retenir quelle préposition est régie par tel adjectif. Voici quelques exemples d'adjectifs fréquemment utilisés :

- ***AN* + datif**

  an etwas arm/reich sein : être pauvre/riche en

  an etwas interessiert sein : être intéressé par, mais attention : *sich für etwas interessieren*

  an etwas schuld sein : être coupable de

- ***AN* + accusatif**

  an etwas gewöhnt sein : être habitué à

- ***AUF* + accusatif**

  auf etwas/jemanden angewiesen sein : dépendre de

  auf etwas aufmerksam sein : être attentif à

  auf jemanden eifersüchtig/neidisch sein : être jaloux/envieux de quelqu'un

  auf etwas gefasst sein : s'attendre à

  auf etwas gespannt sein : être impatient de voir, de savoir

  auf etwas neugierig sein : être curieux de

  auf etwas/jemanden stolz sein : être fier de

  auf jemanden wütend/zornig sein : être furieux/en colère contre quelqu'un

  auf jemanden böse sein : être fâché contre quelqu'un

- ***BEI* + datif**

  bei jemandem beliebt/verhasst sein : être aimé/se faire détester de quelqu'un

- ***FÜR* + accusatif**

  für etwas empfindlich sein : être sensible, ex. : *Kinder sind empfindlich für Liebe*.

  für etwas geeignet sein : être approprié à

  für etwas verantwortlich sein : être responsable de

- ***GEGEN* + accusatif**

  gegen etwas empfindlich sein : être sensible à, ex. : *Kinder sind gegen Kälte empfindlich*.

  gegen jemanden grausam/hart/streng sein : être cruel/dur/sévère à l'égard de quelqu'un

  gegen etwas jemanden gleichgültig sein : être indifférent à

  gegen jemanden mißtrauisch/nachsichtig sein : être méfiant/indulgent à l'égard de quelqu'un

- ***ÜBER* + accusatif**

  über etwas bestürtzt sein : être consterné par

  über etwas betrübt sein : être désolé par

  über etwas empört, entrüstet sein : être indigné par

  über etwas enttäuscht/erstaunt sein : être déçu/étonné par

  über etwas froh/glücklich/traurig sein : être heureux, triste de

- ***ZU* + datif**

  zu etwas bereit sein : être prêt à

  zu etwas entschlossen sein : être décidé à

  zu etwas fähig sein : être capable de

  zu jdm freundlich/höflich sein : être aimable, poli envers quelqu'un.

Certains adjectifs ne sont pas suivis d'une préposition. Ils entraînent directement soit l'accusatif, soit le datif, soit le génitif :

Accusatif : *Paris ist eine Messe wert*. (*wert sein* = valoir)
Paris vaut bien une messe.

Datif :
Die Tocher ist ihren Eltern dankbar (*dankbar sein* = être reconnaissant)
La fille est reconnaissante envers ses parents.
Sie fühlt sich ihrem Bruder unterlegen (*unterlegen sein* = être inférieur)
Elle se sent inférieure à son frère.

Génitif : *Ich bin mir meiner Bildungslücken sehr bewusst* (*sich* (datif) *einer Sache bewusst sein* = être conscient de) Je suis très conscient de mes lacunes.

Exercices

1. Complétez :

Das Land war arm ...... Rohstoffen. Deshalb war es ...... die Hilfe reicherer Länder angewiesen. Die Regierenden mussten ...... den größten Anstrengungen bereit sein, um ...... die Situation geeignete Mittel anzuwenden. Viele Leute waren zwar ...... große Schwierigkeiten gewöhnt, aber konnten nicht umhin, ... das Elend traurig zu sein. Viele Industrieländer blieben ...... diese Armut gleichgültig, ... die sie doch verantwortlich waren. In diesem Punkt waren sie ...... der Bevölkerung verhasst. Manche Beobachter, die ...... diese Stuation entrüstet waren, haben die reichen Länder ...... das Problem aufmerksam gemacht. Sind sie endlich ...... einer schnellen Hilfe entschlossen? Sonst wird die Dritte Welt ...... ihr Verhalten enttäuscht sein.

2. Complétez :

Viele Menschen sind über d...... Verlust vieler Arbeitsplätze entrüstet. Sie verlangen vom Staat für dies...... Problem geeignete Maßnahmen. Aber viele Unternehmer bleiben gegen d...... Arbeitslosigkeit gleichgültig. Deshalb sind die Gewerkschaften so wütend auf d...... Politiker, die ihrer Meinung nach an ihr...... Schwierigkeiten schuld sind.

3. Complétez :

a. Die meisten Studenten sind finanziell ...... ihren Eltern abhängig.
b. Wir waren ...... diesem Konzert total begeistert.
c. Er ist ...... der Reparatur meines Druckers beschäftigt.
d. Wer ist ...... diesem Blödsinn beteiligt?
e. Die Japaner sind ...... das Fall-out beunruhigt.
f. ...... das Spiel ihrer Mannschaft sind die Zuschauer mehr als erfreut.
g. Sind die Kinder ...... ihren Hausaufgaben fertig?
h. Er ist ...... uns wirklich nett.
i. Er ist froh ...... das Resultat des Bewerbungsgesprächs.
j. Die neue Sekretärin ist nicht ...... die Arbeit geeignet.
k. Ich bin neugierig ...... auf seine Reaktion.
l. Wir können ...... dem Ergebnis zufrieden sein.

Test de niveau
Fiches 17 à 22

!

Vérifiez vos réponses à l'aide du corrigé p. 251 et comptabilisez vos points.

1 *In der Libyen-Krise sind Geduld und lang...... Atem gefragt.*
a. -e b. -er c. -es d. -en

2 *Tausende Syrer fordern mehr als die zaghaft...... Reformen des Präsidenten.*
a. -e b. -er c. -es d. -en

3 *Der AKW-Betreiber Tepeo hat nun erst...... Entschädigungen angekündigt.*
a. -e b. -er c. -en d. -em

4 *In dem gesamt...... Kosmos ist alles mit allem verbunden.*
a. -em b. -er c. -e d. -en

5 *Wasser bildet die Grundlage der irdisch...... Existenz.*
a. -e b. -er c. -en d. -em

6 Qu'est-ce qui est juste ?
a. nah? / näher?
b. dunkler? / dünkler?
c. vieler? / mehr?
d. teuerer? / teurer?

7 Qu'est-ce qui est juste ?
a. ofter? / öfter?
b. höher? / höcher?
c. kranker? / kränker?
d. schwärzer? / schwarzer?

8 *Mein Zimmer ist zu klein, ich möchte ein größer...... haben.*
a. -e b. -en c. -es d. -em

9 *Er läuft schneller als die anderen Studenten, er läuft ......*
a. den schnelleren
b. den schnellsten
c. der schnellerste
d. am schnellsten

10 *Kinder spielen laut auf dem Hof. Aber dieses Baby schreit ......*
a. das lautere b. am lautesten c. der lautere d. am lautsten

11 *Bei längerfristig...... Abwesenheit sollte man das Gas abstellen.*
a. -er b. -em c. -en d. -e

12 *Erbarm dich ......*
a. uns b. unsere c. unser d. unseren

13 *Brasilien ist Deutschlands wichtigst...... Handelspartner in Lateinamerika.*
a. -e b. -er c. -en d. -em

14 *Eine Woche nach dem Bombenanschlag in Marrakesch hat die marokkanische Polizei drei Tatverdächtig...... festgenommen.*
a. -e b. -er c. -en d. -em

15 *Ein Gericht in Kairo befand den früheren Innenminister d...... Geldwäsche und persönlich...... Bereicherung für schuldig.*

a. -e/-e b. -en/-en c. -er/-er d. -em/-em

16 *Osama bin Laden war...... zahlreiche Anschläge verantwortlich.*

a. an b. auf c. für d. wegen.

17 *Sie waren...... sein Verhalten erbost.*

a. an b. über c. auf d. gegen

18 *Sie ist sehr empfindlich...... Kälte.*

a. vor b. auf c. an d. gegen

19 *Sind Mütter...... ihre Töchter neidisch?*

a. auf b. an c. vor d. von

20 *Er war...... das Resultat enttäuscht.*

a. um
b. über
c. auf
d. an

Votre score ..../20

Appréciation du score :

de 18 à 20 : Bravo. Vous pouvez quand même parcourir le livre pour y découvrir quelques points méconnus, avant de passer à un niveau supérieur.
de 15 à 17 : C'est bien, mais il y a encore quelques lacunes. Travaillez les fiches concernées.
de 12 à 15 : Pas mal, mais une révision systématique s'impose pour clarifier la situation.
de 8 à 11 : Vous n'êtes pas au niveau, il y a trop d'incertitudes.
au-dessous de 8 : Reprenez tout à la base, lentement et systématiquement.

Fiche 23

Le régime des prépositions

Les prépositions se répartissent en **trois** grands groupes :

1 Prépositions suivies de l'accusatif

- ***BIS*** (jusqu'à), ***DURCH*** (à travers, par l'intermédiaire de)
- ***ENTLANG*** précédé d'un substantif à l'accusatif (le long de)
- ***FÜR*** (pour), ***GEGEN*** (contre, vers + temporel)
- ***OHNE*** (sans), ***UM*** (autour de, à + indication d'une heure)

Ex. :

Bis nächste Woche muss er das Bett hüten.
Il doit garder le lit jusqu'à la semaine prochaine.

Er ging rasch durch den Flur. Il traversa le couloir précipitamment

Gehen Sie gerade den Fluss entlang! Suivez le (long du) fleuve tout droit !

Er kann ohne seine Katze nicht verreisen. Il ne peut pas partir en voyage sans son chat.

Sie trug ein sehr schönes Halstuch um den Hals. Elle portait un très beau foulard autour du cou.

2 Prépositions suivies du datif

- ***AB*** (à partir de), ***AUS*** (hors de, originaire de, en + matière, pour + causal),
- ***AUßER*** (excepté), ***BEI*** (chez quelqu'un : on y est ; près de, lors de),
- ***BINNEN*** (en l'espace de), ***MIT*** (avec),
- ***NACH*** (vers, à + ville ou pays sans article ou maison, après, selon),
- ***SEIT*** (depuis), ***VON*** (de), ***ZU*** (chez quelqu'un : on y va ; à la maison : on y est ; pour + infinitif substantivé).

Ex. :

Ab diesem Tag wurde er vernünftig. Il devint raisonnable à partir de ce jour là.

Wenn du aus der Stadt kommst, wirst du den Funkturm sehen. Quand tu sortiras de la ville tu verras la tour émétrice de radio.

Bei diesem Freund fühlt man sich gemütlich. Chez cet ami on se sent bien.

Du bekommst die Post binnen zwei Tagen. Tu vas recevoir le courrier dans les deux jours.

Mit dir kann man ja nie wissen. Avec toi, on ne sait jamais ce qui peut arriver.

Nach dem Regen kommt Sonnenschein. Après la pluie, le beau temps.

Seit einer Woche liegt sie krank im Bett. Depuis une semaine, elle est malade au lit.

Wann geht ihr zu euren Großeltern? Quand irez-vous chez vos grands-parents ?

Zum Schreiben brauche ich einen guten Füller. J'ai besoin d'un bon stylo pour écrire.

Er wurde zum Kanzler ernannt. Il a été nommé chancelier.

3 Prépositions suivies du génitif les plus employées

- ***ANGESICHTS*** (eu égard à), ***ANLÄSSLICH*** (à l'occasion de), ***ANSTATT*** (au lieu de),
- ***DIESSEITS*** (de ce côté de), ***JENSEITS*** (contraire de *diesseits* : de l'autre côté de),
- ***INFOLGE*** (à la suite de), ***INMITTEN*** (au milieu de), ***INNERHALB*** (à l'intérieur de), ***AUßERHALB*** (contraire de ***INNERHALB*** : à l'extérieur de), ***laut*** (conformément à), ***MITTELS/VERMITTELS*** (au moyen de), ***TROTZ*** (malgré), ***UNWEIT/UNFERN*** (non loin de), ***WÄHREND*** (pendant), ***WEGEN*** (à cause de).

Ex. :

Trotz des schlechten Wetters sind wir die Seine entlang spazierengegangen.
Malgré le mauvais temps, nous sommes allés nous promener le long de la Seine.

Während der Konferenz darf nicht geraucht werden.
Il est interdit de fumer pendant la conférence.

Remarque : quand le génitif n'est pas apparent, on le remplace par le datif : ex. : *während fünf Jahre**n**.*

Exercices

1. Complétez :

a. Komm ...... mir, ich warte ...... dich.
b. Es friert, das Wasser wird ...... Eis.
c. ...... deine Hilfe hätte ich es nicht geschafft.
d. Vergiss nicht, wir essen ...... 18 Uhr.
e. Ich werde ...... meinem Bruder ...... die Schweiz fahren.
f. Kinder .... elf Jahren zahlen die Hälfte.
g. Das Haus ist ...... einem Garten umgeben.
h. Seit er Student ist, wohnt er nicht mehr ...... seinen Eltern.
i. Die Kinder bummelten ...... den Eltern ...... die Straßen.
j. Die Straße ...... standen Bäume.
k. Diese Münze ist jetzt ...... Kurs.
l. Er ist leider ...... einen Baum gefahren.
m. ...... heftigen Regens gingen sie spazieren.
n. ...... einer Panne mussten wir auf unsere Reise ins Ausland verzichten.
o. ...... des Befehls lässt die Polizei den Ort räumen.
p. Die Kinder kommen ...... 13 Uhr ...... der Schule.

2. Complétez :

a. Wegen zu hoh...... Bankgebühren werden Zahlungen per Scheck nicht akzeptiert.
b. Am 20.April 2010 explodierte die Deepwater Horizon Ölplattform vor d...... Küste Louisianas im Golf von Mexiko.
c. Bei d...... knapp dreiwöchigen Unruhen in Ägypten wurden mehr Menschen getötet als bisher.
d. Deutsche Firmen bewerben sich um d...... Bau eines Hochgeschwindigkeitszuges in Brasilien. Dabei bekommen sie Unterstützung aus d...... deutschen Politik.
e. Nach gewaltsam...... Protesten 2010 hat die Regierung in Bangladesch die Löhne in d...... Textilbranche fast verdoppelt.
f. Designstudenten entwickeln futuristische Kreationen für d...... Mode der Zukunft.

3. Choisissez la bonne préposition :

a. Tausende Zyrer haben...... neuer Drohungen der Regierung für demokratische Reformen demonstriert.

a. für | b. trotz | c. dank | d. wegen

b. Der UN-Menschenrechtsrat hat Syriens Regierung...... der gewaltsamen Unterdrückung des Volksaufstandes scharf verurteilt.

a. für | b. zu | c. dank | d. wegen

c. …… dem Anschlag auf ein Touristencafé in der marokkanischen Stadt Marrakesch verfolgen die Behörden alle Spuren.
a. vor b. nach c. nachher d. vorher

d. …… die schweren Unwetter im Südosten der USA sind etwa 300 Menschen ums Leben gekommen.
a. gegen b. trotz c. durch d. bei

e. Die andauernde Gewalt des Regimes …… die Protestbewegung in Syrien fordert immer mehr Menschenleben.
a. an b. gegen c. fü d. ab

f. Seit Wochen ist …… Marokko und dem Jemen nichts wie es war.
a. neben b. inzwischen c. zwischen d. für

g. Bürger aus acht osteuropäischen Ländern dürfen …… dem 1.Mai auch in Deutschland ohne Einschränkungen arbeiten.
a. wegen b. von c. bis d. ab

Les prépositions spatiales

Ces prépositions qui se construisent avec **l'accusatif** ou le **datif** en fonction de l'intention exprimée par le verbe introduisent des compléments situés dans l'espace :

- elles exigent l'accusatif quand elles sont suivies d'un complément **directionnel** (***WOHIN?***) ;
- elles exigent le datif quand elles sont suivies d'un **locatif** (***WO?***).

Ces prépositions sont :

AN (à, au), ***AUF*** (sur), ***HINTER*** (derrière), ***IN*** (dans), ***NEBEN*** (à côté de), ***VOR*** (devant), ***ÜBER*** (au-dessus de), ***UNTER*** (sous, parmi), ***ZWISCHEN*** (entre).

Elles sont la plupart du temps accompagnées d'un *verbe* de **position** ou **de mouvement :**

Leg *das Buch auf* ***den*** *Tisch!* Pose le livre sur la table.

Das Buch ***liegt*** *auf* ***dem*** *Tisch.* Le livre est sur la table.

Les verbes dits de « position » sont au nombre de quatre. Ce sont des verbes forts qui se conjuguent avec l'auxiliaire ***HABEN*** **:**

- ***STEHEN*** *(stand, gestanden)* : être en position debout.
- ***LIEGEN*** *(lag, gelegen)* : être couché, être posé (à plat).
- ***SITZEN*** *(saß, gesessen)* : être assis.
- ***HÄNGEN*** *(hing, gehangen)* : être suspendu, accroché.

Si ces verbes de position sont accompagnés d'une **préposition spatiale, celle-ci** entraînera le datif pour le complèment qui suit :

*Ihre Augen hingen an sein**em** Gesicht.*
Elle ne quittait pas son visage des yeux.

De ces verbes sont dérivés des verbes faibles transitifs qui expriment l'action **en train de se faire.** Si ces verbes de mouvement sont accompagnés d'une préposition spatiale, celle-ci entraînera **l'accusatif** pour le complément qui suit :

- ***STELLEN*** : mettre (debout).
  Wohin soll ich die Flasche stellen?
  Où dois-je poser la bouteille ?
- ***LEGEN*** : coucher, poser (à plat).
  Er legte sich ***ins*** *Bett.* Il se coucha.
- *(SICH)* ***SETZEN*** : (s') asseoir.
  Sie wollte sich auf die Couch setzen.
  Elle voulait s'asseoir sur le divan.
- ***HÄNGEN*** : suspendre, accrocher.
  Sie hängte das Bild an ***die*** *Wand.*
  Elle accrocha le tableau au mur.

Exercices

1. Complétez :

a. Sie haben sich ...... frischgestrichene Bank gesetzt.
b. Jeden Sonntag fahren sie ...... See.
c. Was hast du h...... d...... Schrank fallen lassen?
d. Wir haben unseren Urlaub ...... Türkei verbracht.
e. Sie stellt die Vase ...... d...... Tisch.
f. Nächstes Jahr fahren wir ...... Schweiz.
g. Ich lege mich gern ...... d...... Sonne.
h. Das Essen stand schon ...... d...... Tisch.
i. Alle Kinder sitzen gern ...... d...... Bildschirm.
j. Ich tauche nicht gern den Kopf u...... d...... Wasser.
k. Er saß ...... mir und meinem Mann.
l. Sie lief ...... Telefon.
m. Sie hängt die Wäsche ...... d...... Leine.
n. Er stand...... d...... Tür mit Blumen.
o. Berlin liegt ...... d...... Spree.
p. Er steckt die Hände ...... d...... Manteltaschen.
q. Die Lampe hängt ...... d...... Tisch.

2. Associez les expressions suivantes à leur traduction :

1. Die Welt steht auf dem Kopf.	a. Elle a un pied dans la tombe.
2. Er steckt den Kopf in den Sand.	b. Elle est suspendue à ses lèvres.
3. Sein Hemd steht vor Dreck.	c. C'est évident.
4. Sie steht mit einem Fuß im Grabe.	d. C'est le monde à l'envers.
5. Sie hängt ihm an die Lippen.	e. Elle est pendue au téléphone.
6. Sie hängt am Telefon.	f. Il pratique la politique de l'autruche.
7. Das liegt auf der Hand	g. Sa chemise tient debout toute seule tant elle est sale.

3. Complétez :

a. I...... d...... Elfenbeinküste ist ein halbes Jahr nach seinem Wahlsieg Alassane Ouattara offiziell in d...... Präsidentenamt eingeführt worden.
b. Frankreich hat i...... s...... ehemaligen Kolonie Truppen stationiert.
c. Formel-1-Weltmeister Sebastien Vettel steht im fünften Rennen der Saison erstmals nicht a...... d...... Pole Position.
d. Auch im Jemen gingen erneut Zehntausende a...... d...... Straße und forderten den Rücktritt des Präsidenten.

e. Bundeswehrsoldaten schossen a...... Körper, Arme und Beine gewalttätiger Demonstranten.
f. Die Zahl der Delikte im Netz stieg a...... e...... neuen Rekordwert.
g. U...... autoritär...... Regimen wird viel zensiert.
h. Die Frauenfußball-Weltmeisterschaft in Deutschland steht v...... d...... Tür.
i. Der chinesische Künstler Ai Wei Wei ist a...... d...... Flughafen in Peking von der Grenzpolizei festgenommen worden.

Les adjectifs possessifs

Ils se déclinent sur le modèle de ***EIN/EINE*** pour le singulier (type 2) et de ***DIE*** pour le pluriel (type 1)[1].

En fonction de leur genre et de leur fonction dans la phrase, les adjectifs possessifs prennent ou non une marque.

1 Lorsqu'il n'y a qu'un seul possesseur

A. À la première personne :

	Masculin	Neutre	Féminin	Pluriel
N	*mein Vater*	*mein Kind*	*meine Mutter*	*meine (Eltern)*
A	*meinen*	*mein*	*meine*	*meine*
D	*meinem*	*meinem*	*meiner*	*meinen*
G	*meines*	*meines*	*meiner*	*meiner*

B. À la deuxième personne :

	Masculin	Neutre	Féminin	Pluriel
N	*dein*	*dein*	*deine*	*deine*
A	*deinen*	*dein*	*deine*	*deine*
D	*deinem*	*deinem*	*deiner*	*deinen*
G	*deines*	*deines*	*deiner*	*deiner*

C. À la troisième personne :

À la **troisième personne du singulier** les déterminants sont doubles en fonction du possesseur :

- Si le possesseur est du genre **masculin** ou **neutre**, l'adjectif possessif est ***SEIN***.
- Si le possesseur est **féminin,** l'adjectif est ***IHR***.

Ex. :

*Mein Bruder hat **sein**en Koffer gepackt.*
Mon frère a fait sa valise.
*Meine Schwester hat **ihr**en Computer mitgenommen.*
Ma sœur a emporté son ordinateur.

1 *Cf.* fiche 15.

	Masculin	Neutre	Féminin	Pluriel
N	*sein/ihr*	*sein/ihr*	*seine/ihre*	*seine/ihre*
A	*seinen/ihren*	*sein/ihr*	*seine/ihre*	*seine/ihre*
D	*seinem/ihrem*	*seinem/ihrem*	*seiner/ihrer*	*seinen/ihren*
G	*seines/ihres*	*seines/ihres*	*seiner/ihrer*	*seiner/ihrer*

2 Lorsqu'il y a plusieurs possesseurs

A. À la première personne :

	Masculin	Neutre	Feminin	Pluriel
N	*unser*	*unser*	*unsere*	*unsere*
A	*unseren*	*unser*	*unsere*	*unsere*
D	*unserem*	*unserem*	*unserer*	*unseren*
G	*unseres*	*unseres*	*unserer*	*unserer*

B. À la deuxième personne :

	Masculin	Neutre	Féminin	Pluriel
N	*euer*	*euer*	*eure*	*eure*
A	*euren*	*euer*	*eure*	*eure*
D	*eurem*	*eurem*	*eurer*	*euren*
G	*eures*	*eures*	*eurer*	*eurer*

C. À la troisième personne :

	Masculin	Neutre	Féminin	Pluriel
N	*ihr*	*ihr*	*ihre*	*ihre*
A	*ihren*	*ihr*	*ihre*	*ihre*
D	*ihrem*	*ihrem*	*ihrer*	*ihren*
G	*ihres*	*ihres*	*ihrer*	*ihrer*

La troisième personne du pluriel est utilisée pour la **forme de politesse** : elle comporte une **majuscule** obligatoire.

Ex. :

Herr Meier, wo haben Sie ***I****hren Wagen geparkt?*
Monsieur Meier, où avez-vous garé votre voiture ?

Exercices

1. Traduisez :

a. J'ai rencontré mon ami Bernd et sa sœur.
b. Le fils écoute son père et suit ses conseils.
c. Anton prit congé de Bernd et de la femme de celui-ci.
d. J'ai vu tes nouveaux livres.
e. Le garçon enfila son manteau.
f. Professeur, votre dernier livre est très intéressant.
g. Écris-tu régulièrement à tes parents ?
h. Les enfants, avez-vous fait vos devoirs ?
i. À mon avis, tu devrais t'habiller chaudement.
j. Il a retrouvé ses affaires.
k. Frau Müller, cette BD appartient-elle à vos enfants ?
l. Elle ne trouve plus son walkman.

2. Complétez :

a. Diese Bücher gehören dir: es sind ...... Bücher.
b. Er trägt der Freundin den Koffer: er trägt...... Koffer.
c. Die Ärzte retteten dem Baby das Leben: sie retteten ...... Leben.
d. Die Spielzeuge gehören den Kindern der Nachbarin: sie gehören ...... Kindern.
e. Die Gäste wissen die Küche des Wirtes zu schätzen: sie wissen ...... Küche zu schätzen.
f. Viele Jugendliche machen Computerspiele: es ist ...... Lieblingsbeschäftigung.

3. Comment dire ...... ?

a. À votre avis :
b. Votre excellence :
c. Les vôtres :
d. À la bonne vôtre ! :
e. Notre Père qui êtes aux cieux :

Les pronoms indéfinis

Fiche 26

Comme leur nom l'indique, les pronoms indéfinis servent à désigner quelqu'un, quelque chose ou des quantités imprécises.

A. Certains se déclinent sur le modèle de l'article défini de type 1, ce sont :

- ***EINER/KEINER*** : l'un (d'eux) /aucun (d'eux) ou quelqu'un /personne
- ***JEDER*** : chacun

Ex. :

Keiner half ihm. Personne ne l'aida.

Was einer nicht kennt, das kann er nicht beurteilen.

On ne peut juger ce qu'on ne connaît pas.

Einer seiner Mitarbeiter hat die ganze Nacht an diesem Plan gearbeitet.

L'un de ses collaborateurs a travaillé toute la nuit à ce projet.

Jedem das Seine! « À chacun son dû », devise de la couronne prussienne.

Hast du ein Auto? Nein, ich habe keines/keins. As-tu une auto ? Non, je n'en ai pas.

B. D'autres sont considérés comme des adjectifs et suivent le marquage de type 2 :

VIELE : beaucoup, ***EINIGE*** : quelques-uns, ***MEHRERE*** : plusieurs, ***MANCHE*** : plus d'un

Ex. :

Sie arbeiten mit mehreren ausländischen Kollegen.

Ils travaillent avec plusieurs collègues étrangers.

Es waren darunter manche, die er noch nicht kannte.

Il y avait dans l'assemblée certaines personnes qui lui étaient encore inconnues

Auf dem Land haben wir viele alte Bauernhöfe gesehen.

À la campagne, nous avons vu beaucoup de vieilles fermes.

C. ***MAN*** (on) n'existe qu'au nominatif. Pour l'accusatif et le datif, on utilise le pronom ***EINER*** (accusatif : ***EINEN*****,** datif : *einem*).

Wenn man sich diesen Film ansieht, läßt er ***einen*** *nicht los.*

Quand on voit ce film, on ne peut l'oublier.

Dort kann man sich ausruhen, wie es ***einem*** *beliebt.*

Là-bas, on peut se reposer à son gré.

Remarque : Les Allemands préfèrent souvent employer un passif (voir la fiche 11, le passif impersonnel) :

Hier wird Deutsch gesprochen. Ici, on parle allemand.

D. ***ETWAS/NICHTS*** (quelque chose/rien) sont **indéclinables**. Ils peuvent être suivis d'un adjectif substantivé : ce dernier a alors une majuscule. Il est obligatoirement neutre et prend les marques de l'adjectif non précédé d'un déterminatif (fiche 15) :

*Ich habe etwas Spannend****es*** *gelesen.* J'ai lu quelque chose de passionnant.

*Warum sprichst du jetzt von etwas ander**em**?* Pourquoi parles-tu maintenant de quelque chose d'autre ? (Le datif est amené par la préposition ***VON***.)

On remarque dans cet exemple que ***ANDER-*** ne prend pas de majuscule après ***ETWAS***. Il en va de même après ***NICHTS*** : *nichts **a**nderes*. C'est une exception.

Hast du nichts Besseres anzubieten? N'as-tu rien de meilleur à offrir ?

Jedermann Tout le monde. (Ne comporte une marque qu'au génitif.)

*Man kann nicht jedermann**s** Freund sein*. On ne saurait être l'ami de tout le monde.

E. *JEMAND/NIEMAND* (quelqu'un/personne) peuvent rester **invariables** ou **se décliner** :

- **accusatif** : *jemand**(en)**/niemand**(en)***
- **datif** : *jemand(**em**)/niemand(**em**)*

Hast du jemand(en) gesehen? Nein, niemand(en).

Le génitif (rare) est *jemand**es*** ou *jemand**s*** et *niemand**es*** ou *niemand**s***.

Ces pronoms peuvent également être suivis d'un adjectif substantivé :

Er dachte an jemand anders/anderen.

Exercices

1. Traduisez :

a. Kennt einer von euch dieses Märchen?
b. Jeder hat das Recht auf einen neuen Anfang.
c. In dieser Boutique wird nichts Interessantes verkauft.
d. Er sprach jemand Fremdes an.
e. Wenn einem nicht wohl ist, bleibt man besser zu Hause.
f. Man möchte doch gern lange jung bleiben.
g. Jemand hat es mir erzählt.
h. Niemand schreibt mir.
i. Er ist niemandes Freund und niemandes Feind.
j. Hast du Papiertaschentücher? Ja, welche.
k. Einige halten den letzten Roman von Ransmayr für einen Bestseller.

2. Formes des phrases en reliant les éléments des deux colonnes :

1. In dieser Großstadt	a. Hast du welches?
2. Eltern können	b. als du
3. Ich habe kein Geld	c. an seine eigene Nase.
4. Hat keiner von euch	d. einem auch nicht alles verbieten.
5. Das kann niemand anders gewesen sein	e. mein Portemonnaie gesehen?
6. Jeder fasse sich	f. jedermann
7. Das weiß doch	g. ist einem kaum jemand bekannt.

3. Traduisez :

a. Personne ne veut la même chose.
b. Je ne sais rien, personne ne me dit rien.
c. On n'y peut rien, c'est comme ça.
d. Il est d'accord avec tout le monde.
e. Elle a tout ce qu'il lui faut.
f. Personne ne l'a su.
g. Ça peut vous arriver.
h. Tous sont égaux devant la loi.
i. À chacun son dû, mais pour moi le maximum !
j. Tout le travail n'a servi à rien.
k. Au lieu de parler sur autrui, elle ferait mieux de balayer devant sa porte.

Les compléments et les adverbes de temps

Fiche 27

1 *IM, AM, UM*

Il est essentiel de distinguer l'emploi de ces trois compléments de temps.

A. ***IM*** s'emploie avec les mois, les saisons, les années, les époques :

Im Dezember feiert man den Nikolaus. En décembre, on fête la Saint-Nicolas.

Im Sommer sind die Tage am längsten. C'est en été que les jours sont les plus longs.

Im 20. Jahrhundert ist die moderne Kunst entstanden. L'art moderne est né au XXe siècle.

Attention : ***NÄCHST*** et ***LETZT*** s'emploient à l'accusatif sans complément.

Nächste Woche, letztes Jahr, nächsten Dienstag.

La semaine prochaine, l'année dernière, mardi prochain.

Im Jahre 1989 ist die Berliner Mauer gefallen. Le mur de Berlin est tombé en 1989. Ou : *1989 ist die Berliner Mauer gefallen.*

Il est **incorrect** d'écrire ou de dire : *im 1989 ou in 1989.*

B. ***AM*** s'emploie pour les jours ou les parties du jour.

Er arbeitet immer sehr spät am Mittwoch. Il travaille toujours tard le mercredi.

Am Morgen steht er früh auf und am Nachmittag hält er eine kurze Siesta.

Le matin il se lève tôt, et l'après-midi il fait une petite sieste.

Exception : ***In der*** *Nacht,* la nuit.

C. ***UM*** s'emploie pour préciser l'heure ou pour donner une approximation.

Er hat gesagt, er kommt heute Abend um 21 Uhr.

Il a dit qu'il viendrait ce soir à 21 heures.

Es muss um den 9. November geschehen sein. Cela a dû avoir lieu vers le 9 novembre.

Attention : « Vers 21 heures » se traduit par ***gegen*** *21 Uhr*.

2 Depuis, il y a...

Pour traduire correctement ces deux notions, il faut se situer dans le temps à partir d'un moment précis et analyser le contexte :

A. Elle est partie en Allemagne, il y **a deux mois.**

Au moment où cet énoncé est proposé, on fait référence au passé et on évalue le temps écoulé. Le fait qu'elle soit partie « il y a deux mois » n'a pas d'incidence sur une action présente.

La précision « il y a deux mois » est l'équivalent d'une date.

On emploie : ***VOR*** **+ datif**.

Vor ***zwei Monaten ist sie nach Deutschland*** *gefahren.*
Il y a deux mois qu'elle est partie en Allemagne.

Vor ***einer Woche*** *habe ich meinen Hausarzt kennengelernt.*
Il y a une semaine, j'ai fait la connaissance de mon généraliste.

Attention : « il y a » se traduit aussi par ***ES GIBT*** **+ accusatif** quand on nomme ou énumère une certaine quantité de personnes, d'objets, etc.

Es gibt in diesem Jahr viele Studenten im ersten Semester.
Il y a cette année beaucoup d'étudiants en première année.

Früher gab es lauter kleine Geschäfte, die heute verschwunden sind.
Il y avait autrefois plein de petits magasins qui ont disparu aujourd'hui.

B. Franz joue du piano **depuis trois ans.**

Cet énoncé stipule que, à partir d'une date que l'on a en mémoire, il s'est écoulé une certaine période de temps que l'on comptabilise. Il s'agit d'une durée. Franz continue à jouer du piano : c'est implicite.

On emploie : ***SEIT*** **+ datif.**

Franz spielt seit drei Jahren Klavier. Franz joue du piano depuis trois années.

*Seit vierzehn Tage**n** macht er Fortschritte in Deutsch.* Depuis quinze jours, il fait des progrès en allemand.

Attention : ne pas oublier de reporter la marque ***-n*** du datif pluriel, si cela est nécessaire.

3 Les adverbes de temps (*cf.* p. 245)

Ceux qui indiquent une **chronologie** dans une suite d'événements : ***ZUERST***, d'abord, ***DANN***, ensuite, ***SCHLIEẞLICH***, finalement

Ou une **énumération** : ***ERSTENS***, premièrement, ***ZWEITENS***, deuxièmement, ***DRITTENS***, troisièmement, ***VIERTENS***, quatrièmement,...

A. Ceux qui donnent des **repères proches** :

DEMNÄCHST, prochainement, ***GERADE***, à l'instant, ***GESTERN***, hier, ***HEUTE***, aujourd'hui, ***HEUTZUTAGE***, de nos jours, ***JETZT***, maintenant, ***MORGEN***, demain, ***NEULICH***, l'autre jour, ***SOFORT***, immédiatement, ***ÜBERMORGEN***, après-demain, ***VORGESTERN***, avant-hier, ***VOR KURZEM***, récemment, ***VORHIN***, tout à l'heure.

B. Ceux qui indiquent la **durée** :

BESTÄNDIG, constamment, ***DAUERND***, en permanence, ***LANGE***, longtemps, ***STETS***, sans cesse.

C. Ceux qui indiquent la **répétition** :

IMMER, toujours, ***MEISTENS***, la plupart du temps, ***OFT***, souvent.

D. Ceux qui indiquent la **périodicité** :

AB UND ZU, de temps en temps, ***MANCHMAL***, parfois.

Exercices

1. Quelle préposition ?

a. …… Sommer
b. …… Mitternacht
c. …… Nachmittag
d. …… Abend
e. …… Dienstag
f. …… 2012
g. Einmal …… Jahr
h. …… 22. Jahrhundert
i. …… 8 Uhr
j. …… Frühling
k. …… Weihnachten

2. Complétez :

Es war …… Januar dieses Jahres wieder sehr kalt. Schon …… frühen Morgen hatten wir immer …… 5 Uhr Schwierigkeiten, unsere Autotür zu öffnen. …… der Nacht fror es oft. Erst …… Spätvormittag, wenn manchmal die Sonne schien, konnte man das Auto ohne Gefahr benutzen. …… 17 Uhr brach die Nacht herein, und es war höchste Zeit, wieder nach Hause zu fahren. Es ist schon einmal hier so kalt gewesen. Es muss …… Winter …… den 19. Dezember …… Jahre 1954 gewesen sein.

3. Traduisez :

a. Il vient nous voir chaque année en automne.
b. Sais-tu si le mur de Berlin est tombé en 1989 ou en 1990 ?
c. Le soir, les rues de la capitale sont vides.
d. L'année prochaine, je ferai un stage en Allemagne.
e. Nous avons biologie le mardi matin.
f. Il rentre toujours tard le soir à la maison.
g. Je l'ai rencontrée à 21 heures devant la poste.
h. Le mois dernier, j'étais à Rome vers le 15 avril.
i. La nuit, tous les chats sont gris.

4. Complétez :

a. Er studiert Deutsch …… Jahren in Berlin.
b. Er hat …… zehn Jahren sechs Monate in Wuppertal verbracht.
c. …… einigen Monaten gibt es in dieser Stadt eine neue Schwebebahn.
d. Das Wetter ist …… einer Woche sehr heiß geworden.
e. Es regnet ohne Unterlass …… zwei Tagen.
f. Wo kann sie doch sein? …… einem Augenblick stand sie an der Tür.

5. Traduisez :

a. Il y a un mois, nous avons rencontré nos amis parisiens.
b. Notre téléphone est hors service depuis quinze jours.
c. J'ai fait venir un technicien il y a deux jours.
d. Depuis quand chantes-tu en allemand ? Depuis octobre dernier.
e. J'ai lu ce roman il y a des années.
f. Il y a beaucoup de monde le dimanche au marché.
g. Il tient depuis toujours à prendre un bain à minuit.
h. Il y a environ une semaine, je l'ai vue dans le bus.
i. Depuis lors, je ne l'ai plus rencontrée.

6. Associez :

a. Seit dem Tod der Eltern	a. sprichst du Chinesisch?
b. Vor einem Monat	b. hat er seine Lebenslust verloren.
c. Seit wann	c. bin ich vom Fahrrad gestürzt.
d. Seit Ostern	d. geht es mir wesentlich besser.

Fiche 28

NUR, *ERST* (seulement), *ETWAS* (quelque chose), *NICHTS* (rien)

1 *NUR* et *ERST*

Ces adverbes, traduisent tous deux « **seulement** » ou « **ne... que** ». Ils sont l'un et l'autre restrictifs soit en terme de temps, soit en terme de quantité.

A. *NUR*

- **Quantité**

  *Er hat **nur** drei Äpfel übrig.*
  Il ne lui reste plus que trois pommes (en tout et pour tout).

  *Sie hat über dieses Thema **nur** eine Seite schreiben können.*
  Sur ce sujet, elle n'a pu écrire qu'une page (seulement une page).

- **Durée**

  *Dieser Film dauert **nur** 90 anderthalb Stunden.*
  Ce film ne dure qu'une heure et demie (et pas plus).

B. *ERST*

- **Repère temporel**

  *Wann kommt er genau? **Erst** morgen um 10 Uhr.*
  Quand vient-il précisément ? Qu'à 10 heures demain (à 10 heures seulement et pas avant demain).

  *Wann fährt sie wieder nach Hause? **Erst** in einer Woche.*
  Quand retourne-t-elle chez elle ? Dans une semaine seulement.

  *Es kann nicht wahr sein! **Erst** 11 Uhr: meine Uhr geht sicher nach.*
  Ce n'est pas possible ? 11 heures seulement : ma montre doit retarder.

- **Quantitatif** (à un moment donné sur l'échelle du temps)

  *Als sich die Familie in Berlin niederließ, war Karin **erst** zehn Jahre alt.*
  Karin n'avait que dix ans, lorsque sa famille s'installa à Berlin.

  *Für den Aufsatz habe ich **erst** zwei Absätze geschrieben.*
  Je n'ai écrit que deux paragraphes pour la dissertation (au moment présent, mais j'ai l'intention d'en écrire davantage plus tard)

Attention : Si la phrase précédente avait comporté ***NUR***, le sens aurait été différent.

Für den Aufsatz habe ich nur zwei Absätze geschrieben.
Je n'ai écrit que deux paragraphes (mais c'est tout ; je n'irai pas plus loin).

2 *ETWAS* et *NICHTS*

Ces deux pronoms indéfinis sont **invariables** comme en français.

Er hat mir etwas ins Ohr geflüstert. Il m'a chuchoté quelque chose à l'oreille.

Sie haben behauptet, sie hätten nichts zu verzollen. Ils ont affirmé qu'ils n'avaient rien à déclarer.

Si ***ETWAS*** ou ***NICHTS*** sont suivis d'un adjectif, ce dernier, devenant substantif, prendra une majuscule et portera une marque neutre forte, n'étant précédé d'aucun déterminatif.

Etwas Unerwartetes, quelque chose d'inattendu.

Nichts Außergewöhnliches, rien d'exceptionnel.

Exception : l'adjectif ***ANDER-*** (autre) ne prendra pas de majuscule.

*Der **Kunde** möchte **etwas anderes sehen.***
Le client aimerait voir quelque chose d'autre.

Er hat schließlich nichts anderes gefunden.
Il n'a finalement rien trouvé d'autre.

Attention : Si ***ETWAS*** ou ***NICHTS*** sont précédés d'une préposition appelant un cas particulier, c'est l'adjectif qui portera la marque qui convient.

Sie möchten jetzt von etwas anderem sprechen.
Ils aimeraient maintenant parler d'autre chose.

Wir haben mit etwas Gutem angefangen.
Nous avons commencé par quelque chose de bon.

Cas particulier : si ***ETWAS*** ou ***NICHTS*** sont les antécédents d'un pronom relatif celui-ci devient ***WAS***.

*Etwas, **was** man hier nicht sagen kann.*
Quelque chose que l'on ne peut pas dire ici.

*In diesem Geschäft habe ich nichts gefunden, **was** mir gefällt.*
Dans ce magasin, je n'ai rien trouvé qui me plaise.

Notez que l'expression « **rien que** » se traduit par ***NICHTS ALS***.

Auf dem Dachboden fanden sie nichts als alte Kisten.
Dans le grenier, ils ne trouvèrent rien que de vieilles caisses.

Exercices

1. Traduisez :

a. Ich habe nur drei Seiten gelesen und meine Lektüre aufgegeben.
b. Ich habe erst drei Seiten gelesen, aber bis nächste Woche werde ich das ganze Buch gelesen haben.
c. Sie hat nur einen Sohn und möchte gern eine Tochter haben.
d. Sie sind noch jung und haben erst ein Kind.
e. Hast du Geld bei dir? Leider nur drei Euro.
f. Sie hat nur drei Flaschen zur Party bringen können.
g. Wie langweilig! Und es ist erst Viertel nach neun!
h. Erst nächste Woche dürfen wir mit dem Computer arbeiten.
i. Zu dieser Zeit war mein Neffe erst ein kleiner Junge.
j. Er war außer Atem und konnte uns nur seinen Vornamen sagen.

2. Traduisez :

a. Il n'arriva qu'après le repas.
b. Il ne voulait rester que dix minutes.
c. Ils ne partent à Rio que la semaine prochaine.
d. J'ai seulement dix minutes à pied pour aller au bureau.
e. Quand appellera-t-il ? À minuit seulement.

3. *Erst* ou *nur* ?

a. Ich dachte, ich hätte mehr Geld: ich habe ...... 20 Euro.
b. Sie bleibt ...... drei Tage bei ihrem Freund.
c. Der Ausflug dauert eine Woche. Sie sind ...... vier Tage unterwegs.
d. Wir sehen ihn nie in der Woche. Er besucht uns ...... am Sonntag.
e. Schon so groß! Und er ist ...... vierzehn Jahre!

4. Complétez :

a. Ich habe heute im Modegeschäft nichts *(schon)* gefunden.
b. Hast du etwas *(billig)* zum Essen gekauft?
c. Er sagt, er habe etwas *(unerwartet)* zu berichten.
d. Er will unbedingt mit etwas *(unbekannt)* anfangen.
e. Kannst du nicht von etwas *(anders)* sprechen?
f. Sie möchten etwas *(gut)* probieren.
g. Er hat uns heute nichts *(neu)* erzählt.
h. Ich habe von etwas *(unglaublich)* geträumt.

5. Traduisez :

a. Avez-vous quelque chose de bon à boire ?
b. Il n'a rien dit d'exceptionnel.
c. Elle ne souhaite rien d'autre.
d. J'ai besoin de quelque chose d'utile.
e. Nous n'avons rien appris de nouveau.
f. Il n'y a rien ici qui m'intéresse.
g. As-tu quelque chose d'original à offrir ?
h. Non, rien que des cadeaux banals.

Les noms de pays et de leurs habitants

1 Les noms de pays

Dans la majorité des cas, les noms de **pays** sont neutres et ne prennent pas d'article. Il en est de même pour les régions et les continents.

Ex. : *Frankreich*, la France, *Italien,* l'Italie, *Bayern*, la Bavière, *Australien*, l'Australie

Ceux-ci ne prendront pas d'article non plus avec ***GANZ*** (tout) et ***HALB*** (la moitié de).

Ex. :

Ganz Italien ferte die Fußballspieler.
Toute l'Italie fêtait les joueurs de football.

Halb Frankreich war gekommen.
La moitié de la France était représentée.

Cependant, certains noms de pays prennent l'article défini :

- **masculin** : *der Irak* l'Irak, *der Libanon* le Liban, *der Sudan* le Soudan
- **neutre** : *das Elsass,* l'Alsace, *das Baltikum,* les pays baltes
- **féminin** : *die Schweiz* la Suisse, *die Türkei* la Turquie
- **pluriel** : *die Vereinigten Staaten, die USA*, les États-Unis, *die Niederlande*, les Pays-Bas, *die Kanarischen Inseln*, les îles Canaries.

2 Les noms de villes

Ils sont également neutres :

- sans article s'ils n'ont pas de complément : Paris, Amsterdam, Berlin...
  Berlin ist größer als Amsterdam.
- **avec** l'article neutre s'ils sont accompagnés d'un complément :
  Das moderne Berlin von heute lockt viele Touristen an. Le Berlin moderne d'aujourd'hui attire beaucoup de touristes.
  Meine Tante wohnt im alten London. Ma tante habite dans le vieux Londres.

Pour désigner les habitants des villes, on ajoute le **suffixe *-er*** invariable au nom de la ville :

*Ein Düsseldorf**er**, ein Frankfurt**er**.* Mais : *ein Münchner*, un munichois.
Ein Pariser, ein Londoner, ein Romer.

De même pour l'adjectif construit à partir d'un nom de ville :

Eine Bonner Zeitung, un journal de Bonn, *ein Berliner Restaurant*, un restaurant berlinois, *eine Frankfurter Wurst*, une saucisse de Francfort.

3 Les nationalités

À partir du nom du pays concerné, si on ajoute ***-er*** on obtient la **nationalité** :

England – der Engländer - englisch (adjectif)
Spanien – der Spanier – spanisch
Europa – der Europäer – europäisch

Mais un certain nombre de nationalités sont formées de noms **masculins faibles** : (*cf.* fiche 13)

der Chinese, der Däne, der Deutsche, der Franzose, der Grieche, der Portugiese…
Le Chinois, Danois, Allemand, Français, Grec, Portugais...

Exercices

1. Trouvez l'intrus :

a. der Finne
b. der Deutsche
c. der Däne
d. der Ire

2. Trouvez l'intrus :

a. der Kanadier
b. der Japaner
c. der Ungar
d. der Kubaner

3. Comment s'appellent ces pays en allemand ? Quel est l'intrus ?

a. la Suisse : ______________
b. l'Irak : ______________
c. le Liban : ______________
d. la Norvège : ______________

4. Comment dire ?

a. les tavernes londoniennes : ______________
b. la banque de Dresde : ______________
c. les saucisses de Strasbourg : ______________
d. la cathédrale de Vienne : ______________
e. le lac de Genève : ______________
f. le château de Heidelberg : ______________

5. Voici des noms de pays, trouvez le nom de leurs habitants et l'adjectif correspondant :

PAYS	HABITANT	ADJECTIF
Belgien		
Indien		
Irland		
Kuba		
Finnland		
Israel		
Marokko		
Portugal		
Kongo		
Palästina		
Ungarn		
Polen		
Dänemark		

Test de niveau
Fiches 23 à 29

Test d'entrée
Test 1
Test 2
Test 3
Test 4
Test 5
Test 6
Test 7
Test Bilan

!

Vérifiez vos réponses à l'aide du corrigé p. 251 et comptabilisez vos points.

1 ***...... diesem Freitag empfängt US-Präsident Obama Israels Ministerpräsident Netanjahu.***

a. um b. zu c. an d. während

2 ***EU-Kommissionspräsident José Manuel Barroso plädiert für einen Europäer ...... der IWF-Spitze. (IWF= Internationaler Währungsfonds)***

a. bei b. mit c. an d. für

3 ***...... des wachsenden Gewichts der Schwellenländer sind auch Kandidaten von außereuropäischen Ländern in Gespräch.***

a. angesichts b. gegenüber c. mit d. bei

4 ***...... Schießerei zwischen Wachleuten der Firma und den Aufständischen seien auch acht Taliban getötet worden.***

a. zu b. um c. von d. bei

5 ***Die Ölstadt Kirkuk ist traditionell von Spannungen ...... verschiedenen Volksgruppen geprägt.***

a. zwischen b. neben c. vor d. um

6 ***Die Europäische Union will ihre Sanktionen ...... den Iran ...... dessen Atomprogramms ausweiten.***

a. für/mit b. an/für c. gegen/wegen d. über/trotz

7 ***Japan rutscht ...... die Rezession.***

a. an b. in c. zu d. gegen

8 ***Der Wirtschaftsaufschwung hat dem deutschen Arbeitsmarkt den besten Jahresstart ...... der Wiedervereinigung beschert.***

a. seit b. nachher c. vor d. hinter

9 **Quelles sont les prépositions manquantes ?**

Ai Wei Wei werde ...... Zugang ...... einem Anwalt ...... einem unbekannten Ort festgehalten.

10 **Quelles sont les prépositions manquantes ?**

Der dänische Filmregisseur Lars von Trier ist ...... positiven Äußerungen über Hitler ...... Filmfestival in Cannes ...... unerwünschten Person erklärt.

11 ***Wie viele Menschen leben in Deutschland? Weil das ...... genau weiß, gibt es 2011 eine Volkszählung.***

a. jedermann b. jeder c. keiner d. man

12 ***Muss der IWF-Chef unbedingt ...... Europa kommen?***

a. aus b. in c. zu d. nach

13 *Immer mehr Flüchtlinge nehmen den gefährlichen Weg ...... das Mittelmeer Richtung Europa.*

a. auf b. in c. über d. von

14 *Viele Diktatoren klammern sich verzweifelt ...... die Macht.*

a. auf b. an c. zu d. für

15 *Der ...... 50 000 Euro dotierte Georg-Büchner-Preis gilt als die wichtigste literarische Auzeichnung in Deutschland.*

a. mittels b. auf c. von d. mit

16 *Einem schweren Flugzeugabsturz hält ...... Stresstest kein deutsches Atomkraftwerk stand.*

a. infolge b. angesichts c. laut d. während

17 *Neben deutscher Literatur dominieren Übersetzungen ...... dem Englischen.*

a. in b. aus c. mit d. von

18 *An der nahen Grenze ...... Libanon wurden Demonstranten erschossen.*

a. nach b. mit c. zum d. neben

19 ...... *Monaten mehren sich die Angriffe auf die Kopten.*

a. vor b. seit c. nach d. über

20 ...... *100. Geburtstag von Max Frisch hat der Literaturkritiker Volker Weidemann eine Biografie geschrieben.*

a. am b. fürs c. zum d. vom

Votre score ..../20

Appréciation du score :

de 18 à 20 : Bravo. Vous pouvez quand même parcourir le livre pour y découvrir quelques points méconnus, avant de passer à un niveau supérieur.
de 15 à 17 : C'est bien, mais il y a encore quelques lacunes. Travaillez les fiches concernées.
de 12 à 15 : Pas mal, mais une révision systématique s'impose pour clarifier la situation.
de 8 à 11 : Vous n'êtes pas au niveau, il y a trop d'incertitudes.
au-dessous de 8 : Reprenez tout à la base, lentement et systématiquement.

SECTION 3

LA PHRASE

Fiche 30

La négation

Il existe deux types de négation : ***NICHT*** et ***KEIN***.

1 La négation avec *NICHT*

Elle permet de nier l'ensemble de la phrase.

Am Sonntagabend rauche ich nicht. Le dimanche soir je ne fume pas.

En plaçant ***NICHT*** devant un groupe infinitif, on nie ce même groupe :

Im August will Familie Meier nicht ans Meer fahren.
En août, la famille Meier ne veut pas aller au bord de la mer.

La place de ***NICHT*** est invariable lorsque le verbe est conjugué.

D'une manière générale ***NICHT*** se place :

- devant les compléments précédés d'une préposition :
  Wir wollen uns nicht von unserem Hund trennen. Nous ne voulons pas nous séparer de notre chien.
- et derrière les compléments sans préposition :
  Er hat seinen Vortag nicht gehalten. Il n'a pas fait sa conférence.

La négation peut précéder l'élément de phrase sur lequel elle porte :

Nicht er ist angeklagt worden, sondern seine Schwester.
Ce n'est pas lui qui a été accusé, mais sa sœur.

L'oreille perçoit en principe la négation ***NICHT*** car celle-ci est accentuée.

Ce qui est valable pour ***NICHT*** l'est aussi pour les autres négations telles que ***NIE***, jamais ou ***NICHTS***, rien. On peut également renforcer la négation à l'aide de *gar nicht/überhaupt nicht*, pas du tout, *nicht einmal*, même pas, *keinesfalls*, *keineswegs*, aucunement.

Er wollte gar nicht auf meinen Rat hören. Il ne voulait pas du tout écouter mon conseil.

Sie wollen dich keinesfalls kränken. Ils n'ont nullement l'intention de te blesser.

Sie haben uns nicht einmal beachtet. Ils n'ont même pas fait attention à nous.

2 La négation avec *KEIN*

Lorsque le groupe nominal est indéfini, on utilise la négation ***KEIN***.

Ich sehe in diesem Zimmer kein Bett und keinen Spiegel.
Je ne vois pas dans cette chambre de lit et de miroir.

KEIN accompagne donc un nom et se traduit en français par « **pas de** », « **pas un** », « **aucun** ».

Wir haben kein Geld. Nous n'avons pas d'argent.

On l'emploie aussi lorsque le nom n'est pas précédé d'un article :

Ich habe Hunger/Durst. Ich habe keinen Hunger/keinen Durst.
J'ai faim/soif. Je n'ai pas faim/pas soif.

Essen Sie Wurst? Nein, ich esse keine Wurst.
Mangez-vous de la saucisse ? Non, je ne mange pas de saucisse.

Ich habe Zeit/Ich habe keine Zeit. J'ai le temps/Je n'ai pas le temps.

Radio hören? Nein, danke, jetzt habe ich keine Lust.
Écouter la radio ? Non merci, je n'ai pas envie maintenant.

Willst du rote Schule anziehen? Nein, um Gottes Willen keine roten Schuhe!
Veux-tu mettre des chaussures rouges ? Non, mon Dieu, pas de chaussures rouges !

Remarque : Si « un » signifie « un seul », il faut garder ***NICHT***:

Er hat nicht ein Haus, sondern drei. Ce n'est pas une (seule) maison qu'il possède, mais trois.

Exercices

1. Répondez négativement aux questions suivantes :

a. Geht's dir besser?
b. Haben Sie ein konkretes Beispiel für die praktische Umsetzung Ihres Projekts?
c. Kümmern sie sich um die Produktion der Firma?
d. Hat die Bundesregierung die wirtschaftliche Bedeutung des Fahrradtourismus erkannt?
e. Sind Heroinsüchtige alle labil?
f. Ist Sabine lange krank gewesen?
g. Haben alle Babys einen Schnuller?
h. Lesen die Kinder Comics in der Schule?
i. Hast du an meinen Geburtstag gedacht?
j. Haben sie schon über seinen Vorschlag diskutiert?
k. Kann er auf diese Frage antworten?
l. Hat er seine Freunde eingeladen?
m. Hat euch der Lehrer ein Wörterbuch empfohlen?
n. Gab er dir Blumen?
o. Hast du deine Schlüssel?
p. Ist Bernd ein guter Tennisspieler?
q. Dürfen wir vor der Kirche parken?
r. Geht er zu Fuß zur Schule?
s. Habt ihr Brot gekauft?
t. Arbeitet er noch in Berlin?

2. Taduisez :

a. Bernd n'a pas assez d'argent de poche.
b. Il ne voulait pas rester seul à la maison.
c. Il n'aime pas se lever tôt.
d. Il n'a pas plu beaucoup cette année.
e. Mon frère n'arrive pas demain, mais après-demain.
f. Il ne boit pas de bière.
g. Tu ne pars pas avant d'avoir appris ta leçon.
h. Je n'ai plus envie d'aller au concert.
i. Pendant les vacances d'été, ça fait plaisir de n'avoir ni devoirs ni leçons.
j. Il n'a pas faim, il n'a pas soif.
k. Mi-figue mi-raisin.
l. Nous n'avons pas le temps d'aller au théâtre.
m. Cela n'a ni queue ni tête.
n. Ils ne demandent rien de plus et rien de mieux.
o. Nous ne sommes pas du tout satisfaits du résultat.
p. La poste n'est pas ouverte le dimanche et le lundi.

Le questionnement direct et indirect

Fiche 31

1 Le questionnement direct

Il peut être global et dans ce cas, il amène de la part de l'interlocuteur une réponse affirmative ou négative. Le verbe est en 1re place :

Bist du heute Morgen auf den Markt gegangen?
Es-tu allé(e) au marché ce matin ?

Il est souvent partiel, introduit par un pronom interrogatif en ***W-?***, décliné dans le cas de ***WER?***. Ce questionnement permet d'obtenir une réponse sur un point particulier :

Wer *hat schon diesen Film gesehen?* Qui a déjà vu ce film ?

Wen *rufst du an?* Qui appelles-tu au téléphone ?

Wem *gehört dieses Buch?* À qui appartient ce livre ?

Remarque : Le génitif ***WESSEN?*** est peu usité. Il est souvent remplacé par le pronom au datif.

Wessen Auto ist das? Es ist das Auto meines Bruders.

Wem gehört das Auto da? Es gehört meinem Bruder.

- ***Wie*** *ist dein Name?* Quel est ton nom ?
- ***Wo*** *wohnst du?* Où habites-tu ?
- ***Was*** *machst du denn hier?* Mais que fais-tu là ?
- ***Wann*** *hast du frei?* Quand es-tu libre ?

  Seit wann *arbeitest du an diesem Referat?* Depuis quand travailles-tu à cet exposé ?

  Bis wann *bleibst du in Berlin?* Jusqu'à quand restes-tu à Berlin ?
- ***Warum?*** (appelle en réponse ***WEIL***).

  Warum *wollen Sie alles wissen?* Pourquoi voulez-vous tout savoir ? *Ich will alles wissen, weil ich Informationen brauche.*
- ***Wozu?*** (dans quel but ?) appelle en réponse ***um... zu*** (*cf.* fiche 9)

  Wozu brauchst du einen Paß? Pourquoi as-tu besoin d'un passeport ? *Ich brauche einen Paß, um nach Australien zu fliegen.*
- ***Was*** (que ? qu'est-ce que ?) ne s'applique qu'aux choses.

  Was hältst du davon? Qu'en penses-tu ?

  Was wird aus ihm? Qu'adviendra-t-il de lui ?

  Was willst du von ihm? Que veux-tu obtenir de lui ?
- ***Was*** n'a pas de datif et est rarement utilisé au génitif.

  Wessen bedurfte der Kranke? De quoi avait besoin le malade ?

  Wessen rühmt er sich? De quoi se vante-t-il ?

- ***welcher***, *welche, welches, welche* (lequel ?, laquelle ?, lesquels ?, lesquelles ?) ou ***Was für einer***, *was für eine, was für eines* (lequel ?, laquelle ?, de quelle sorte ?)

  Ces pronoms se déclinent sur le modèle **de l'article défini** ***der, die, das, die***.

  Wir wollen uns einen Western ansehen.

  Welchen *wollt ihr euch ansehen?* Lequel voulez-vous aller voir ?

  Ich möchte einen Roman lesen. Was für einen? Quelle sorte de roman ?

  *Mit **welchem** Freund ist er ins Kino gegangen?* Avec quel ami est-il allé au cinéma ?

Attention : certains verbes se construisent obligatoirement avec une préposition (*cf.* fiche 12) :

Womit soll ich anfangen? Par quoi dois-je commencer ?

Woran erinnert er sich gern? De quoi aime-t-il se souvenir ?

Das liegt an den Lebensumständen der Pendler. Woran liegt das?
Cela tient aux conditions de vie des banlieusards. À quoi cela tient-il ?

Ich sehe, dass die Kinder sich aufregen. Woran siehst du das?
Je vois que les enfants s'énervent. À quoi le vois-tu ?

2 Le questionnement indirect

Pour obtenir une interrogative globale indirecte, on emploie une subordonnée en ***OB*** :

*Ich habe keine Ahnung, **ob** diese Ausstellung interessant ist.*
Je ne peux pas dire (n'ai aucune idée) si cette exposition est intéressante.

Après des verbes tels que : ***SICH FRAGEN***, se demander, ***NICHT WISSEN***, ne pas savoir, ***WISSEN WOLLEN***, vouloir savoir, on peut construire une subordonnée interrogative indirecte. Celle-ci est obligatoirement introduite par un pronom interrogatif en ***W-?***

*Wer hat diesen Brief geöffnet? Ich frage mich, **wer** diesen Brief geöffnet hat.*
Qui a ouvert cette lettre ? Je me demande qui a ouvert cette lettre.

*Wann ist er gekommen? Ich habe keine Ahnung, **wann** er gekommen ist.*
Quand est-il venu ? Je ne peux dire (aucune idée) quand il est venu.

*Worauf hat sie so lange gewartet? Ich weiß nicht, **worauf** sie so lange gewartet hat.* Qu'a-t-elle attend si longtemps ? Je ne sais pas ce qu'elle a attendu si longtemps.

Exercices

1. Complétez par le pronom interrogatif adéquat :

a. Ich verstehe kein Wort. ...... sagt er denn?
b. ...... beobachtest du so genau? Den neuen Lehrer?
c. ...... hat dir das Buch geliehen? – Mein Bruder.
d. ...... hast du in der Deutschstunde geholfen?
e. Mit ...... gehst du in die Oper?
f. Für ...... hast du die Äpfel gekauft?
g. Vor ...... hast du Angst? Vor deinem Vater?
h. ...... hältst du davon? – Nichts Besonderes.
i. ...... CD ist das?
j. .... hast du dieses Restaurant empfohlen?

2. Traduisez :

a. J'ai vu hier un film de Wim Wenders. – Lequel ?
b. Je vais à Vienne avec des amis. – Avec lesquels ?
c. J'aimerais lire des romans d'écrivains modernes. – De quelle sorte ?
d. Je voudrais acheter une chaîne hifi. – De quel genre ?

3. Posez la question portant sur le mot en couleur :

a. Ich habe Paul auf der Post getroffen.
b. Wir sind mit Freunden spazieren gegangen.
c. Das ist der Mercedes des Chirurgen.
d. Meine Eltern besuchen uns regelmäßig.
e. Wir wollen uns ein Theaterstück ansehen.
f. Ich habe meiner Schwester das letzte Buch von Günter Grass geschenkt.
g. Ich bleibe eine Woche bei meinen Freunden.
h. Er ist stolz auf seine Kinder.
i. Er hat Sabine aufräumen helfen.

4. Reliez chaque question à la bonne réponse :

a. Seit wann kennst du ihn?
b. Warum antworte er uns nicht?
c. Bis wann hast du gestern gelesen?
d. Wo holen Sie Ihrem Onkel ab?
e. Wie lang ist der Rhein?
f. Wie lange hat sie auf ihn gewartet?
g. Wozu will der Historiker dieses Buch schreiben?
h. Bis wohin fährt dieser Bus?

1. 1320 km.
2. den ganzen Tag.
3. seit letztem Sommer.
4. bis Potsdam.
5. am Bahnhof.
6. bis spät in die Nacht hinein.
7. weil er euch nicht gehört hat.
8. um alles genau zu erklären.

5. Traduisez en utilisant les verbes entre parenthèses :

a. À quoi les spécialistes de bioéthique prêtent-ils attention ? (*auf* + acc. *achten*)

b. Quel est l'apport d'une telle découverte ? (*zu* + datif *beitragen*)

c. Que nous rappellent les journalistes dans leur article ? (*an* + acc. *erinnern*)

d. À quoi doivent s'en tenir les scientifiques ? (*sich an* + acc. *halten*)

e. De quoi s'indignent les conservateurs ? (*sich über* + acc. *empören*)

6. Traduisez :

Une journaliste interviewe un garçon qui vient d'avoir son baccalauréat, elle lui demande ce qu'il a appris au lycée, ce qu'il veut faire maintenant, quelle est la profession dont il rêve et comment il y arrivera, ce qui est important pour lui dans la vie et s'il a peur de l'avenir.

Les subordonnées causale, complétive et de conséquence

Fiche 32

1 La subordonnée causale

Elle est introduite par ***WEIL*** et par ***DA***.

A. ***WEIL*** (parce que)

*Herr Schmidt Meier hat viel eingekauft, **weil** die Preise günstig sind.*
Monsieur Schmidt a fait de nombreuses courses car les prix étaient intéressants.

B. ***DA*** (comme)

On trouve généralement ***DA*** en début d'énoncé pour indiquer que l'information n'est pas tout à fait nouvelle. La construction de la subordonnée ne change pas pour autant.

***Da** der Supermarkt voller Leute war, hat Herr Schmidt lange an der Kasse warten müssen.*
Comme le supermarché était plein de monde, Monsieur Schmidt a dû attendre longtemps à la caisse.

2 La subordonnée complétive

Elle complète un énoncé, elle est introduite par les conjonctions ***DASS*** (que) ou ***OB*** (si, interrogatif) :

A. ***DASS*** (que)

Die Beamten sagen immer, dass sie mit ihrem Gehalt schlecht auskommen.
Les fonctionnaires disent toujours, qu'ils s'en sortent mal avec leur salaire.

Die Regierung antwortet, dass sie mehr sparen sollen.
Le gouvernement rétorque qu'ils doivent épargner davantage.

Après les verbes ***BEHAUPTEN*** (affirmer), ***DENKEN*** (penser), ***MEINEN*** (être d'avis), ***SAGEN*** (dire) etc.

Attention : après des verbes exprimant une intention, on trouve souvent une complétive **sans *DASS*** :

Die Hausfrauen meinen, das Leben in der Großstadt ist/sei, (si D.I.) nicht geschenkt.
Les ménagères sont d'avis que la vie en ville n'est pas donnée.

B. ***OB*** (si, interrogatif)

*Er möchte wissen, **ob** sie heute Abend ins Kino geht.*
Il aimerait savoir si elle veut aller au cinéma ce soir.

Du kannst mir sicher sagen, ob dieser Film empfehlenswert ist.
Tu peux certainement me dire si ce film est digne d'être recommandé (recommandable).

La conjonction ***OB*** sert également dans la subordonnée interrogative indirecte.

Sie fragt ihn: „Gehst du heute Abend ins Kino?" = discours direct interrogatif.
Elle lui demande : « Vas-tu au cinéma ce soir ? »

*Sie fragt ihn, **ob** er heute Abend ins Kino gehe (S.1)* = discours rapporté.
Elle lui demande s'il va au cinéma ce soir.

3 La subordonnée de conséquence

Elle peut être introduite de deux façons : soit avec ***SO DASS*** (si bien que, de sorte que), soit avec ***SO*** (si... que) devant un adjectif ou comme intensificateur du verbe :

*Sie hat sich auf das Examen gut vorbereitet, **so dass** sie es mühelos bestanden hat.*
Elle s'est bien préparée pour l'examen de sorte qu'elle l'a réussi.

*Kein Wunder! Er ist **so** schnell gefahren, **dass** er einen Unfall gehabt hat.*
Ce n'est pas étonnant ! Il a roulé si vite qu'il a eu un accident.

*Es hat **so** geschneit, **dass** wir das Haus nicht verlassen konnten.*
Il a tellement neigé que nous n'avons pas pu sortir.

La conséquence négative s'exprime par ***ALS DASS*** **+ subj. II** :

*Meine Großeltern sind zu schwach geworden, **als dass** sie ihr Haus verlassen **könnten.***
Mes grands-parents sont devenus trop faibles pour pouvoir quitter leur maison.

Exercices

1. Construisez à partir des éléments proposés, la subordonnée complétive avec *dass* ou *ob* selon le cas :

a. Ich weiß – wahr sein.
b. Er behauptet – der Beste sein.
c. Sie fragt mich – ins Kino gehen dürfen.
d. Wir wissen – das Examen uns bevorstehen.
e. Sie zweifeln – da bleiben.

2. Construisez la subordonnée complétive :

a. Sie sagt, dass – gehen – im Sommer – sie – an – der Strand – oft.
b. Sie wissen nicht, ob – abfahren – um 7 Uhr – der Zug – vom Gleis A.
c. Er erklärt uns, dass – an Lehrstellen – kommen – in Deutschland – nur schwer – junge Akademiker.
d. Der Tourist erkundigt sich, ob – fliegen – um den Berg – immer noch – die Raben.

3. Remettez en ordre les termes de la subordonnée causale :

a. Die Italiener nannten den Kaiser Friedrich I. „Barbarossa", – einen rötlichen Bart – weil – hatte – er.
b. – krank – war – er – da, konnte er nicht kommen.
c. – den Brief – da – er – nicht – er – hat – bekommen, ist er nicht auf die Party gekommen.
d. Die Bäume verlieren ihre Blätter, -geregnet – weil – es – zu viel – hat.

4. Complétez :

a. Er bleibt zu Hause, ... er sich auf die Prüfung vorbereiten will.
b. Tatsache ist, ... die Zahl der Arbeitslosen nicht zurückgeht.
c. ...... er sich nicht hat anstrengen wollen, wird er diesmal nicht versetzt.
d. Der Lehrer zweifelt, ... ob seine Gruppe noch Fortschritte machen kann.
e. Er konnte nicht zum Unterricht kommen, ... er krank war.

Fiche 33

La proposition subordonnée relative

La construction de cette subordonnée est directement liée à l'emploi des pronoms relatifs.

	Masculin	Neutre	Féminin	Pluriel
N	*der*	*das*	*die*	*die*
A	*den*	*das*	*die*	*die*
D	*dem*	*dem*	*der*	***denen***
G	***dessen***	***dessen***	***deren***	***deren***

Les formes du pronom relatif sont identiques à celles de l'article défini à l'exception de 5 formes : le datif pluriel et les quatre formes du génitif.

Le genre et le nombre du pronom relatif sont donnés par l'antécédent.

Son cas est celui de la fonction qu'il occupe à l'intérieur de la proposition relative.

Der Ausländer, ***der*** *eine komische Aussprache hat, ist ein Engländer.*
antécédent masc. sing. — nom. (sujet)
L'étranger qui a une drôle de prononciation est anglais.

Der Bankdirektor, ***den*** *du dort siehst, raucht ab und zu französischen Tabak.*
acc. (c.o.d.)
Le directeur de la banque que tu vois là-bas fume de temps à autre du tabac français.

Der Student, ***dem*** *der Lehrer Erklärungen gibt, hat mit Grammatik Schwierigkeiten.* datif (c.o.s.)
L'étudiant, auquel (à qui) le professeur donne des explications, a des difficultés avec la grammaire.

Der Statist, ***dessen*** *Rolle winzig ist, beklagt sich bei dem Regisseur.*
gén. (complément du nom)
Le figurant **dont le rôle** est minuscule se plaint auprès du metteur en scène.

Die Kassiererin, ***deren*** *neue Kasse perfekt funktioniert, braucht nicht mehr zu rechnen.* Antécédent féminin sing., gén. sing.
La caissière **dont la nouvelle caisse** fonctionne parfaitement n'a plus besoin de calculer.

Les pronoms relatifs au génitif ***DESSEN*** et ***DEREN*** représentent un groupe nominal à part entière : ***dessen Rolle*** est comparable à ***seine Rolle***, ***deren Kasse*** à ***ihre Kasse***. Ces pronoms sont invariables et ne sont jamais suivis d'un déterminatif. Le groupe nominal peut très bien comporter un adjectif épithète.

*Die Beamten, **denen** die Verwaltung noch keine Gehaltserhöhung gegeben hat, wollen demonstrieren.*

Les fonctionnaires auxquels (à qui) l'administration n'a pas encore accordé d'augmentation de salaire, veulent manifester.

Il ne faut pas confondre un pronom relatif au génitif avec le complément d'un verbe tel que :

sprechen von ou ***träumen von*** ... (voir fiche 12 dans sphère du verbe).

*Der Freund, **von dem** du sprichst, wohnt jetzt in Spanien.*

L'ami dont tu parles, habite maintenant en Espagne.

*Die Ferien, **wovon** du träumst sind leider unerschwinglich.*

Les vacances dont tu rêves sont malheureusement inabordables.

Exercices

1. Complétez :

A.

a. Der Direktor, ... schon drei Firmen gehören, will eine weitere Firma aufkaufen.

b. Die Arbeiter, ... er eine Gehaltserhöhung versprochen hat, haben demonstriert.

c. Die Demonstranten, ... die Journalisten fotografiert haben, marschierten zum Ministerium, ... ihnen einen abschlägigen Bescheid gab.

d. Dann wendeten sich wieder an den Direktor, auf ...... sie ihre letzte Hoffnung setzten.

e. Die Stellen, um ...... sie sich bewerben, standen in den Zeitungsannoncen.

B.

a. Die Künstler, ... Bilder in der Galerie ausgestellt werden, sind noch unbekannt.

b. Der Hund, ... Leine gerissen war, lief seinem Herrn davon.

c. Das Schiff, ... Matrosen Franzosen sind, läuft gerade aus dem Hafen aus.

d. Die Kinder, ... Eltern sich Sorgen machen, brauchen Nachhilfestunden.

e. Der Junge, ... Freunde auf Nachrichten warteten, ließ endlich von sich hören.

C.

a. Das Kind, nach ...... die Polizisten seit zwei Tagen suchten, wurde unversehrt wiedergefunden.

b. Das Kind, um ...... sie sich kümmerten, war erst drei Jahre alt.

c. Die Polizisten, an ...... die Familie sich gewendet hatte, waren erleichtert.

d. Das Fest, zu ...... sie eingeladen wurden, fand im Freien statt.

e. Die Kollegen, mit ...... sie schon lange arbeiteten, freuten sich über ihren Erfolg.

f. Die Freunde, an ...... sie sich gern erinnerten, kamen aus der Provinz.

g. Die Fragen, auf ...... das Kind antworten musste, waren zu kompliziert.

2. Traduisez :

a. On commémora les attaques du 11 septembre dans tout le pays.

b. À New York, au Pentagone et à Shanksville en Pennsylvanie eurent lieu des cérémonies commémoratives auxquelles participa également le président des États-Unis Barack Obama.

c. À Shanksville, il déposa une couronne devant le monument de quarante colonnes sur lesquelles sont gravés les noms des femmes et des hommes du vol United 93.

Test de niveau
Fiches 30 à 33

Vérifiez vos réponses à l'aide du corrigé p. 251 et comptabilisez vos points.

1 *Ein Meteorologe hat untersucht,* ...... *Wahrheit in den Bauernregeln steckt.*

a. was b. weil c. wie viel d. da

2 ...... *die Ernte den Lebensunterhalt sicherte, waren die Bauern von Regen, Dürre, Sturm und Kälte abhängig.*

a. was b. wann c. wovon d. weil

3 *Deutschland ist die erste Industrienation der Welt,* ...... *bald keine Atomenergie nutzen will.*

a. der b. die c. das d. den

4 ...... *macht Birgit Prinz in ihrer Freizeit? Sie spielt Badminton oder geht mit ihrem Hund spazieren.*

a. was b. ob c. wann d. wie oft

5 **Complétez cette phrase.**

Nach Jahren, in ...... kaum jemand gefragt hat, unter ...... Umständen unser Essen produziert wird und ...... drin ist, interessieren sich immer mehr Deutsche für die Details der Nahrungsmittelherstellung.

Cette phrase signifie-t-elle :

Les Allemands se sont toujours interrogés sur la qualité et la composition de leurs aliments ?

Les Allemands s'intéressent de plus en plus à la qualité de leur nourriture ?

Les Allemands ne font pas particulièrement attention à ce qu'ils mangent ?

6 *In Deutschland wird erbittert darüber gestritten,* ...... *das richtige Rentenalter 60, 65 oder 70 ist.*

a. wie b. ob c. dass d. was

7 ...... *erfolgreich ist, sollte selbst entscheiden dürfen, wie lange er seinen Job ausüben will.*

a. was b. wenn c. wer d. der

8 *Derrick war eine bekannte deutsche Krimiserie,* ...... *von 1974 bis 1998 im deutschsprachigen Fernsehen lief.*

a. das b. die c. das d. der

9 ...... *hast du Angst? - Menschen zu verlieren, die mir wichtig sind.*

a. vor wem b. wovor c. wofür d. wovon

10 *Eine Frau,* ...... *man die Zahl der Jahre nicht ansieht.*

a. die b. der c. dem d. deren

11 *Für die Schreibarbeit sieht sich die Autorin gern in dem kleinen Salon,* ...... *die Eltern ihres Mannes einrichteten.*

a. das b. dem c. dessen d. den

12 ***Du kannst dir denken, ... ich böse bin.***

a. dass b. ob c. wenn d. was

13 **Traduisez :**

a. Für nichts und wieder nichts!
b. Das werde ich keinesfalls tun.
c. Ich habe kein Netz.
d. Es war kein Mensch da.

14 **Traduisez :**

a. Tu n'es plus un enfant.
b. Je n'en ai pas.
c. Il ne fait aucun progrès.
d. Il n'est absolument pas d'accord.

15 ***...... bist du mit deiner Arbeit?***

a. wie b. wie weit c. wie oft d. wo

16 **Traduisez :**

a. Nul ne le sait mieux que toi.
b. Il le sait mieux que personne.

17 ***Seine Pläne und das, ... er verwirklicht, das sind zwei Paar Stiefel.***

a. wie b. dass c. ob d. was

18 **Faites correspondre les bonnes traductions de la liste de droite aux phrases allemandes de la liste de gauche :**

a. Er hat sich nichts dabei gedacht.
b. Das kann er sich nicht denken!
c. Das hätte er sich denken können.

1. Il aurait dû s'en douter.
2. Il a fait ça sans réfléchir.
3. Cela l'étonnerait beaucoup.

19 ***Ich befürchte, ... er es erfährt.***

a. was b. ob c. dass d. das

20 ***Sag mir, ... von diesen Blumen die schönsten sind.***

a. was b. welche c. woher d. wo

Votre score ..../20

Appréciation du score :

de 18 à 20 : Bravo. Vous pouvez quand même parcourir le livre pour y découvrir quelques points méconnus, avant de passer à un niveau supérieur.
de 15 à 17 : C'est bien, mais il y a encore quelques lacunes. Travaillez les fiches concernées.
de 12 à 15 : Pas mal, mais une révision systématique s'impose pour clarifier la situation.
de 8 à 11 : Vous n'êtes pas au niveau, il y a trop d'incertitudes.
au-dessous de 8 : Reprenez tout à la base, lentement et systématiquement.

La subordonnée temporelle : *BIS, SEITDEM (SEIT), SOBALD, SOLANGE, SOOFT, WÄHREND*

Fiche 34

1 *WENN, ALS, WANN*

la subordonnée temporelle est souvent introduite par l'une des deux conjonctions ***WENN*** ou ***ALS*****,** ou encore par le pronom interrogatif ***WANN***. Il convient donc de bien différencier l'emploi spécifique de l'un ou de l'autre de ces éléments car en fonction du sens exprimé, il y a donc trois possibilités d'exprimer « **quand** ».

Elle est également introduite par d'autres conjonctions (2. et 3. ci-dessous).

A. ***WENN*** (quand, à chaque fois que), il s'agit d'un événement répétitif :

> ***Wenn*** *ich die Nachrichten im Fernsehen höre, muss ich mich aufregen.*
> Quand (à chaque fois que) j'entends les nouvelles à la télévision, je ne peux m'empêcher de m'énerver.

WENN est généralement suivi du présent de l'indicatif, parfois du futur.

Toutefois, ***WENN*** est associé au prétérit lorsque l'on souhaite indiquer qu'un événement du passé s'est reproduit très souvent :

> *Wir* ***fuhren*** *immer mit der Straßenbahn,* ***wenn*** *wir die Oma besuchen wollten.*
> On prenait toujours le tramway quand (à chaque fois que...) nous voulions rendre visite à la grand-mère.

B. ***ALS*** (quand, le jour où, la fois unique où, lorsque).

Il s'agit d'un fait unique qui s'est produit dans le passé proche ou plus reculé. ***ALS*** est associé au prétérit.

> ***Als*** *ich vor einem Monat in Wuppertal war, habe ich zufällig einen alten Freund getroffen.*
> Lorsqu'il y a un mois, j'étais à Wuppertal, j'ai rencontré par hasard un vieil ami.

C. ***WANN?***

Il est toujours interrogatif, donc placé au début de la phrase :

> ***Wann*** *hast du Geburtstag?*
> Quand fêtes-tu ton anniversaire ?

Mais il sert également pour introduire une proposition interrogative indirecte :

> *Wir möchten wissen,* ***wann*** *du Geburtstag hast.*
> Nous voudrions savoir quand tu fêtes ton anniversaire.

Remarques :

1. il ne faut pas confondre ***WENN*** temporel (quand...) et ***WENN*** conditionnel (si...) (*cf.* fiche 35).

2. Il ne faut pas confondre le pronom interrogatif ***WANN*** et ***WENN*** conjonction de subordination, qui traduisent tous les deux « quand ».

2 BEVOR, NACHDEM

A. ***BEVOR*** (avant de, avant que...)

Bevor es zu spät ist, solltest du dem Direktor schreiben.
Avant qu'il ne soit trop tard, tu devrais écrire au directeur.

Attention : Contrairement au français, l'allemand n'envisage pas la construction **infinitive avec *BEVOR*.** Il est nécessaire de construire une subordonnée. Il y a concordance des temps entre la principale et la subordonnée.

Bevor du das Spielfeld betrittst, musst du dein Trikot anziehen.
Avant d'entrer sur le terrain, tu dois mettre ton maillot.

Du machtest immer deine Hausaufgaben, bevor du ins Bett gingst.
Tu faisais toujours tes devoirs avant d'aller te coucher.

Räum dein Zimmer auf, bevor deine Großeltern kommen.
Range ta chambre avant la venue de tes grands-parents.

B. ***NACHDEM*** (après que, après avoir...)

L'action de la subordonnée étant antérieure à celle de la principale, le problème de la concordance des temps se pose avec l'utilisation de ***NACHDEM***.

De même que pour ***BEVOR***, ***NACHDEM*** ne s'emploie pas dans une proposition infinitive.

*Nachdem er gegessen hat, **legt** er sich hin.*
Après avoir déjeuné, il fait la sieste.

La principale est au présent, la subordonnée avec ***NACHDEM*** sera au parfait, il y a une antériorité de l'action de manger par rapport à la sieste.

*Nachdem sie sich etwas ausgeruht **haben**, **machen** sie sich auf den Weg.*
Après s'être un peu reposés, ils se mettent en route.

*Nachdem er gegessen **hatte**, **legte** er sich hin.*
Après avoir déjeuné, il faisait la sieste.

La principale est au **prétérit**, la subordonnée avec ***NACHDEM*** est au **plus-que-parfait**.

*Nachdem sie sich etwas ausgeruht **hatten**, **machten** sie sich auf den Weg.*
Après s'être un peu reposés, ils se mirent en route.

Il est important de différencier ***BEVOR*** conjonction de ***VOR***, préposition (+ acc./dat.) et également ***NACHDEM***, conjonction de ***NACH***, préposition + dat. Il existe aussi ***VORHER***, d'abord, et ***NACHHER***, ensuite, qui sont adverbes de temps.

3 BIS, SEITDEM (SEIT), SOBALD, SOLANGE, SOOFT, WÄHREND

A. ***BIS*** (jusqu'à ce que...)

Er muss warten, bis die Eltern zurückkommen.
Il doit attendre le retour de ses parents

ou : jusqu'à ce que ses parents rentrent.

Bis sie wieder zu Hause sind, dauert es noch gut zwei Stunden.

Il y en a bien encore pour deux heures avant qu'ils ne rentrent.

BIS, préposition, a le sens de **jusqu'à** :

Zähle von zehn bis zwanzig!

Compte de dix à vingt !

B. *SEITDEM* ou ***SEIT*** (depuis que...)

Seitdem der Kanzler an die Regierung gekommen ist, sind die Steuern angestiegen.

Depuis l'arrivée du chancelier au gouvernement

ou : depuis que le chancelier est arrivé au gouvernement, les impôts ont augmenté.

Attention : Ne pas confondre ***SEITDEM*** ou ***SEIT*** conjonctions, avec ***SEIT***, préposition suivie du datif : *Seit einer Woche regnet es.* Il pleut depuis une semaine.

C. *SOBALD* (dès que...)

Sobald das Konzert zu Ende ist, stürzen sich die Fans auf den Sänger.

Dès la fin du concert, les fans se précipitent sur le chanteur.

ou : dès que le concert est fini...

D. *SOLANGE* (tant que...)

Solange er krank war, ist sie bei ihm geblieben.

Tant qu'il a été malade, elle est restée près de lui.

E. *SOOFT* ((à) chaque fois que...)

Sooft ich im Café sitze, diskutieren wir über Politik.

Chaque fois que je suis au café, nous discutons de politique.

F. *WÄHREND* (pendant que, tandis que)

Während sie die Zeitung liest, spielt er Geige.

Pendant qu'elle lit le journal, il joue du violon.

Il y a deux actions parallèles qui sont rapportées. Le temps de la principale sera identique à celui de la subordonnée.

Il ne faut pas confondre ***WÄHREND***, conjonction (pendant que...) avec ***WÄHREND***, préposition suivie du génitif.

*Während **der** Geldkrise.* Pendant la crise monétaire.

Exercices

1. *Als* ou *wenn* ?

a. …… er sie nach drei Jahren wiedersah, erkannte er sie nicht.
b. Wir machen eine Radtour, …… das Wetter sonnig ist.
c. …… der Teich zugefroren ist, laufen wir Schlittschuh.
d. Meine Mutter platzte vor Wut, …… die Nachricht erfuhr.
e. …… Pinocchio eine Lüge erzählte, bekam er immer eine rote Nase.

2. Traduisez :

a. Lorsqu'elle passa le bac, elle eut peur de ne pas être à la hauteur.
b. Nous prenons toujours une lampe de poche quand nous rentrons tard le soir.
c. Quand l'automne vient, les hirondelles s'en vont.
d. Quand il apprit l'accident, il courut directement à l'hôpital.

3. *Bevor* ou *nachdem* ?

a. …… die Eltern zurückkommen, räumen die Kinder ihr Zimmer auf.
b. …… sie ihr Zimmer aufgeräumt haben, toben sie herum.
c. …… du den Text verstanden hast, kannst du ihn erst interpretieren.
d. …… die Kinder in die Schule gehen, sollen sie gut frühstücken.
e. …… er die ganze Nacht getanzt hatte, hatte er großen Durst.

4. Traduisez :

a. Après avoir dîné, ils allèrent au cinéma.
b. Avant de partir en Allemagne, il acheta un dictionnaire bilingue.
c. Après avoir vu l'exposition sur Dürer, il ne parle plus que de *Ritter, Teufel und Tod.*
d. Après avoir quitté le lycée, il commença un apprentissage.
e. Avant d'appeler Peter, tu dois te renseigner à quel numéro tu peux le joindre.
f. Avant de faire une longue route, vérifie le niveau d'huile de la voiture.

5. Complétez par la conjonction qui convient :

a. Du kannst bleiben, …… du magst.
b. …… ich bei dem Verletzten blieb, rief mein Freund um Hilfe.

c. Ich fühle mich viel besser, …… ich die Kur gemacht habe.
d. …… der Angestellte seinen Dienst um 9 Uhr antrat, faulenzte der Direktor den ganzen Vormittag.
e. …… er nach Hause kommt, will er sofort essen.
f. Warte, …… ich komme.

6. Traduisez :

a. Les groupes d'opposition les plus importants font savoir qu'ils ne participeront pas aux discussions tant que le régime fait tirer sur les manifestants pacifiques.
b. Pendant qu'au sud de l'Allemagne le marché du travail offre à tous des emplois, Berlin annonce toujours pratiquement 14 % de chômeurs.
c. Il y a des gens qui jettent tout ce dont ils n'ont pas besoin. Ils se débarrassent même des livres dès qu'ils les ont lus.

La subordonnée conditionnelle

Elle est introduite par ***WENN***. ***Wenn*** permet d'exprimer trois sortes d'hypothèses :

- l'hypothèse réaliste ;
- l'hypothèse momentanément irréaliste ;
- l'hypothèse qui n'a pu être réalisée et qui suscite un regret.

1 L'hypothèse réaliste

Wenn du im Januar nach Paris fährst, vergiss nicht ins Louvre Museum zu gehen!
Si tu vas à Paris en janvier, n'oublie pas d'aller au musée du Louvre.

La proposition subordonnée est au présent, il en est de même de la principale en allemand. Cette dernière peut être également au futur, mais le futur est d'une manière générale un temps assez peu employé en allemand :

Wenn ich in Paris bin, werde ich allerlei Museen besichtigen.
Quand je serai à Paris, je visiterai toutes sortes de musées.

2 L'hypothèse irréaliste au moment où les propos sont tenus, mais réalisable dans l'absolu

Wenn wir Zeit und Geld ***hätten***, ***würden*** *wir eine Weltreise* ***machen***.
Si nous avions du temps et de l'argent, nous ferions le tour du monde.

On exprime ce type d'hypothèse au moyen du **subjonctif II** dans les deux propositions. Dans la principale, on emploie généralement la forme en : ***WÜRDE*** + infinitif :

Wir würden viel reisen,...

Dans la subordonnée on fait de même, sauf lorsque l'on conjugue les auxiliaires ***HABEN*** et ***SEIN*** et les auxiliaires de mode. En effet, ceux-ci se mettent directement au subjonctif II, soit la forme de leur prétérit + ¨ :

ich hatte (pret) → *ich* ***hätte*** (j'aurais),
ich war (pret) → *ich* ***wäre*** (je serais),
ich konnte (prêt.) → *ich* ***könnte*** (je pourrais) etc.

Il y a deux exceptions à cela : ***SOLLEN*** et ***WOLLEN*** ne prennent pas d'inflexion au subjonctif II.

Mais on dira :

Wenn ich eine Weltreise machen würde, würde ich viel fotografieren.
Si je faisais le tour du monde, je ferais beaucoup de photos.

Il est possible, surtout dans la langue littéraire, de supprimer ***WENN***. Dans ce cas, le verbe conjugué de la subordonnée se trouvera en **1re place** et la principale sera la plupart du temps précédée de ***DANN***. La suppression de ***WENN*** ne change aucunement le sens de la proposition.

> *Würdest du uns zum Flughafen fahren, dann wären wir weniger gestresst.*
> Si tu nous conduisais à l'aéroport, nous serions moins stressés.

3 L'hypothèse qui n'a pu être réalisée et qui suscite un regret

> *Wenn wir diese Nachricht bekommen hätten, wären wir nicht in Deutschland geblieben.*
> Si nous avions été au courant de cette nouvelle, nous ne serions pas restés en Allemagne.

On exprime ce type de regret au moyen du subjonctif II passé (irréel).

En supprimant ***WENN*** :

> *Hätten wir diese Nachricht bekommen, dann wären wir nicht in Deutschland geblieben.*

> *Wenn unsere Nachbarn im Lotto gewonnen hätten, hätten sie uns zu einem großen Fest eingeladen.*
> Si nos voisins avaient gagné au loto, ils nous auraient invités à une grande fête.

Le subjonctif II passé se forme à partir d'un des deux auxiliaires ***HABEN*** ou ***SEIN*** au subjonctif II (***HÄTTE, WÄRE***) suivi du participe passé fort ou faible du verbe conjugué : *gewusst (wissen), geflogen (fliegen), gewonnen (gewinnen), eingeladen (einladen)*, etc.

Exercices

1. Formez des phrases pertinentes en réunissant un élément de chaque colonne :

1. Wenn ich weiß, wo du deine Ferien verbringst,	a. würde er eingreifen.
2. Wenn wir das früher gewusst hätten,	b. könnten wir ausschlafen.
3. Wenn er am Morgen länger schliefe,	c. besuche ich dich.
4. Wenn die Nachbarn in der Nacht weniger Lärm machen würden,	d. würde er eine Arbeit ohne Schwierigkeit finden.
5. Wenn er Diplome hätte,	e. wären wir nicht so früh gekommen.
6. Wenn wir ein Auto hätten,	f. würden wir öfter ins Grüne fahren.
7. Wenn er mich nicht recht-zeitig hätte erreichen können,	g. komme ich gern zu deinen Eltern mit.
8. Wenn du willst,	h. wäre er bestimmt besserer Laune.
9. Wenn ich nicht krank gewesen wäre,	i. würden wir jetzt in der Tinte sitzen.
10. Wenn es nötig wäre,	j. hätte ich gern an der Wande-rung teilgenommen.

2. Traduisez :

a. Si j'avais le temps, je lirais davantage de livres.
b. Si elle restait un an de plus en France, elle maîtriserait mieux la langue.
c. Si tu m'avais donné assez d'argent, j'aurais pu aller au théâtre.
d. Si tu viens demain, j'achèterai des gâteaux.
e. Si tu m'avais prévenu plus tôt de tes projets, nous aurions loué une villa à la mer.

3. Traduisez :

a. Si les Américains, les canadiens et les Danois peuvent assouplir ou supprimer la date de leur départ à la retraite, pourquoi n'en est-il pas ainsi chez nous ? Laissez-nous travailler plus longtemps !
b. Si seulement elle était là ! Nous pourrions aller au bord de la mer, nous remettre de nos émotions.
c. S'il y a peu de circulation d'air, les quartiers densément construits sont exposés à d'importantes sources de pollution.
d. Hätten die Flugzeuge der NATO den Kampf der Aufständischen gegen Gadaffi nicht unterstützt, wäre ein Sieg nicht möglich gewesen.

e. Hätte der türkische Präsident Abdullah Gül wegen einer Bombendrohung eine geplante Rede in der Berliner Humboldt-Universität nicht absagen müssen, hätte er von der Geschichte der deutsch-türkischen Beziehungen gesprochen.

La subordonnée concessive et la subordonnée comparative

1 La subordonnée concessive

OBWOHL (bien que) : En allemand cette subordonnée est suivie de **l'indicatif.**
On a recours à la subordonnée concessive pour exprimer une restriction :

Obwohl er nicht viel verdient, hat er sich ein kleines Auto leisten können.
Bien qu'il ne gagne pas beaucoup, il a pu s'offrir une petite voiture.

En français cette tournure appelle l'emploi du subjonctif.

On trouve également comme équivalent immédiat de ***obwohl***, la conjonction ***OBGLEICH***.

Obgleich sie alle von Kalifornien träumen, können sie nicht dorthin fahren.
Bien qu'ils rêvent tous de la Californie, ils ne peuvent s'y rendre.

Un certain nombre de locutions invariables expriment aussi la concession.

Elles occupent une **place 0** dans la construction de la phrase. Le verbe de la proposition principale garde sa place 2 dans la phrase.

***Was auch sein mag**, wir machen ihm unseren Standpunkt klar.*
***Wie dem auch sei**, wir machen ihm unseren Standpunkt klar.*
Quoi qu'il en soit, nous lui exposerons notre point de vue.

Les formulations sont identiques et véhiculent le même sens ainsi que pour :

***So** klug er **auch ist**, er hat die Lösung nicht finden können.*
***So** klug **er auch sein mag**, er hat die Lösung nicht finden können.*
Aussi malin qu'il soit, il n'a pu trouver la solution.
***Du magst noch so** überlegen, du kannst das Rätsel nicht lösen.*
Tu as beau réfléchir, tu ne pourras pas trouver la solution de l'énigme.

La locution ***ES SEI DENN*** (à moins que), est en apposition :

*Ich warte noch einen Tag, **es sei denn**, du kannst heute Abend kommen.*
J'attends encore un jour, à moins que tu puisses venir ce soir.

2 La subordonnée comparative

On la forme à l'aide de l'expression ***TUN, ALS OB...*** (faire semblant de, faire comme si...). Cette expression exige une forme verbale au **subjonctif II ou au subjonctif I.**

*Die Regierung **tut, als ob** die Arbeitslosen keine Probleme **hätten**.*
Le gouvernement fait comme si les chômeurs n'avaient pas de problèmes.
*Meine Freunde **tun, als ob** es keine finanzielle Krise **gäbe**.*
Mes amis font comme s'il n'y avait pas de crise financière.

Exercices

1. Reliez les deux propositions en transformant l'une d'elles en proposition subordonnée concessive :

a. Er hat kein Geld – Er geht trotzdem ins Kino.
b. Die Straßen sind vereist – Aber er muss schnell nach Hause.
c. Niemand glaubt an seinen Erfolg – Dennoch hat er eine Goldmedaille errungen.
d. Ich wollte ihm helfen – Er wünschte aber keine Unterstützung.
e. Er hat sich Mühe gegeben – Er ist jedoch durchgefallen.
f. Sie beeilte sich sehr – Trotzdem versäumte sie den Zug nach Berlin.
g. Sie lebten wie Könige – sie verdienten jedoch nicht viel Geld.
h. Ich will es nicht glauben – Man versichert mir, dass er ein Spezialist ist.
i. Sie ist gar nicht müde – Sie hat die ganze Nacht kein Auge zugemacht.
j. Das Kind bekam viele Spielzeuge – Es war trotzdem damit nicht zufrieden.

2. Traduisez :

a. Quoi qu'il fasse, elle n'est jamais contente.
b. Quoi qu'il arrive, tu peux compter sur moi.
c. Il a beau être très riche, elle ne veut pas l'épouser.
d. Aussi fort qu'il soit, il n'a pas eu de médaille.
e. Quoi qu'il en soit, je m'en tiens à mon opinion.
f. Qui qu'elle soit, elle ne me fait pas peur.
g. Aussi belle soit-elle, elle ne me plaît pas.
h. Je viendrai demain à moins qu'il ne pleuve.
i. Je n'irai pas à la soirée à moins qu'elle ne m'accompagne.
j. Je serai à l'heure à moins que je ne trouve pas mon chemin.

3. Traduisez :

a. Que ce soit les Pyrénées, le Maroc, l'Honduras, les Balkans ou le Canada, des chemins de fer il y en a partout.
b. Si Poutine doit revenir au Kremlin, il lui faudra expliquer non seulement à l'occident, mais aussi à son propre peuple, pourquoi Medvedev ne peut rester plus longtemps président alors qu'il n'a commis aucune erreur grave et qu'il a dirigé de façon tout à fait acceptable la Russie durant les années de crise économique.

Fiche 37

La subordonnée infinitive

Dans ce type de subordonnée, l'élément verbal ***ZU*** va servir de marque du groupe infinitif. Dans le cas d'un verbe comportant un préverbe (***fern****sehen*), ***ZU*** se place **entre le préverbe et la base verbale.** La proposition principale et la subordonnée sont séparées par **une virgule**.

Wir haben Lust, in dieses Konzert ***zu*** *gehen.*
Nous avons envie d'aller à ce concert.

Habt ihr auch vor, nächste Woche ins Theater mitzukommen?
Avez-vous aussi l'intention d'aller au théâtre avec nous la semaine prochaine ?

Il existe plusieurs types de subordonnées infinitives. Elles sont introduites par ***UM...ZU*** (pour) proposition infinitive de but, ***ANSTATT...ZU*** (au lieu de), ***OHNE...ZU*** (sans). Le sujet de la proposition principale et de la subordonnée est le même. Les compléments de l'infinitif se placent entre les locutions et l'élément verbal ***ZU***.

Ich gehe nie in diese Buchhandlung, ***um*** *Bücher* ***zu*** *kaufen.*
Je ne vais jamais dans cette librairie pour acheter des livres.

La question interrogative ***WOZU?*** (dans quel but ?), entraîne une réponse comportant la tournure ***UM...ZU*** :

Wozu seht ihr jeden Abend fern?
Dans quel but (pourquoi ?) regardez-vous la télévision tous les soirs ?

Um auf dem Laufenden zu sein.
Pour rester au courant des nouvelles.

Wir haben eine Ausstellung besucht, ***anstatt*** *Einkäufe in der Stadt zu machen.*
Nous avons été à une exposition, au lieu de faire des achats en ville.

Er ist plötzlich weggegangen, ohne irgendeine Erklärung zu geben.
Il est parti soudainement sans donner une quelconque explication.

La subordonnée peut être mise en place 1 dans la phrase dans tous ces énoncés : le verbe conjugué de la proposition principale reste toujours bien en place 2 :

Ohne irgendeine Erklärung zu geben, ist er plötzlich weggegangen.

N.B. : La traduction de « pour, afin de... » peut également être rendue par ***DAMIT***. Mais dans ce cas, la proposition principale et la subordonnée ont chacune leur propre sujet :

<u>Seine Familie</u> hat ihn nach Frankreich geschickt, damit <u>er</u> Französisch lernen kann.
Ses parents l'ont envoyé en France pour qu'il apprenne le français.

Il en est de même pour ***OHNE DASS*** et ***ANSTATT DASS***.

Mein Nachbar hat mein Auto gefahren, ohne dass ich es gemerkt habe.
Mon voisin a conduit ma voiture, sans que je m'en aperçoive.

Exercices

1. Transformez la deuxième proposition en proposition infinitive :

a. Er freut sich / ins Kino gehen
b. Sie hat vor / in München studieren
c. Sie schlagen vor / heute Abend in die Kneipe gehen
d. Sie haben Lust / im Sommer nach Italien fahren
e. Die Polizisten haben die Absicht / ihrem Dienst nachkommen

2. Reliez les élèments des deux colonnes que l'on peut associer :

1. Er fährt mit der Straßenbahn,
2. Er ist ins Café gegangen,
3. Sie ist begabt genug,
4. Sie gehen in den Matheunterricht,
5. Er hat einen Walzer gespielt.
6. Er döst vor sich hin
7. Christa geht in den Supermarkt
8. Er hat seinen Entschluss gefasst,
9. Du gehst auf den Flohmarkt
10. Er wählte diese Methode,

a. anstatt mir zuzuhören.
b. um die Übung zu verstehen.
c. ohne eine Fahrkarte zu lösen.
d. anstatt einen Tango zu spielen.
e. um Waschpulver zu kaufen.
f. ohne sie darüber zu informieren.
g. ohne die Aufgaben geschrieben zu haben.
h. anstatt in die Schule zu gehen.
i. um sich auf das Examen vorzubereiten.
j. um dir eine alte Wanduhr anzuschaffen.

3. Construisez une proposition infinitive avec *damit* ou *um … zu* :

a. Die Eltern geben dem Kind Geld; das Kind soll sich Bücher kaufen.
b. Sie hat viel Geld gespart; sie will sich einen Smart kaufen.
c. Er hat Nachhilfestunden nötig; er will ein gutes Zeugnis haben.
d. Sie erinnert ihn an den Termin beim Arzt; er soll ihn nicht vergessen.
e. Der Arzt untersucht das Baby; er will feststellen, woran es leidet.

4. Traduisez :

a. Il voulait aller au musée au lieu d'aller au cinéma.
b. Il visita l'exposition sans acheter le catalogue.
c. Le professeur emmène les élèves au théâtre pour qu'ils voient la nouvelle mise en scène.
d. Il était fier de montrer sa collection de timbres.
e. Il tape ses textes pour qu'ils soient lisibles.

La proposition qualificative (participiale)

C'est une figure de style que l'on rencontre plus à l'écrit qu'à l'oral. Le schéma de la proposition relative sert à construire cette proposition :

Das Blatt, das auf den Rasen fällt, ist ein Kastanienbaumblatt.
La feuille qui tombe sur la pelouse, est une feuille de châtaignier.

Das Blatt, das von diesem Baum gefallen ist, ist ein Kastanienbaumblatt.
La feuille qui est tombée de cet arbre est une feuille de châtaignier.

Der Schmuck, der von Einbrechern gestohlen wurde, war aus Gold.
Le bijou volé par les cambrioleurs était en or.

Le verbe de la subordonnée relative se transforme en participe 1 (présent : ***FALLEND***) pour une action en cours ou en participe 2 (passé : ***GEFALLEN***) pour une action passée ou passive. Ce participe devient adjectif épithète du substantif auquel il se rapporte. Il se décline en fonction du type de déterminatif qui le précède (*cf.* le groupe nominal fiche 15). L'ordre des mots dans une proposition qualificative est le même que celui de la proposition relative. On obtient alors la construction suivante :

déterminatif + complément de l'épithète + épithète + substantif

- participe 1 :
  Das auf den Rasen fallende Blatt *ist ein Kastanienbaumblatt.*
- participe 2 :
  Das von diesem Baum gefallene Blatt *ist ein Kastanienbaumblatt.*
  Der von Einbrechern gestohlene Schmuck *war aus Gold*

Dans une qualificative, les quatre verbes suivants ***STEHEN, LIEGEN, SITZEN, HÄNGEN***, prennent la forme du participe 1.

Das große Bild, das an der Wand hängt, gefällt mir nicht.
Das an der Wand hängende Bild gefällt mir nicht.
Le tableau accroché au mur ne me plaît pas.

Die Katze, die unter dem Tisch liegt, ist eine Siamkatze.
Die unter dem Tisch liegende Katze ist eine Siamkatze
Le chat couché sous la table est un siamois.

Attention : Lorsque le verbe ***LIEGEN*** exprime une situation géographique, il est employé dans la qualificative sous la forme du participe 2 :

Das Dorf, das im Grünen liegt = das im Grünen gelegene Dorf.
Le village situé en pleine nature.

Exercices

1. Remplacez les propositions relatives par le participe présent ou passé selon le cas :

a. Das Gehalt, das man versprochen hat
b. Die Stadt, die bombardiert wurde
c. Der Schlüssel, den ich verloren hatte
d. Ein Lärm, der stört
e. Die Schauspielerin, die singt

2. Insérez dans les phrases transformées de l'exercice précédent un des compléments suivants :

a. dem Nachtwächter
b. im Krieg
c. gestern
d. die Nachbarn
e. eine schöne Melodie

3. Traduisez :

a. Einige wegen der Prüfung zitternde Studenten.
b. Der von dem Einbrecher gestohlene Schmuck.
c. Eine mit viel Mühe gelernte Lektion.
d. Ein die Nachbarn störender Lärm.
e. Das im Korb liegende Kätzchen.

4. Transformez les participiales en relatives :

a. Der um 10 Uhr abfahrende Zug fährt nach Bonn über Duisburg.
b. Die gestern angefangene Arbeit haben wir zu Ende bringen können.
c. Ich habe einen von Luther in Latein geschriebenen Text übersetzt.
d. Die im Zug laut sprechenden Fahrgäste stören die anderen Fahrgäste.
e. Die im Herbst von den Bäumen fallenden Blätter haben oft schöne Farben.

5. Traduisez :

a. Au Cambodge, après de violentes précipitations, deux cents touristes encerclés par les eaux, ont été évacués par hélicoptère.
b. Des centaines de membres emprisonnés de l'organisation clandestine ETA ont appelé leurs amis politiques libres à renoncer à la violence.
c. Après 20 ans dans le couloir de la mort, Troy Davis condamné pour le meurtre d'un policier, a été exécuté par injection.

Comment traduire « en » + participe présent

Il y a de nombreuses manières d'exprimer cette tournure en allemand.

A. Si le participe présent français n'a pas de complément, on emploiera le **participe présent allemand :**

Er kam lachend herbei. Il s'approcha en riant.

B. Si le participe présent a un complément, on construit une seconde proposition coordonnée par ***UND***.

Er kam herbei und grüßte alle Freunde.

Il s'approcha en saluant tous les amis.

C. On peut recourir également à la **proposition relative** quand il s'agit d'une description.

Ein Mann kam herbei, der viele Sprachen konnte.

Un homme parlant plusieurs langues s'approcha.

D. Lorsque « **en** » exprime le fait que **deux actions se produisent simultanément**, celui-ci se traduira différemment en fonction du sens de la proposition.

ALS *wir die Nachricht erfuhren, haben wir alle geweint.* En apprenant la nouvelle (au moment où...), nous avons tous pleuré.

WÄHREND *sie Radio hört, strickt sie einen Pullover.* En écoutant la radio, elle tricote un pullover. *Während* indique ici qu'elle écoute de façon prolongée.

*Ich lese die Zeitung und trinke **DABEI** eine Cola.* En lisant le journal, je bois un Coca. *Dabei* ne précise pas d'indication de durée.

BEIM *Turnen hat er sich den Fuß verstaucht.* En faisant de la gymnastique, il s'est foulé le pied. (Le verbe, ici sous sa forme substantivée, n'a **pas de complément**).

Er hat beim Kochen das Haus in Brand gesteckt. Il a mis le feu à la maison en cuisinant.

INDEM *man Vokabeln lernt, kann man die Fremdsprache besser sprechen.* En apprenant du vocabulaire, on parle mieux la langue. (Ici ***INDEM*** indique le moyen (au moyen de)).

E. Si une **hypothèse** est exprimée, on recourt à la subordonnée avec ***WENN*** :

Wenn wir gut Deutsch sprechen, können wir eine Arbeit in Köln finden.

En parlant bien allemand, on peut trouver un travail à Cologne.

F. À l'écrit on trouve souvent le **participe présent employé seul** lorsque ce dernier n'a pas de complément :

*Er grüßte **lächelnd** seine Mitarbeiter.* Il salua ses collaborateurs en souriant.

G. Utilisé avec le verbe ***KOMMEN*, le participe 2 (passé)** d'un verbe exprimant un mouvement se traduira en français par « **en** » + participe présent :

Er kam ***geschwommen, gelaufen.*** Il arriva en nageant, en courant.

H. Parfois le verbe allemand de la proposition se rend en français par « **en** » + participe présent, et c'est la proposition allemande ou la particule qui permet de traduire le verbe de la proposition française.

Er ist ***durch*** *den Wald* ***gerannt*** *(gelaufen).* Il a traversé la forêt en courant.

Sie ist an der Schule ***vorbeigefahren.*** Elle est passée devant l'école en voiture (en roulant).

Exercices

1. Traduisez :

a. Er verließ den Saal und grüßte alle Teilnehmer der Sitzung.
b. Beim Essen hat er sich einen Zahn gebrochen.
c. Er liest Comics und dabei isst er ein Butterbrot.
d. Sie waren alle verdutzt, als sie die Nachricht im Radio hörten.
e. Es strömte. Er kam zum Treffpunkt gelaufen.
f. Bist du heute Morgen an dem Rathaus vorbeigefahren?
g. Heulend verschwand er hinter der Tür.
h. Sie tat sich weh, indem sie das Feuer löschen wollte.
i. Wenn man geschickt ist, kann man sehr schön basteln.
j. Indem du fleißig die Grammatik übst, verbesserst du dein Deutsch.

2. Complétez :

a. ...... Spielen hat er sich weh getan.
b. ...... Thomas den Hörer auflegte, erinnerte er sich nicht mehr an die Adresse.
c. ...... du schnell fährst, gehst du ein Risiko ein.
d. ...... Sie mit dem Video gearbeitet hat, hat sie Fortschritte gamacht.
e. ...... Spülen singt er immer *„0 Freude"*.
f. Er ging weg ...... wünschte jedem einen angenehmen Abend.
g. Warum kommst du weinen...... zu uns?
h. Man kann die moderne Kunst verstehen, ... man viele Ausstellungen besucht.
i. ...... Singen hat seine Stimme plötzlich versagt.
j. ...... die Kinder morgen fernsehen, werden sie etwas über die Titanic erfahren.

3. Traduisez :

a. Nos amis entrèrent en riant.
b. En supposant votre accord, nous espérions une réponse positive.
c. Concernant la dernière livraison, nous voudrions vous exprimer notre déception.
d. On rendit hommage aux sportifs en leur donnant des médailles.
e. En faisant du ski, il oublie ses soucis.

Le discours indirect

Fiche 40

Utiliser le discours indirect, c'est rapporter les paroles ou les intentions d'une tierce personne qui s'est exprimée au discours direct. Il y a donc obligatoire ment un changement **de pronoms** personnels qui s'opère et l'apparition d'une **proposition subordonnée**, introduite ou non par ***DAß*.** De fait, la ponctuation change.

1 La transposition au discours indirect

Lorsqu'on opère une transposition au discours indirect, il faut bien comprendre qu'il n'y a **pas de concordance des temps** entre la principale et la subordonnée de style direct et que le temps de transposition est le **subjonctif I**.

Observons :

Discours direct	Discours indirect
Rolf sagt (ou : sagte, hat gesagt) : „Ich bin froh"	*Rolf sagt, sagte, hat gesagt,* ***dass*** *er froh* ***sei.*** *er* ***sei*** *froh.* Subjonctif I présent
„Ich war froh" *ou : „Ich war froh gewesen"*	*Rolf sagt, daß er froh* ***gewesen sei.*** *er* ***sei*** *froh* ***gewesen.*** Subjonctif I passé
„Ich werde froh sein"	*Rolf sagt, daß* *er froh* ***sein werde.*** *er* ***werde froh sein.*** Subjonctif I futur.

De même pour :

„Es geht mir gut". — *Rolf sagt, es gehe* ***ihm*** *gut.*
„Es ging mir gut". — *Rolf sagt, es sei ihm gut gegangen.*
„Es ist mit gut gegangen". — *Rolf sagt, es sei ihm gut gegangen.*
„Es wird mir gut gehen". — *Rolf sagt, es werde ihm gut gehen.*

Cas particulier : Il arrive que la transposition de l'indicatif au subjonctif I pose problème comme dans l'exemple suivant :

- **Discours direct :** *Die Kinder sagen: „Wir haben frei"* = présent de l'indicatif.
- **Discours indirect :** *Die Kinder sagen, sie haben frei.* = présent du subjonctif I.

Comme la forme du subjonctif I ne se différencie pas de celle de l'indicatif, on a recours au présent du subjonctif II : *Die Kinder sagen, sie* ***hätten*** *frei.*

On obtiendra ainsi la correspondance suivante :

Discours direct	**Discours indirect**	
Indicatif présent	Subjonctif I	Subjonctif II
Wir haben frei présent	*Sie haben frei* présent	*Sie* ***hätten*** *frei* présent
Wir hatten frei *Wir haben frei gehabt* prétérit ou parfait	*Sie haben frei gehabt* passé	*Sie* ***hätten*** *frei gehabt* passé
Wir werden frei haben futur	*Sie werden frei haben* futur	*Sie würden frei haben* futur

Discours direct	**Discours indirect**	
Indicatif présent *Wir singen*	Subjonctif I *Sie singen* = indicatif présent →	Subjonctif II *Sie* ***sängen***
Indicatif parfait *Wir haben getantzt*	Subjonctif I *Sie haben getanztt* = indicatif parfait →	Subjonctif II *Sie* ***hätten getanzt***
Indicatif futur *Wir werden anrufen*	Subjonctif I *Sie werden anrufen* = indicatif futur →	Subjonctif II *Sie* ***würden anrufen***

2 La transposition des formes interrogatives :

Si la question du discours direct est globale, on a recours à ***OB*** :

- D.D. : *Die Dame fragte den Studenten: „**Wünschen Sie** noch ein Glas Wein?“*
- D.I. : *Die Dame fragte den Studenten, **ob** er noch ein Glas Wein **wünsche**.*

Si la question du discours direct est partielle, on utilise le pronom interrogatif de la question :

- D.D. : *Die Dame fragte den Studenten:*
  „Was wünschen Sie?“
  „Wie kommen Sie nach Hause zurück?“
  „Wann haben Sie wieder Ferien?“
- D.I. : *Die Dame fragte den Studenten, **was** er wünsche.*
  *, **wie** er nach Hause zurückkomme.*
  *, **wann** er wieder frei habe.*

3 Le cas de l'impératif

Si la phrase du discours direct contient une forme impérative, on utilise au discours indirect soit l'auxiliaire ***SOLLEN***, soit ***MÖGEN***, en fonction du caractère de la demande qui est faite :

- D.D. : *Der Student antwortete der Dame: „Bringen Sie mir noch ein Glas Wein!“* **(ordre)**
- D.I. : *Der Student antwortete, sie* ***solle ihm*** *ein Glas Wein bringen.*
- D.D. : *Der Student antwortete der Dame: „Bringen Sie mir bitte noch ein Glas Wein!“* **(demande aimable)**
- D.I. : *Der Student antwortete, sie* ***möge*** *ihm ein Glas Wein bringen.*

Remarque : il faut garder en mémoire qu'il n'existe **aucune correspondance** des temps en français et en allemand.

Die Dame fragte den Studenten, was er wünsche.
La dame demanda à l'étudiant ce qu'il souhaitait.

Dans la réalité conversationnelle, les Allemands emploient de plus en plus des formes verbales au subjonctif II lorsqu'ils transposent le discours direct au discours indirect.

Mais à l'écrit le subjonctif I est de mise, surtout dans la presse et la littérature :

Sie hat uns versichert, daß ihr Sohn nächste Woche nach Hause ***käme*** (à la place de : ***komme***).
Elle nous a assurés que son fils reviendrait à la maison la semaine prochaine.

On emploie ce discours pour rapporter les paroles, les propos et les intentions exprimées au discours direct par un tiers. Le fait de rapporter un discours entraîne un changement de perspective : les pronoms personnels et les adjectifs possessifs diffèrent ainsi que certains adverbes de temps et de lieu qui ne coïncident pas avec le temps et le lieu de celui qui les rapporte. Le discours indirect est introduit dans une proposition subordonnée avec ou sans ***DASS***. Il faut également veiller à la ponctuation.

Alors qu'en français le passage d'un discours à l'autre exige une concordance des temps, en allemand il n'y a pas de règle concordance de temps. Les verbes sont conjugués au **subjonctif I** sauf cas particulier. Le passé du subjonctif I correspond à la fois au prétérit, au parfait et au plus-que-parfait de l'indicatif. Il n'y a pas au style indirect de concordance des temps entre la principale et la subordonnée. La subordonnée est, théoriquement, introduite par ***DASS***, mais en fait cette conjonction est souvent sous-entendue, le verbe conjugué étant alors en deuxième place.

Si les formes du subjonctif I se confondent avec celles de l'indicatif, on recourt au subjonctif II de la manière suivante :

Discours direct	Discours indirect	
Indicatif présent *Wir singen*	Subjonctif I *Sie singen* = indicatif présent →	Subjonctif II *Sie* ***sängen***
Indicatif parfait *Wir haben getantzt*	Subjonctif I *Sie haben getanzt* = indicatif parfait →	Subjonctif II *Sie* ***hätten getanzt***
Indicatif futur *Wir werden anrufen*	Subjonctif I *Sie werden anrufen* = indicatif futur →	Subjonctif II *Sie* ***würden anrufen***

5 L'interrogation dans le discours indirect

Dans le cas où le discours direct contient des interrogatives globales, la transposition au discours indirect nécessite l'emploi de la conjonction ***OB*** :

- D.D. : *Die Kellnerin fragte den Studenten: „Wünschen Sie noch ein Glas Wein?"*
- D.I. : *Die Kellnerin fragte den Studenten, **ob** er noch ein Glas Wein **wünsche**.*

Si les questions du discours direct sont partielles, on utilise le pronom interrogatif de la question :

Ex. : D.D. : *Die Dame fragte den Studenten:*
*„**Was** wünschen Sie?"*
*„**Wie** kommen Sie nach Hause zurück?"*
*„**Wann** haben Sie wieder Ferien"*

Ex. : D.I. : *Die Dame fragte den Studenten, **was** er **wünsche**, **wie** er nach Hause **zurückkomme**, **wann** er wieder Ferien **habe**.*

4 Le cas de l'impératif

Si la phrase du discours direct contient une forme impérative, on utilise au discours indirect soit l'auxiliaire ***SOLLEN,*** soit ***MÖGEN***, en fonction du caractère de la demande qui est faite.

Ex.: D.D. : *Der Student antwortete der Dame: „Bringen Sie mir **noch** ein Glas Wein!"* **(ordre)**
D.I. : *Der Student antwortete, sie **solle** ihm ein Glas Wein bringen.*

Ex. : D.D. : *Der Student antwortete der Dame: „Bringen Sie mir **bitte** noch ein Glas Wein!"* **(demande aimable)**
D.I. : *Der Student antwortete, sie **möge** ihm ein Glas Wein bringen.*

Remarque : il faut garder en mémoire qu'il n'existe **aucune correspondance des temps en français et en allemand** :

Die Dame fragte den Studenten, was er wünsche.
La dame demanda à l'étudiant ce qu'il souhaitait.

Dans la réalité conversationnelle, les Allemands emploient de plus en plus des formes verbales au subjonctif II lorsqu'ils transposent le discours direct au discours indirect. Mais à l'écrit, le subjonctif I est de mise.

Ex.: *Sie hat uns versichert, daß ihr Sohn nächste Woche nach Hause **käme** (**komme**).*
Elle nous a assurés que son fils reviendrait à la maison la semaine prochaine.

Exercices

1. Transposez le discours direct en discours indirect :

a. Die Experten behaupten: „Die unmittelbaren wirtschaftlichen Schäden der Anschläge vom 11.September werden offiziell auf 60 Milliarden geschätzt. Doch die Folgekosten sind ungleich höher.

Die wirtschaftlichen Schäden, die der islamische Terror bislang der Weltwirtschaft zugefügt hat, lassen sich natürlich nicht exakt berechnen.

Die Anschläge vom 11.September haben die Welt verändert.“

b. Dina El-Mamoun, Jemenexpertin von Amnesty International, erklärt: „Die Gesellschaft ist männerdominiert, aber die einflussreichen NGOs in den großen Städten werden von Frauen geleitet.“

Eine Frau erklärt auf einer Demo: „Ali-Abdullah Saleh wird nie mehr zurück an die Macht kommen. Wir werden ihn und seine Leute vor Gericht anklagen, weil sie so viele Demonstranten auf dem Gewissen haben.“

Amal Basha, die Vorsitzende der Menschenrechtsorganisation SAF, sagt: "Im Jemen haben die Frauen viele Gründe zu demonstrieren. Die Analphabetenquote liegt bei 70 Prozent. Nirgends sterben so viele Frauen bei der Entbindung und nirgends werden so viele Mädchen zwangsverheiratet. Es sind die Frauen, die am meisten unter dem traditionellen System im Jemen leiden.“

2. Transposez le discours indirect en discours direct :

Aus einem Magazin: "Am 22.August seien plötzlich graue Wolken aus dem Süden gekommen. Niemand habe darauf geachtet. Viele Touristen hätten in der Sonne gelegen oder seien am Ufer entlang spazieren gegangen. Die Kinder hätten Ball gespielt oder im warmen Wasser gebadet. Im Nu sei der Himmel schwarz geworden und es habe gedonnert. Jeder habe Angst vor den Blitzschlägen bekommen und habe versucht, so schnell wie möglich den Strand zu verlassen. Zwei Stunden lang habe es stark geregnet. Es sei das erste Mal gewesen, dass ein solcher Sturm so heftig in dieser Gegend gewütet habe. Hoffentlich werde so etwas nie wieder geschehen.“

3. Mettez au discours indirect :

Peter erkundigt sich am Bahnhofsschalter:
"Was kostet die Hinfahrt nach Wien? Wie lange dauert die Reise? Gibt es Studentenermäßigungen für die Reise mit dem Zug?

Fahren die Züge von München direkt nach Wien? Warum muss ich einen Sitzplatz reservieren? Darf mein Hund kostenlos mitfahren?"

4. Même exercice avec des formes impératives :

Peter sagt zum Beamten am Schalter:
"Ich will also gern eine Fahrkarte lösen. Geben Sie mir eine Hinfahrkarte nach Wien! Reservieren Sie mir aber bitte einen Sitzplatz!"

5. Traduisez :

Il nous a écrit la semaine dernière qu'il viendrait nous voir dès que possible. Il ne sait pas s'il pourra se libérer de bonne heure le vendredi soir, mais il fera de son mieux.

La modalisation des énoncés

Fiche 41

Dans une perspective dynamique du langage, les adverbes ou « modalisateurs » donnent aux énoncés une tonalité particulière. L'ajout dans une phrase d'une particule ou d'un modalisateur modifie le contenu du message que livre l'énonciateur et indique sa position personnelle. Il s'agit souvent d'affirmations, d'exclamations, de questions, voire d'ordres.

A. On peut classer **les particules** en fonction de leur sens premier :

- **La surprise, l'étonnement : *ABER, JA, DENN***

  Du bist groß, tu es grand. *Du bist aber groß*, mais comme tu es grand (comme tu as grandi !) !

  *Wo bleibt sie **denn**?* Mais que fait-elle ? (où est-elle donc ?)

  *Was habt ihr **denn**?* Mais qu'est-ce qu'il vous arrive ? *Seid ihr **denn** verrückt geworden?* Auriez-vous perdu la tête ?

- **La justification : *AUCH***

  *Er trägt keine Brille, darum sieht er **auch** so schlecht.* Il n'a pas de lunettes, pas étonnant qu'il voie si mal.

- **La demande inquiète : *BLOß***

  *Wo ist denn **bloß** mein Führerschein?* Mais où ai-je mis mon permis de conduire ?

  *Was kann da **bloß** passiert sein?* Qu'est-ce qui a bien pu se passer ?

- **La confirmation : *DOCH***

  *Ich zögere, aber ich will **doch** lieber die Apfeltorte.* J'hésite, mais je prendrai quand même la tarte aux pommes.

- **L'incontournable : *EBEN***

  *Das ist **eben** nicht mehr zu ändern,* (le problème) c'est qu'on ne peut plus rien y changer.

  *Das ist **eben** so,* c'est comme ça (et pas autrement).

- **L'assertion : *EIGENTLICH***

  ***Eigentlich** heiße ich Bernard, aber jeder nennt mich Bernd.* En fait (à vrai dire), je m'appelle Bernard, mais tous m'appellent Bernd.

  *Hast du etwas dagegen? **Eigentlich** nicht, aber…* As-tu quelque chose contre ? Pas vraiment, mais...

- **L'évidence : *EINFACH***

  *Das ist ganz **einfach** logisch.* C'est tout simplement logique.

- **L'opinion hypothétique : *ETWA***

  *Ist sie **etwa** krank?* Elle est peut-être malade ?

  *Hast du **etwa** (vielleicht) im Lotto gewonnen?* Aurais-tu par hasard gagné au loto ?

- **L'acceptation, la conviction, le bon sens : *SCHON***

  *Das ist **schon** gut.* Ça va bien comme ça.

  *Sie werden **schon** anrufen.* Ils finiront bien par téléphoner.

  *Wer glaubt das **schon**?* Qui peut bien croire ça ?

- **L'exclamation, la conviction, le renforcement : *JA***

  *Das ist **ja** rührend.* C'est vraiment touchant !

  *Ich glaube dir **ja**!* C'est sûr, je te crois.

  *Sie ist **ja** faul.* Qu'est-ce qu'elle est paresseuse !

- **L'injonction : *MAL***

  *Gib mir **mal** das Telefonbuch!* Donne-moi l'annuaire !

  *Guck **mal**!* Regarde !

- **L'assertion, l'interrogation : *ÜBERHAUPT***

  *Er ist **überhaupt** sehr angenehm.* C'est quelqu'un vraiment agréable.

  *Wo warst du **überhaupt** so lange?* Mais où étais-tu si longtemps ?

  *Kannst du **überhaupt** singen?* Sais-tu au moins chanter ?

- **L'expectatif, le désir ferme : *VIELLEICHT***

  ***Vielleicht** ist jetzt bald Schluss.* Espérons que c'est bientôt fini.

  *Würdest du **vielleicht** endlich mal pünktlich sein.* Est-ce que tu pourrais un jour enfin d'être à l'heure !

- **La restriction : *WENIGSTENS***

  *Das hättest du uns **wenigstens** sagen können!* Tu aurais pu au moins nous le dire !

- **L'opinion, le sentiment personnel : *WOHL***

  *Das kann man **wohl** sagen!* Ça on peut le dire !

  *Du bist **wohl** verrückt!* Mais tu es fou !

B. Les adverbes appréciatifs renforcent le discours, ils l'atténuent ou le renforcent et expriment la position du locuteur : ***ANGEBLICH***, prétendument, ***BEKANNTLICH***, comme on le sait, ***BESONDERS***, particulièrement, ***DURCHAUS***, tout à fait, ***EIGENTLICH***, au fait, ***ENDLICH***, enfin, ***GEWISS***, assurément, ***OFFENSICHTLICH***, à l'évidence, ***SCHLIEßLICH***, finalement, ***TATSÄCHLICH***, effectivement, ***VERMUTLICH***, probablement, ***WIRKLICH***, réellement, ***ZWEIFELLOS***, sans aucun doute.

*Dieser Roman ist **zweifellos** der spannendste, den ich je gelesen habe.*
C'est sans aucun doute le roman le plus palpitant que j'ai jamais lu.

*Sie ist **angeblich** die beste Tennisspielerin der Mannschaft.*
Elle est soi-disant (à ce qu'on dit) la meilleure joueuse de l'équipe de tennis.

*Das ist **eigentlich** alles, was er machen konnte.*
C'est, à vrai dire, tout ce qu'il pouvait faire.

*Er hat mir **endlich** einen langen Brief geschrieben.*
Il a fini par m'écrire une longue lettre.

C. Les verbes de modalité ont également cette fonction dans le discours : leur emploi permet d'exprimer des nuances parfois très subtiles exprimées par le locuteur (*cf.* les verbes modaux).

*Sie **muss** reich sein* = c'est une **certitude** : elle ne peut qu'être riche.

*Sie **mag** reich sein* = c'est une **probabilité** : elle est sans doute riche.

*Sie **kann** reich sein* = c'est une **possibilité** : il se peut qu'elle soit riche.

*Sie **soll** reich sein* = c'est une **rumeur** : on dit qu'elle est riche.

*Sie **will** reich sein* = c'est une **affirmation** : elle prétend être riche.

Notez également :

***Anscheinend** ist Vater mit dem Moped ins Büro gefahren.*
Apparemment notre père est parti travailler en vélomoteur.

*Ich habe **dummerweise** mein Handy im Büro liegenlassen.*
J'ai bêtement oublié mon portable au bureau.

*Sie haben uns **freundlicherweise** (**netterweise**) ins Konzert gebracht.*
Ils nous ont fort aimablement emmenés au concert.

***Glüclicherweise** ist niemand bei dem Unfall ums Leben gekommen.*
Heureusement personne n'est mort dans l'accident.

Bedauerlicherweise**, **leider (malheureusement) : *Bedauerlicherweise müssen wir das Examen um eine Woche verschieben.*
Nous devons malheureusement repousser l'examen d'une semaine.

*Er war in der Schule **sozusagen** Mädchen für alles:*
Il servait pour ainsi dire de bonne à tout faire à l'école.

Exercices

1. Quel est selon vous le modalisateur qui convient pour traduire les phrases suivantes ?
schon – doch – aber – ruhig – etwa

a. C'est bien possible : Das ist .... möglich.
b. Pas de souci, on va bien trouver le chemin : Keine Sorge! wir finden .... den Weg.
c. Comment ? Anton ne vient pas ? Mais non, il l'avait dit. Wieso? Anton kommt nicht? Aber nein, er hat es .... gesagt.
d. Merci pour le cadeau, c'est vraiment gentil à vous. Danke für das Geschenk, das ist .... nett von euch!
e. Tu peux essayer, mon ordinateur ne marche pas. Du kannst .... probieren, mein Computer funktioniert nicht.
f. Qui peut bien chanter des choses pareilles ? Wer singt .... sowas?
g. Aurais-tu fumé par hasard ? Hast du .... geraucht?

2. À partir des adjectifs suivants, formez un adverbe en *-erweise* et donnez leur traduction :

a. vernünftig :
b. dumm :
c. glücklich :
d. merkwürdig :
e. freundlich :
f. bedauerlich :
g. seltsam :
h. nett :
i. unerklärlich :

3. Traduisez les phrases suivantes :

a. Mais tu n'es pas malade !
b. La vie, c'est comme ça !
c. Continue tranquillement ta lecture !
d. C'est tout simplement crétin.
e. C'est vraiment pas banal.
f. En fait, il est peintre en bâtiment.
g. Arrête de raconter n'importe quoi !
h. Achète-toi donc un autre crayon !
i. Tu as vidé la bouteille ? Mais j'avais soif !
j. Est-ce que par hasard tu restes jusqu'à minuit ?

4. Traduisez en français :

a. Da hast du aber mal Glück gehabt.
b. Du weißt doch, dass sie mir böse ist.
c. Ich werde mich schon rächen.
d. Wenn er nur mehr Geld nach Hause bringen würde!
e. Das ist aber wahnsinnig!
f. Siehst du, es hat doch nicht geschneit.
g. Der Bus wartet nicht, also mach schon!
h. Sie ist aber alt geworden.
i. Er weiß immer besser.
j. Du findest die Übung leicht? Dann mach sie eben allein!

Test de niveau
Fiches 34 à 41

Test d'entrée | Test 1 | Test 2 | Test 3 | Test 4 | Test 5 | Test 6 | **Test 7** | Test Bilan

Vérifiez vos réponses à l'aide du corrigé p. 251 et comptabilisez vos points.

1 Quel verbe de modalité peut remplacer *braucht* dans la phrase suivante ?
Er braucht mich nicht zu begleiten, wenn er keine Lust dazu hat.
a. soll b. darf c. muss d. kann

2 ...... *die Gäste ihre Freizeit genießen, beachtet das Personal ihre Anforderungen.*
a. um b. damit c. obwohl d. als

3 ...... *die Rentner ihre Freiheit genießen, haben sie viel gearbeitet.*
a. nachdem b. ob c. bevor d. weil

4 *Cem Özdemir war der erste Bundestagsabgeordnete türkischer Abstammung,* ...... *er 1994 ins Parlament einzog.*
a. wenn b. wann c. als d. da

5 *In jeder Gesellschaft gibt es ein Ausbildungssystem, ein Schulsystem, eine Arbeitswelt – darin muss man sich integrieren,* ...... *man in der Gesellschaft vorankommt.*
a. um b. was c. ob d. damit

6 ...... *andere Kinder am Vormittag in einem Klassenraum sitzen, werden Richard und Georg von ihren Eltern unterrichtet.*
a. während b. seit c. damit d. wo

7 *Vor zwei Jahren initiierte Winkelmüller das erste Seminar für Kriegskinder: „Es war,* ...... *würde eine lange verschlossene Tür aufgestoßen."*
a. wenn b. als c. sobald d. wann

8 *9.September 2011: Seit elf Wochen lebt eine Kuh, Yvonne, in einem Wald in Niederbayern und niemand kann sie fangen!*
Auch Kühe haben Träume. Yvonne büxte aus. ...... *im Unterholz blieb, kümmerte sich niemand um das Tier.*
a. als b. solange c. damit d. wenn

9 *Doch* ...... *sich Yvonne am 29.Juli aus dem Dickicht wagte, nahm die Geschichte eine Wendung.*
a. wann b. wenn c. als d. damit

10 ...... *die Kuh nicht doch noch einen Fehler macht und einen Menschen attackiert, werden Zäune zwischen dem Wald und der Straße gezogen und das Tempolimit auf 30 Kilometer pro Stunde gesenkt.*
a. um b. damit c. da d. da

11 ...... *das statistische Bundesamt in Wiesbaden mitteilte, betrug im Juni die Erwerbslosenquote der Menschen im Alter zwischen 15 und 24 Jahren 9,1 Prozent.*
a. da b. wenn c. wie d. seit

12 *Es wirkt, ... würden sie durchs Wasser fliegen, die Schwimmer, die bei der WM in Shangai durchs Becken gleiten.*
a. ob b. auch wenn c. als d. als ob

13 *Hast du was dagegen, ... ich gehe?*
a. ob b. wenn c. da d. bis

14 *...... sie müde ist, arbeitet sie noch.*
a. obwohl b. weil c. wenn d. da

15 *Gerade ...... ich gehen wollte, begann es zu regnen.*
a. wenn b. als c. dass d. ob

16 *Der Tod vom Apple-Gründer bewegt die Welt. US-Präsident Barack Obama erklärte, die Welt ...... einen Visionär verloren.*
a. hat b. hätte c. habe d. hatte

17 *Je nachdem, ... er entscheidet, fliegen wir nach Venedig.*
a. bis b. seit c. wie d. dass

18 *Es wird lange dauern, ... er es merkt.*
a. bevor b. wann c. seit d. bis

19 *...... es Nacht wird, gehe ich ins Bett.*
a. nachdem b. sobald c. als d. damit

20 *Er hat nicht herausbekommen, ... der Bus abfährt.*
a. wenn b. als c. wann d. wie lange

Votre score ..../20

Appréciation du score :

de 18 à 20 : Bravo. Vous pouvez quand même parcourir le livre pour y découvrir quelques points méconnus, avant de passer à un niveau supérieur.
de 15 à 17 : C'est bien, mais il y a encore quelques lacunes. Travaillez les fiches concernées.
de 12 à 15 : Pas mal, mais une révision systématique s'impose pour clarifier la situation.
de 8 à 11 : Vous n'êtes pas au niveau, il y a trop d'incertitudes.
au-dessous de 8 : Reprenez tout à la base, lentement et systématiquement.

SECTION 4

LES FONCTIONS LANGAGIÈRES

L'autorisation, l'accord

Fiche 42

ERLAUBEN

um Erlaubnis bitten (a, e)	demander l'autorisation
ich erlaube dir,...	je t'autorise
ich gebe dir die Elaubnis	je te donne l'autorisation
es ist erlaubt,...zu	il est permis de...
ich lasse es zu, dass...	j'autorise que
ich gebe meine Zustimmung.	je donne mon approbation
ich willige ein, dass...	j'adhère, je souscris à
ich gebe meine Einwilligung	je donne mon consentement
ich ermögliche es dir,...	je te permets (rends possible)
ich gestatte dir,...	je te permets
ich habe nichts dagegen	je n'ai rien contre
ich bin damit (mit etwas) einverstanden	je suis d'accord
ich gebe (dir) mein Eiverständnis	je donne mon accord
ich unterstütze diesen Plan	j'apporte mon soutien à ce plan
ich lasse dir freie Hand	je te laisse carte blanche
ich teile deine Meinung	je partage ton avis
ich bin dafür	je suis pour
abgemacht!	marché conclu !

Exemples :

Ich erlaube dir, in die Disko zu gehen.
Je t'autorise à aller en boîte.
Ich lasse es aber nicht zu, daß du allein am Abend nach Hause kommst.
Mais je n'accepte pas que tu rentres seul(e) le soir à la maison
Zu diesem Projekt gebe ich dir meine Zustimmung.
Tu as mon accord pour ce projet.
Es ist den Studenten gestattet, in der Mensa zu rauchen.
Les étudiants sont autorisés à fumer à la cantine.
Der Direktor ist mit allem einverstanden.
Le Directeur est d'accord avec tout.

L'interdiction, le désaccord

VERBIETEN

ich verbiete dir,...	je t'interdis
es ist verboten,... zu	il est interdit de...
es ist untersagt	c'est interdit
ich bedaure, aber...	je regrette, mais...
es tut mir leid, aber...	je suis désolé, mais...
ich bin nicht dazu berechtigt,...	je n'ai pas le droit de...
es kommt nicht in Frage	il n'en est pas question
es ist ausgeschlossen!	c'est exclu !
auf keinen Fall!	en aucun cas !
es ist nicht zugelassen,...	il n'est pas permis...
es ist untersagt,...	il est interdit...
ich stelle mich gegen diese Entscheidung	je m'oppose à cette décision
ich kann diesem Plan nicht zustimmen = ich stimme diesem Plan nicht zu	je ne peux donner mon accord à ce plan
er steht dem Plan skeptisch gegenüber	il émet des réserves vis-à-vis du plan
ich weigere mich, diese Entscheidung zu treffen	je refuse de prendre cette décision
rechne nicht mit mir!	ne compte pas sur moi !
ich mache nicht mit	je me retire
ich bin nicht einverstanden	je ne suis pas d'accord
ich bin nicht dieser Meinung	je ne suis pas de cet avis
ich bin anderer Meinung	j'ai un autre avis

Exemples :

Ich kann nicht zulassen, daß die Schüler in den Korridoren rauchen.
Je ne peux accepter que les élèves fument dans les couloirs.
Die Lehrerkonferenz hat das Versetzen aller Schüler zugestimmt.
Le conseil de classe a accordé le passage en classe supérieure à tous les élèves.
Per Anhlater nach Berlin fahren! Auf keinen Fall!
Aller en stop à Berlin ! En aucun cas !
Ich stelle mich gegen diesen Vorschlag.
Je m'oppose à cette proposition.
Er weigert sich, dass sein Sohn per Anhalter fährt.
Il refuse que son fils fasse du stop.
Der Arzt untersagt mir, Sprudelwasser zu trinken.
Le médecin m'interdit de boire de l'eau gazeuse.

Le souhait, le regret

Fiche 44

A. *WÜNSCHE ÄUßERN* (exprimer des souhaits)

ich möchte...	j'aimerais...
ich hätte gern...	
ich hätte lieber	je préférerais
ich hätte am liebsten	
ich habe einen Wunsch:	j'ai un souhait :
ich habe eine Bitte:	j'ai une demande (à faire)
ich bitte Sie darum,...	je vous demande de...
können Sie mir...?	pouvez-vous me... ?
wäre es möglich,...	serait-il possible...
wenn es möglich wäre,...	si c'était possible,...
es wäre toll, wenn...	ce serait formidable si...
darf ich...?	puis-je... ?
ich habe Lust	j'ai envie...

B. *BEDAUERN* (regretter)

leider	malheureusement
ich kann leider nicht	je ne peux malheureusement pas
es tut mir leid,...	je regrette
Sie tun uns leid, aber...	vous nous peinez, mais...
es ist aber schade,...	c'est dommage
wie schade!	comme c'est dommage !
	quel dommage !
Wir bedauern, dass...	nous regrettons de....
Zu meinem Bedauern	à mon grand regret
Wenn wir das gewußt hätten!	si nous l'avions su !
Wäre er doch pünktlich gekommen!	si seulement il était arrivé à l'heure !

Exemples :

Ich bitte Sie darum, mich freundlich anzureden
Je vous demande de bien vouloir me parler aimablement.
Er hat Lust auf ein Bier.
Il a envie d'une bière.
Es tut mir leid, dass ich dir nicht helfen kann.
Je regrette de ne pouvoir t'aider.
Zu meinem Bedauern fiel die Vorlesung aus.
À mon grand regret, la conférence n'a pas eu lieu.
Ich bedaure, aber ich kann deine Bitte nicht erfüllen.
Je regrette, mais je ne peux pas répondre à ta demande.

Fiche 45

Avoir l'intention, préférer

A. *BEABSICHTIGEN*

ich will, möchte...	je veux, j'aimerais...
ich denke....	je pense...
etwas vorhaben = etwas beabsichtigen	avoir l'intention de
Pläne machen	faire des projets
etwas planen	projeter de
die Absicht haben,...	avoir l'intention de
es liegt in meiner Absicht,...	j'ai l'intention de...

B. *VORZIEHEN*

am liebsten spiele ich...	je préfère jouer...
ich ziehe es vor,... zu spielen	
mir gefällt dieser Sport besser	je préfère ce sport
ich bevorzuge,... zu	ce que j'aime (par dessus tout)
mein Lieblingsport ist...	mon sport préféré, c'est...
meine Lieblingsbeschäftigung ist...	mon occupation favorite

Exemples :

Ich habe vor/beabsichtige meine Sommerferien in Spanien zu verbringen.
J'ai l'intention, (j'envisage) de passer mes vacances d'été en Espagne.
Es lag nicht in meiner Absicht, sie zu beleidigen.
Je n'avais pas l'intention de l'offenser.
Er hat die Absicht, ein Haus auf dem Land zu kaufen.
Il a l'intention d'acheter une maison à la campagne.
Haben Sie nichts vor? Vous n'avez rien de prévu ?
Für übermorgen ist eine Stadtrundfahrt vorgesehen.
Une visite de la ville est prévue pour après-demain.

Was ziehen Sie vor? Que préférez-vous ?
Was gefällt Ihnen am besten? Qu'est-ce qui vous plaît le plus ?
Mir ist es lieber, wenn... Je préfère quand...
Ich halte dieses für besser als jenes.
Je considère que ceci est mieux que cela.
Er mag lieber Fleisch als Fisch.
Il préfère la viande au poisson.

L'obligation, la possibilité

A. *DIE VERPFLICHTUNG*

wir müssen das erledigen	nous devons régler cela
du musst unbedingt etwas tun	du dois absolument faire quelque chose (il faut que tu...)
er soll keine schweren Sachen tragen	il ne doit pas porter de (obligation extérieure) choses lourdes
er hat die Pflicht,...	il est dans l'obligation de....
ich bin verpflichtet,...	je me vois obligé de...
sie sind gezwungen,...	ils sont obligés de....
es wird von uns erwartet, dass	on attend de nous que...
das ist Pflicht	c'est obligatoire
das ist obligatorisch	

B. *DIE MÖGLICHKEIT*

ich kann dir jetzt helfen	je peux t'aider à présent
es ist möglich, dass...	il est possible que...
es ist mir nicht möglich,...	il ne m'est pas possible...
es ist höchst wahrscheinlich,...	il est fort probable que...
es ist gut möglich,...	il est bien possible...
es besteht die Möglichkeit, dass...	il a une chance que...
Sie haben viele Möglichkeiten	vous avez de nombreuses possibilités
ich werde mein Mögliches tun	je ferai mon possible
sie hat alles Mögliche versucht	elle a tout essayé
es gibt mehrere mögliche Situationen	il y a plusieurs situations possibles

Exemples :

ich fühle mich verpflichtet,...	je me sens obligé de...
ich bin ihm sehr verpflichtet	je lui suis très obligé (reconnaissant)
die Möglichkeit ist vorhanden	la possibilité existe
kannst du morgen nach Möglichkeit früher kommen?	peux-tu venir plus tôt demain en fonction des tes possibilités ?
es ist wohl möglich,...	c'est bien possible...

La peur, le doute

Fiche 47

A. *DIE ANGST*

ich habe Angst vor ihm (+ dat.)	j'ai peur de lui
ich bekomme Angst	
das macht mir Angst	cela me fait peur
er hat Angst um ihn	il a peur pour lui
sie hat Angst um ihre Stelle	elle craint pour son poste
ich fürchte, dass...	je crains que...
ich mache mir Sorgen	je me fais des soucis
ich befürchte sein Urteil	je crains son jugement
er flößt mir Angst ein	il me fait peur
ich sterbe vor Angst	je suis mort de peur
diese Worte erschrecken mich	ces paroles m'effraient
ich bin von Panik erfasst worden	j'ai été saisi de panique
ich war sehr erschrocken	j'ai eu (j'avais) très peur

B. *DER ZWEIFEL*

einen Zweifel haben	avoir un doute
es unterliegt keinem Zweifel	il n'y a aucun doute
es besteht kein Zweifel, dass...	on ne peut douter que
es steht außer Zweifel, dass...	il est hors de doute que
ich zweifle nicht daran	je n'en doute pas
er zweifelt an sich (dat) sehr	il doute beaucoup de lui-même
ich bezweifle, dass sie kommt	je crains qu'elle ne vienne pas
sie zögert noch	elle hésite encore

Exemples :

es ist schwer zu sagen,...	il est difficile de dire
wir haben das Gefühl, dass...	nous avons le sentiment que
wir wagen keine Diagnose zu stellen	nous n'osons pas faire de diagnostic
mit ihnen weiß man ja nie	avec eux on ne sait jamais
oft kommen mir Zweifel	j'ai souvent des doutes
es könnte sein, dass...	il se pourrait que
es ist gut möglich, dass...	il est bien possible que
ich kann mich nur schwer entscheiden	la décision m'est difficile à prendre
ich will nicht behaupten, dass...	je ne veux pas affirmer que

La surprise, la satisfaction, la réserve

Fiche 48

A. *DIE ÜBERRASCHUNG*

das ist aber unerwartet	c'est tout à fait inattendu
das ist unglaublich!	c'est incroyable
es ist kaum zu glauben	c'est à peine croyable !
es kann doch nicht möglich sein!	pas possible !
das darf doch nicht wahr sein!	je n'arrive pas à le croire !
wer hätte das gedacht!	qui aurait pu penser cela
ich war angenehm überrascht	je fus agréablement surpris
es ist erstaunlich	c'est étonnant

B. *DIE ZUFRIEDENHEIT*

wir sind mit Ihnen zufrieden	nous sommes contents de vous
Ihre Arbeit ist augezeichnet	votre travail est parfait
Sie haben gute Arbeit geleistet	vous avez fait du bon travail
er ist stolz auf Ihre Leistung	il est fier de votre performance
man konnte das von Ihnen erwarten	on pouvait s'attendre à cela de votre part
Sie haben die Situation sehr gut geregelt	vous avez très bien manœuvré
Sie haben die Arbeit sorgfältig ausgeführt	vous avez accompli votre travail avec minutie
das gefällt mir sehr	cela me plaît beaucoup
wir fühlen uns hier sehr wohl	nous nous sentons très bien ici

C. *DIE EINSCHRÄNKUNG*

wir würden nicht sagen,...	nous ne saurions dire...
in gewisser Hinsicht	dans une certaine mesure
abgesehen von...	mis à part, excepté...
im Rahmen unserer Möglichkeiten...	dans la limite de nos possibilités
bis zu einem gewissen Grad	jusqu'à un certain point
dieses passt uns, es sei denn...	ceci nous convient, à moins que
soweit ich das beurteilen kann,...	pour autant que je puisse en juger

Exemples :

das Gewitter hat uns alle überrascht	l'orage nous a tous surpris
es ist genau, wie ich es mir gewünscht habe	c'est exactement ce que je souhaitais
sehr gut? soweit würde ich nicht gehen	très bien ? je n'irais pas jusque-là

Fiche 49

Formuler une demande

UM ETWAS BITTEN

Verzeihung, Entschuldigung,	excusez-moi (formule courte)
verzeihen Sie mir, entschuldigen Sie mich	excusez-moi
können Sie, könnten Sie...?	pouvez-vous, pourriez-vous... ?
können Sie mir bitte sagen, wo...	pouvez-vous me dire où...
kann mir jemand sagen, wo...	quelqu'un peut-il me dire où...
weiß jemand, wie?	quelqu'un sait-il comment... ?
könnten Sie mir einen Gefallen tun?	pourriez-vous me rendre un service ?
würden Sie mir bitte helfen?	m'aideriez-vous à... ?
wäre es (Ihnen) möglich...?	vous serait-il possible... ?
ich habe (hätte) eine Bitte an Sie	j'ai une demande à vous faire
ich möchte Sie etwas fragen	j'aimerais vous demander quelque chose
wissen Sie zufällig...	savez-vous par hasard...
wie komme ich am besten von hier dahin?	comment puis-je aller le plus facilement d'ici à là-bas ?
gibt es hier...?	y a-t-il ici... ?
es wäre nett, wenn Sie...	ce serait aimable (gentil) de...
wären Sie so freundlich und...	auriez-vous l'amabilité de... ?
können Sie mir einen Rat geben?	pouvez-vous me donner un conseil ?

Exemples :

Ich bitte Sie um Geduld, Aufmerksamkeit.
Je vous demande de la patience, de l'attention.

Ich will Sie (auf + acc.) aufmerksam machen...
Je veux attirer votre attention sur...

Darf ich mir erlauben, Sie danach zu fragen, ob...?
Puis-je me permettre de vous demander si... ?

Entschuldigen Sie die Störung...
Excusez-moi de vous déranger...

Hätten Sie etwas dagegen, wenn...?
Verriez-vous un inconvénient à... ?

Fiche 50

Se présenter, exprimer ses sentiments

A. *SICH VORSTELLEN*

mein Name ist... ich heiße..., ich bin...	je m'appelle...
ich möchte Ihnen meinen Freund vorstellen	j'aimerais vous présenter mon ami
darf ich Ihnen... vorstellen?	puis-je vous présenter... ?
darf ich Sie mit... (dat) bekanntmachen?	
kennen Sie schon Herrn ...?	avez-vous déjà rencontré Monsieur Y ?
Wie heißen Sie mit Vornamen?	quel est votre prénom ?
und Ihr Familienname, bitte?	et votre nom de famille, s'il vous plaît ?
es freut mich sehr, Sie kennenzulernen	je suis très heureux de faire votre connaissance

B. *SEINE GEFÜHLE AUSDRÜCKEN*

ich finde ihn (sie) sympathisch, nett	je le (la) trouve sympathique
ich kann sie nicht leiden	je ne peux pas la sentir
er fühlt sich hier sehr wohl	il se sent bien ici
es gefällt uns sehr gut hier	nous nous plaisons beaucoup ici
es ist genau, wie ich es mir gewünscht habe	c'est exactement ce que je souhaitais
das ist unglaublich, nicht möglich!	c'est incroyable, pas possible !
ich bedauere, dass...	je regrette que...
ich finde es schade, dass...	je trouve dommage que...
ich war darauf (auf das Schlimmste) gefasst	je m'y attendais (au pire)
das geht mich nichts an	cela ne me regarde pas

Exemples :

Es hat mich gefreut, seine Bekanntschaft zu machen.
J'ai été ravi de faire sa connaissance.

Sie brauchen sich doch nicht aufzuregen.
Il est inutile de vous énerver (vous n'avez pas besoin de...)

Ich hatte eine ganz andere Vorstellung.
Je me faisais une toute autre idée.

Ich bin ganz anderer Meinung.
J'ai un avis différent.

Das stört mich! Lassen Sie mich bitte in Ruhe!
Cela me dérange ! Laissez-moi tranquille, s'il vous plaît !

Das habe ich mit Absicht gemacht.
Je l'ai fait exprès.

Donner son avis, son point de vue

SEINE MEINUNG ABGEBEN, SEINE ANSICHT AUSDRÜCKEN

das ist meine persönliche Meinung	c'est mon avis personnel
meiner Meinung nach ist das realistisch	à mon avis, c'est réaliste
meiner Ansicht nach wird er kommen	à mon avis, il viendra
ich bin anderer Meinung	j'ai un autre avis
ich habe den Eindruck, dass	j'ai l'impression que...
ich habe das Gefühl, dass...	j'ai le sentiment que...
ich möchte hinzufügen, dass...	j'aimerais ajouter que...
ich bemerke aber, dass...	mais je remarque que...
ich möchte folgende Bemerkung machen	j'aimerais faire la remarque suivante
es scheint mir, daß...	il me semble que...
ich finde das richtig	je trouve que cela est juste
ich stehe auf dem Standpunkt, dass...	mon point de vue est que...
ich halte das für sinnvoll	je considère ceci comme judicieux

Exemples :

Das ist meine Stellungnahme zu dem Thema.
Ceci est ma prise de position sur le sujet.

Ich nehme gegen (für) das Projekt Stellung.
Je prends position contre (pour) le projet.

Ich ergreife für den Kollegen Partei.
Je prends parti pour le collègue.

Ich möchte über den Parteien stehen.
J'aimerais rester neutre.

Ich kann ihn nach seinen Argumenten nicht beurteilen.
D'après ses arguments, je ne peux pas le juger.

Was dieses Problem angeht, habe ich eine positive Einstellung.
J'ai un point de vue positif concernant ce problème.

Er hat eine kritische Bemerkung über ihr Verhalten gemacht.
Il a fait une remarque critique sur leur comportement.

Encourager, estimer, féliciter

A. *JEMANDEN (acc.) ERMUNTERN, ERMUTIGEN*

Exemples :

Wir ermuntern Sie durchzuhalten.
Nous vous encourageons à tenir bon.

Wir ermuntern dich zum Reden.
Nous t'encourageons à prendre la parole.

Es ist eine Ermunterung = eine Ermutigung.
C'est un encouragement.

Ich fordere dich auf, Mut zu fassen.
Je t'incite à prendre courage.

Du hast es sehr gut geschafft; gib doch nicht auf!
Tu as bien réussi ; n'abandonne surtout pas !

B. *JEMANDEN (acc.) / ETWAS (acc.) ANERKENNEN*

Exemples :

Er ist ein anerkannter Chirurg.
C'est un chirurgien réputé (reconnu).

Er wird von allen sehr geschätzt.
Il est apprécié de tous.

Seine Arbeit ist wegen seiner Qualität überall anerkannt.
Son travail est reconnu partout pour sa qualité.

Seine Leistung kann nur positiv bewertet werden.
On ne peut évaluer sa performance que positivement.

Seine Arbeit ist lobenswert.
Son travail est digne d'éloges.

C. *JEMANDEM (dat.) GRATULIEREN*

Exemples :

Wir gratulieren dir (Ihnen) zum bestandenen Examen.
Nous te (vous) félicitons pour la réussite à ton (votre) examen.

Wir sagen Ihnen unsere Glückwünsche.
Nous vous exprimons nos félicitations.

Diese Beförderung haben Sie gut verdient.
Vous avez bien mérité cette promotion.

Conseiller, informer, proposer

A. *RATSCHLÄGE GEBEN*

einen Rat geben, jemandem (+ dat.) raten	donner un conseil, conseiller quelqu'un
mein Rat wäre,...	je conseillerais de...
ich würde Ihnen raten	
es wäre ratsam,...	il serait judicieux de...
einem Rat folgen	suivre un conseil
an Ihrer Stelle würde ich... + inf.	à votre place je... (conditionnel)
Wenn ich Sie wäre,...	à votre place,...
ich empfehle Ihnen,...	je vous recommande...
es wird empfohlen,...	il est conseillé de...
es lohnt sich,...	cela vaut la peine de...

Exemples :

ich bitte Sie um Rat	je vous demande conseil
ich weise Sie darauf hin, dass...	je vous signale que...
er weiß keinen Rat mehr	il ne sait plus que dire
ich kann dir einen Tip geben	je peux te donner un tuyau

B. *MITTEILEN*

jemanden benachrichtigen, dass	informer quelqu'un que...
wissen Sie das? Haben Sie das gewusst?	savez-vous, avez-vous su cela ?
eine gute Nachricht haben	avoir une bonne nouvelle
auf dem Laufenden sein	être au courant
ich muss Sie informieren, dass...	je dois vous faire savoir que
ich möchte Ihnen mitteilen, dass...	j'aimerais vous annoncer que...

C. *VORSCHLAGEN*

jemandem einen Vorschlag machen	faire une proposition à qqun
einen Vorschlag annehmen, ablehnen	accepter, refuser une proposition
ich hätte einen Vorschlag:...	j'aurais une proposition à faire
ich würde vorschlagen...	

Auf Vorschlag des Direktors fällt der Unterricht aus.
Sur proposition du Directeur le cours est supprimé.

Comparer : différences, similitudes

A. *VERGLEICHEN*

im Vergleich zu (dat.)	en comparaison avec
einen Vergleich anstellen	faire une comparaison
ein gewagter Vergleich	une comparaison osée
ein treffender Vergleich	une comparaison pertinente
das ist nicht zu vergleichen!	ce n'est pas comparable
sich unterscheiden von (dat.)	se différencier de
etwas verwechseln mit (dat.)	confondre quelque chose
Unterschiede herausfinden	trouver des différences
es ist ganz verschieden	c'est tout à fait différent
es ist ganz anders	
wir sind ganz anderer Meinung	nous sommes d'avis contraire
es ist unterschiedlich	c'est différent
im Gegensatz zu (dat.)	contrairement à
Ähnlichkeiten herausfinden	trouver des similitudes
jemandem (dat.) ähnlich sein	ressembler à
jemandem (dat.) gleichen	
es sieht aus wie...	cela ressemble à
es stimmt völlig überein	cela concorde parfaitement

Exemples :

Ich vergleiche immer die Preise miteinander.
Je compare toujours les prix entre eux.

Er verwechselt immer Peter mit seinem Bruder.
Il confond toujours Pierre avec son frère.

Sie gleicht ihrer Mutter sehr.
Elle ressemble beaucoup à sa mère.

Sie haben denselben Charakter.
Elles ont le même cacractère.

Sie haben fast identische Vorstellungen.
Ils (elles) sont presque les mêmes représentations.

Das haben wir miteinander gemeinsam.
Nous avons cela en commun.

Sie haben gegensätzliche Meinungen.
Ils ont des opinions opposées.

Sie haben unterschiedliche Standpunkte.
Ils ont des points de vue différents.

Test Bilan

Vérifiez vos réponses à l'aide du corrigé p. 251 et comptabilisez vos points.

1 **Complétez par la bonne préposition :**

Wagners kommen ...... München, aber sie wohnen ...... Berlin

2 **Quelle est la bonne marque de l'adjectif ?**

Ich will keine rot ...... Rosen, ich möchte gelb ......

3 **Quel est le sens de la phrase proposée ?**

Der Wagen in der Garage gehört Karl, aber Anita fährt damit

a. Sie fährt seinen Wagen
b. Sie fährt mit ihrem Wagen
c. Er fährt mit ihr
d. Ihr Wagen ist kaputt

4 **Comment traduire « chez moi » ?**

Volker & Ingrid kommen morgen ......

a. zu meinem Haus
b. Zu mir
c. Nach Hause
d. Bei mir

5 **Quelle est la phrase correcte ?**

a. Sie möchte gehen arbeiten, aber das will er nicht.
b. Sie will, dass er arbeitet nicht.
c. Sie will arbeiten gehen, aber er ist dagegen.
d. Er will nicht, dass sie geht arbeiten.

6 **Quelle est la phrase correcte ?**

a. Wollen Sie Platz nicht nehmen?
b. Setzen Sie gut?
c. Sie wollen also bleiben sitzen?
d. Setzen Sie sich doch!

7 **Quelle est la phrase correcte ?**

a. Mein Bruder ist größer als ich.
b. Mein Bruder ist größer wie ich.
c. Mein Bruder ist so größer wie ich.
d. Mein Bruder ist als größer wie ich.

8 **Quelle est la phrase correcte ?**

a. Der Arzt gibt Herr Bachmann etwas zu essen.
b. Der Arzt gibt Herrn Bachmann etwas essen.
c. Der Arzt gibt Herrn Bachmann etwas zu essen.
d. Der Arzt gibt Herren Bachmann etwas zu essen.

9 **Quelle est la phrase qui dit la même chose que : *Renate war vor einem Jahr in Afrika.***

a. Sie war letztes Jahr in Afrika.
b. Sie war ein Jahr lang in Afrika.
c. Ihre Fahrt nach Afrika hat ein Jahr gedauert.
d. Seit einem Jahr ist sie in Afrika.

10 **Quelle est la phrase correcte ?**

a. Ich werde morgen im Büro Sie anrufen.
b. Ich werde morgen Sie im Büro anrufen.
c. Ich werde Sie morgen im Büro anrufen.
d. Morgen ich werde Sie im Büro anrufen.

11 **Quelle est la phrase qui dit la même chose que : *Gerade als ich in Urlaub fahren wollte, bekam ich eine Grippe.***

a. Weil ich gerade einmal Urlaub machen wollte, wurde ich krank.
b. Kurz vor meinem Urlaub wurde ich krank.
c. Jedesmal, wenn ich Urlaub machen wollte, wurde ich krank.
d. Ich wurde krank, als ich aus dem Urlaub kam.

12 **Quelle est la phrase correcte ?**

a. Das neue Bürohaus wird von Helm & Co. baut.
b. Das neue Bürohaus wird von Helm & Co. bauen.
c. Das neue Bürohaus von Helm & Co. gebaut wird.
d. Das neue Bürohaus wird von Helm & Co. gebaut.

13 **Quelle est la phrase correcte ?**

a. Ich will nicht gestört werden.
b. Ich will nicht gestört sein.
c. Ich will gestört nicht werden.
d. Ich will nicht gestört worden

14 **Quelle est la phrase correcte ?**

a. Seit ein Jahr ist sie in Afrika.
b. Seit einem Jahr sie ist in Afrika.
c. Seit einem Jahr ist sie im Afrika.
d. Seit einem Jahr ist sie in Afrika.

15 **Quelle est la phrase correcte ?**

a. Ich wisse, wer heute Morgen kommt.
b. Ich weiß, wer heute Morgen kommt.
c. Ich weiß, wer Morgen heute kommt.
d. Ich weiß, wer kommt Morgen heute.

16 **Quelle est la phrase correcte ?**

a. Herr Mannteurr hat nicht genug zu essen.
b. Herr Mannteurr hat gegessen nicht genug.
c. Herr Mannteurr hat genug zu nicht essen.
d. Herr Mannteuer hat genug nicht gegessen.

17 **Quelle est la phrase qui dit la même chose que : *Rauchen verboten!***

a. Hier muss man nicht rauchen.
b. Hier braucht man nicht zu rauchen.
c. Hier kann man nicht rauchen.
d. Hier ist das Rauchen nicht erlaubt.

18 **Quelle est la phrase correcte ?**

a. Trotz die Mühe macht mir alles viel Spaß.
b. Trotz der Mühe macht mich alles viel Spaß.
c. Trotzdem die Mühe macht mir alles viel Spaß.
d. Trotz der Mühe macht mir alles viel Spaß.

19 **Quelle est la phrase correcte ?**

a. Wenn ich mal angefangen habe, kann ich nicht mehr aufhören.
b. Wenn ich mal geanfangen habe, kann ich nicht mehr aufhören.
c. Wenn ich mal angefangen habe, ich kann nicht mehr aufhören.
d. Wenn ich habe mal angefangen, kann ich nicht mehr aufhören.

20 **Quelle est la phrase correcte ?**

a. Steh das Essen auf den Tisch!
b. Stell das Essen auf dem Tisch!
c. Stell das Essen auf den Tisch!
d. Stell auf den Tisch das Essen!

Votre score ..../20

Appréciation du score :

de 18 à 20 : Bravo. Vous pouvez quand même parcourir le livre pour y découvrir quelques points méconnus, avant de passer à un niveau supérieur.
de 15 à 17 : C'est bien, mais il y a encore quelques lacunes. Travaillez les fiches concernées.
de 12 à 15 : Pas mal, mais une révision systématique s'impose pour clarifier la situation.
de 8 à 11 : Vous n'êtes pas au niveau, il y a trop d'incertitudes.
au-dessous de 8 : Reprenez tout à la base, lentement et systématiquement.

Les verbes forts

Infinitif	Présent indicatif	Prétérit	Parfait	Traduction
backen	*bäckt*	*backte / buk*	*hat gebacken*	faire cuire
befehlen	*befiehlt*	*befahl*	*hat befohlen*	ordonner
beginnen	*beginnt*	*begann*	*hat begonnen*	commencer
beißen	*beißt*	*biss*	*hat gebissen*	mordre
biegen	*biegt*	*bog*	*hat gebogen*	courber
bieten	*bietet*	*bot*	*hat geboten*	offrir
binden	*bindet*	*band*	*hat gebunden*	lier
bitten	*bittet*	*bat*	*hat gebeten*	demander
bleiben	*bleibt*	*blieb*	*ist geblieben*	rester
braten	*brät*	*briet*	*hat gebraten*	rôtir
brechen	*bricht*	*brach*	*hat gebrochen*	briser
brennen	*brennt*	*brannte*	*hat gebrannt*	brûler
bringen	*bringt*	*brachte*	*hat gebracht*	apporter
denken	*denkt*	*dachte*	*hat gedacht*	penser
empfehlen	*empfiehlt*	*empfahl*	*hat empfohlen*	recommander
erschrecken	*erschrickt*	*erschrak*	*ist erschrocken*	prendre / avoir peur
essen	*isst*	*aß*	*hat gegessen*	manger
fahren	*fährt*	*fuhr*	*ist / hat gefahren*	aller / conduire qqun
fallen	*fällt*	*fiel*	*ist gefallen*	tomber
fangen	*fängt*	*fing*	*hat gefangen*	attraper
finden	*findet*	*fand*	*hat gefunden*	trouver
fliegen	*fliegt*	*flog*	*ist geflogen*	voler (intrans.)
fliehen	*flieht*	*floh*	*ist geflohen*	s'enfuir
fließen	*fließt*	*floss*	*ist geflossen*	couler
fressen	*frisst*	*fraß*	*hat gefressen*	manger (animaux)
frieren	*friert*	*fror*	*hat gefroren*	avoir froid, geler
geben	*gibt*	*gab*	*hat gegeben*	donner

Infinitif	Présent indicatif	Prétérit	Parfait	Traduction
gehen	*geht*	*ging*	*ist gegangen*	aller à pied
gelingen	*gelingt*	*gelang*	*ist gelungen*	réussir
gelten	*gilt*	*galt*	*hat gegolten*	valoir
genießen	*genießt*	*genoss*	*hat genossen*	profiter de
geschehen	*geschieht*	*geschah*	*ist geschehen*	se passer
gewinnen	*gewinnt*	*gewann*	*hat gewonnen*	gagner
gießen	*gießt*	*goss*	*hat gegossen*	verser, arroser
gleichen	*gleicht*	*glich*	*hat geglichen*	ressembler
gleiten	*gleitet*	*glitt*	*ist geglitten*	glisser
graben	*gräbt*	*grub*	*hat gegraben*	creuser
greifen	*greift*	*griff*	*hat gegriffen*	saisir
halten	*hält*	*hielt*	*hat gehalten*	tenir, s'arrêter
hängen	*hängt*	*hing*	*hat gehangen*	être accroché
heben	*hebt*	*hob*	*hat gehoben*	soulever
heißen	*heißt*	*hieß*	*hat geheißen*	s'appeler
helfen	*hilft*	*half*	*hat geholfen*	aider
kennen	*kennt*	*kannte*	*hat gekannt*	connaître
klingen	*klingt*	*klang*	*hat geklungen*	(ré)sonner
kommen	*kommt*	*kam*	*ist gekommen*	venir
kriechen	*kriecht*	*kroch*	*ist gekrochen*	ramper
laden	*lädt*	*lud*	*hat geladen*	charger
lassen	*lässt*	*ließ*	*hat gelassen*	laisser
laufen	*läuft*	*lief*	*ist gelaufen*	courir
leiden	*leidet*	*litt*	*hat gelitten*	souffrir
leihen	*leiht*	*lieh*	*hat geliehen*	prêter, emprunter
lesen	*liest*	*las*	*hat gelesen*	lire
liegen	*liegt*	*lag*	*hat gelegen*	être couché
lügen	*lügt*	*log*	*hat gelogen*	mentir
meiden	*meidet*	*mied*	*hat gemieden*	éviter
messen	*misst*	*maß*	*hat gemessen*	mesurer
nehmen	*nimmt*	*nahm*	*hat genommen*	prendre
nennen	*nennt*	*nannte*	*hat genannt*	nommer

Infinitif	Présent indicatif	Prétérit	Parfait	Traduction
raten	*rät*	*riet*	*hat geraten*	conseiller
reiben	*reibt*	*rieb*	*hat gerieben*	frotter
reißen	*reißt*	*riss*	*hat gerissen*	arracher
reiten	*reitet*	*ritt*	*ist geritten*	monter à cheval
rennen	*rennt*	*rannte*	*ist gerannt*	courir
riechen	*riecht*	*roch*	*hat gerochen*	sentir (nez)
rufen	*ruft*	*rief*	*hat gerufen*	appeler
schaffen	*schafft*	*schuf*	*hat geschaffen*	créer
scheiden	*scheidet*	*schied*	*hat geschieden*	séparer
scheinen	*scheint*	*schien*	*hat geschienen*	sembler, briller
schelten	*schilt*	*schalt*	*hat gescholten*	réprimander
schieben	*schiebt*	*schob*	*hat geschoben*	pousser
schießen	*schießt*	*schoss*	*hat geschossen*	tirer un coup de feu
schlafen	*schläft*	*schlief*	*hat geschlafen*	dormir
schlagen	*schlägt*	*schlug*	*hat geschlagen*	frapper
schließen	*schließt*	*schloss*	*hat geschlossen*	fermer
schmeißen	*schmeißt*	*schmiss*	*hat geschmissen*	jeter
schneiden	*schneidet*	*schnitt*	*hat geschnitten*	couper
schreiben	*schreibt*	*schrieb*	*hat geschrieben*	écrire
schreien	*schreit*	*schrie*	*hat geschrien*	crier
schweigen	*schweigt*	*schwieg*	*hat geschwiegen*	se taire
schwimmen	*schwimmt*	*schwamm*	*ist geschwommen*	nager
schwören	*schwört*	*schwor*	*hat geschworen*	jurer
sehen	*sieht*	*sah*	*hat gesehen*	voir
sein	*ist*	*war*	*ist gewesen*	être
singen	*singt*	*sang*	*hat gesungen*	chanter
sinken	*sinkt*	*sank*	*ist gesunken*	diminuer, sombrer
sitzen	*sitzt*	*saß*	*hat gesessen*	être assis
sprechen	*spricht*	*sprach*	*hat gesprochen*	parler
springen	*springt*	*sprang*	*ist gesprungen*	sauter
stehen	*steht*	*stand*	*hat gestanden*	être debout

Infinitif	Présent indicatif	Prétérit	Parfait	Traduction
stehlen	*stiehlt*	*stahl*	*hat gestohlen*	voler, dérober
steigen	*steigt*	*stieg*	*ist gestiegen*	monter
sterben	*stirbt*	*starb*	*ist gestorben*	mourir
stoßen	*stößt*	*stieß*	*hat gestoßen*	heurter, cogner
streiten	*streitet*	*stritt*	*hat gestritten*	se disputer
tragen	*trägt*	*trug*	*hat getragen*	porter
treffen	*trifft*	*traf*	*hat getroffen*	rencontrer
treiben	*treibt*	*trieb*	*hat getrieben*	pousser
treten	*tritt*	*trat*	*ist getreten*	marcher, entrer
trinken	*trinkt*	*trank*	*hat getrunken*	boire
tun	*tut*	*tat*	*hat getan*	faire
vergessen	*vergisst*	*vergaß*	*hat vergessen*	oublier
verlieren	*verliert*	*verlor*	*hat verloren*	perdre
verschwinden	*verschwindet*	*verschwand*	*ist verschwunden*	disparaître
verzeihen	*verzeiht*	*verzieh*	*hat verziehen*	pardonner
wachsen	*wächst*	*wuchs*	*ist gewachsen*	grandir
waschen	*wäscht*	*wusch*	*hat gewaschen*	laver
weichen	*weicht*	*wich*	*ist gewichen*	céder
weisen	*weist*	*wies*	*hat gewiesen*	indiquer
werben	*wirbt*	*warb*	*hat geworben*	faire de la publi-cité
werden	*wird*	*wurde*	*ist geworden*	devenir
werfen	*wirft*	*warf*	*hat geworfen*	Jeter, lancer
wiegen	*wiegt*	*wog*	*hat gewogen*	peser
wissen	*weiß*	*wusste*	*hat gewusst*	savoir
ziehen	*zieht*	*zog*	*hat / ist gezogen*	tirer / partir
zwingen	*zwingt*	*zwang*	*hat gezwungen*	forcer

Les verbes mixtes

Infinitif	Présent indicatif	Prétérit	Parfait	Traduction
brennen	*brennt*	*brannte*	*gebrannt*	brûler
kennen	*kennt*	*kannte*	*gekannt*	connaître
nennen	*nennt*	*nannte*	*genannt*	nommer
rennen + s	*rennt*	*rannte*	*gerannt*	courir
senden	*sendet*	*sandte / sendete*	*gesandt / gesendet*	envoyer
wenden	*wendet*	*wandte / wendete*	*gewandt / gewendet*	tourner
bringen	*bringt*	*brachte*	*gebracht*	apporter
denken	*denkt*	*dachte*	*gedacht*	penser

Les adverbes

ab und zu	de temps à autre
allmählich, nach und nach	peu à peu
also	donc
auch	aussi
außerdem	de plus, en outre
bald	bientôt
bald .... bald	tantôt ... tantôt
bis dahin	d'ici là
bisher	jusqu'à présent
da	alors
damals	autrefois
dann	ensuite
deswegen, deshalb	c'est pourquoi
diesmal	cette fois-ci
doch	pourtant
draußen ≠ drinnen	à l'extérieur ≠ à l'intérieur
ein paarmal	quelques fois, plusieurs fois
endlich!	enfin !
erst, zuerst, zunächst	d'abord
früh, frühestens	tôt, au plus tôt
gestern, vorgestern	hier, avant-hier
heute	aujourd'hui
heutzutage	de nos jours
hier, da, dort	ici, là, là-bas
im Voraus	à l'avance
immer noch	toujours (en continu)
immer noch nicht	toujours pas
immer, stets	toujours (répétition)
inzwischen	entre temps
jahrelang	pendant des années

lange	longtemps
längst, schon lange	depuis longtemps
leider	malheureusement
links ≠ rechts	à gauche ≠ à droite
manchmal	parfois
mehrmals	à plusieurs reprises
meistens	la plupart du temps
monatelang	pendant des mois
morgen, übermorgen	demain, après-demain
neulich, kürzlich, vor kurzem	récemment, il y a peu
nicht einmal	même pas
nicht mehr	ne ... plus
nie, niemals	jamais
noch	encore
noch einmal	encore une fois
noch nicht	pas encore
nun, jetzt	maintenant
nur	seulement
nur noch	ne... plus que
oben ≠ unten	en haut ≠ en bas
oft ≠ selten	souvent ≠ rarement
öfters	assez souvent
plötzlich, auf einmal	soudain, tout à coup
rasch, schnell	vite, rapidement
rechtzeitig	à temps
schließlich	pour finir, à la fin, en définitive
schon	déjà
seit kurzem	depuis peu
seitdem	depuis
sicher, gewiss	sûrement, certainement
so	ainsi, comme cela
sofort	aussitôt, tout de suite
sozusagen	pour ainsi dire

spät, spätestens	tard, au plus tard
stundenlang	pendant des heures
tagelang	pendants des jours
tagsüber ≠ nachts	le jour ≠ la nuit
trotzdem	cependant, malgré tout
überall ≠ nirgends	partout ≠ nulle part
übrigens	d'ailleurs
umsonst, vergebens, vergeblich	en vain
unaufhörlich, ununterbrochen	sans cesse
unverzüglich	toutes affaires cessantes
von Vornherein	depuis le début
von zeit zu zeit	de temps à autre
von… an	à partir de…
vorher ≠ nachher, danach	avant ≠ après
vorn ≠ hinten	devant ≠ derrière
wieder	de nouveau
zuletzt, zum schluss	à la fin, en dernier lieu
zur Zeit	actuellement
zusammen	ensemble
zuweilen	à l'occasion
zwar	certes

CORRIGÉS DES EXERCICES

Corrigés

Test d'entrée

1. c.	2. b.	3. a.	4. d.	5. a.
6. c.	7. c.	8. b.	9. b.	10. c.
11. d.	13. c.	15. d.	17. d.	19. d.
12. c.	14. b.	16. a.	18. a.	20. c.

Retournez maintenant à la page 9 pour voir l'appréciation de votre score

Section 1 La sphère du verbe

Fiche 1

1. **a.** Aber die Schulferien sind in Frankreich sehr lang. (Mais les vacances scolaires sont très longues en France.) **b.** Ich habe gehört, dass sie gestern einen Unfall gehabt hat. (J'ai entendu dire qu'elle a eu hier un accident.) **c.** Nächste Woche findet in Paris eine Modeausstellung statt. (À Paris, la semaine prochaine, aura lieu une exposition sur la mode.) **d.** Ich weiß, dass Krokodile gefährliche Tiere sind. (Je sais que les crocodiles sont des animaux dangereux.) **e.** Im Sommer will ich mit meinem Freund nach Süden fahren. (Cet été, je veux partir pour le sud avec mon ami.) **f.** Weißt du, ob diese Pflanze bei diesem Klimawechsel weiter wachsen kann. (Sais-tu si cette plante pourra continuer à pousser avec ce changement de climat ?) **g.** Bleibst du heute zu Hause? (Restes-tu à la maison aujourd'hui ?) **h.** Sie behaupten, dass diese Sendung kein Interesse beim Publikum erwecken kann. (Ils affirment que cette émission n'éveillera pas le moindre intérêt chez le public.) **i.** Er ist kein Raucher, aber er raucht manchmal gern eine Zigarre. (Il n'est pas fumeur, mais il aime parfois fumer un cigarre.) **j.** Wenn ich mehr Zeit hätte, würde ich mich für die moderne Literatur interessieren. (Si j'avais davantage de temps, je m'intéresserais à la littérature moderne.)

2. **a.** Am 9.Juli soll der Süden des Sudan unabhängig vom Nordteil des Landes werden. (Le 9 juillet, le sud du Soudan doit devenir indépendant de la partie nord du pays.) **b.** Der Darmkeim EHEC breitet sich weiter aus. (La bactérie EHEC (Enterohemorragic Escherichia coli) se propage.) **c.** In Hamburg rufen die Behörden zu Blutspenden auf, um Erkrankte richtig behandeln zu können. (À Hambourg, les autorités font appel aux donneurs de sang pour pouvoir soigner correctement les gens atteints.) **d.** In den Haag muss der ehemalige Armeechef der bosnischen Serben vor seinen Richtern erscheinen. (L'ancien chef d'armée des Serbes bosniaques doit paraître devant ses juges à La Haye.) **e.** Weil er sich in Krisenzeiten für einen stabilen Euro eingesetzt hat, erhält der Chef der europäischen Zentralbank Jean-Claude Trichet den Karlspreis. (Le président de la Banque centrale européenne, Jean-Claude Trichet, reçoit le prix Charlemagne pour avoir défendu la stabilité de l'euro en ces temps de crise.) **f.** Das Volk begehrt auf. (Le peuple se rebelle.) **g.** Journalisten behaupten, dass auch italienische Diplomaten die jemenitische Hauptstadt haben verlassen müssen. (Des journalistes affirment que des diplomates italiens ont dû eux aussi quitter la capitale yéménite.) *Nous avons ici un double infinitif dans une subordonnée : c'est le seul cas où l'auxiliaire arrive en tête des formes verbales à la fin de la subordonnée.*

3. **a.** immer spät zu Bett gehen **b.** sich mit Hoffnung auf die Aufnahmeprüfung vorbereiten **c.** die ganze Nacht mit Freunden tanzen **d.** den Rhein entlang spazierenfahren **e.** einen Text wortwörtlich übersetzen **f.** gute Nachrichten aus Österreich erhalten **g.** vor einem wolkenlosen Himmel faulenzen

Fiche 2

1. gearbeitet / gegangen / gehört / mitgespielt / genommen / gefahren / gekannt / transportiert / gezeigt / verbracht

2. du kamst / er rechnete / sie telefonierte / ich verstand / du brachst / ihr brachtet / sie tranken / du schnittst / er erzählte / wir schwiegen

3. sein / haben / werden / bleiben / können / stolpern / rennen / heißen / mögen / essen

4. **Auxiliaire être pour :** gewesen, geworden, geblieben, gestolpert, gerannt. **Auxiliaire avoir pour :** gehabt, gekonnt, geheißen, gemocht, gegessen.

5. **a.** Er ist gestern auf der Treppe gefallen. **b.** Sie haben die Flasche leergetrunken. **c.** Sie ist alt geworden. **d.** Ich habe Glück gehabt. **e.** Ihr seid aggressiv geworden. **f.** Wann ist das passiert / geschehen? **g.** Angenommen, dass du dich geirrt hast. **h.** Sie hat die Reise geplant / organisiert. **i.** Ich habe die Gläser auf den Tisch gestellt. **j.** Sie haben die Gefangenen befreit.

Fiche 3

1. du aßest / ihr arbeitetet / ich schritt / wir dachten / ich wusste / ich kniff / du standst

ihr rechnetet / du schlossest / er erhielt / ihr logt / sie wurden / du gefielst / sie liefen

2. lies! / gib! / entschuldige! / stirb! / antworte!

nimm! / schlaf! / werde! / sei! / rechne!

3. hat befohlen / hat gestochen / hat gesprochen / hat gebeten / ist gefahren / hat verboten / hat gebunden

ist verschwunden / hat geholfen / ist geworden / ist gewachsen / ist gegangen / ist gereist / hat gekannt

4. verstünde - verstände / flöge / genösse / läse / gewönne - gewänne / stürbe

kennte / dächte / führe / böte / tränke / würfe

Fiche 4

1. **a.** haben (Ils se sont rencontrés pour la première fois aujourd'hui.) **b.** hat (Il lui a fallu attendre longtemps à l'arrêt de bus.) **c.** haben (Hier, nous avons offert des fleurs à notre mère pour son anniversaire.) **d.** bist (Comment es-tu rentré si tard à la maison ?) **e.** seid (Pourquoi êtes-vous devenus brusquement si agressifs ?) **f.** sind, haben (Nous sommes restés longtemps à Berlin parce que nous y avions beaucoup à faire.) **g.** bist, bin (Où étais-tu donc pendant les vacances ? Là où j'ai grandi.) **h.** habt (Avez-vous pu au moins dormir dans le train ?) **i.** haben, sind (Nous nous sommes informés du chemin à prendre et nous sommes arrivés au but sans problème.) **j.** ist (Crois-tu qu'il soit déjà allé à Rome ?) **k.** seid (Qu'est-ce que vous avez été paresseux ce matin !) **l.** haben (Qu'ont décidé tes parents pour ton avenir ?) **m.** ist (Ça fait des années qu'il n'est pas revenu au pays.) **n.** hat (Hier, elle s'est fait teindre les cheveux.) **o.** hat (Combien a coûté ce truc ?) **p.** sind (Hier, nous l'avons suivi dans la rue.) **q.** ist (Trois heures après, l'enfant s'est enfin endormi.) **r.** hat (Il a gelé cette nuit.) **s.** hat (Il lui a fallu longtemps réfléchir.) **t.** bist (Quand es-tu revenu des USA ?)

2. **a.** Bereits jetzt gehört der Iran zu den Staaten, in denen die Kommunikation im Netz umfassend überwacht wird. **b.** Bislang ist der EHEC-Erreger in den Sojasprossen noch nicht labortechnisch nachgewiesen worden. **c.** Die betroffenen Produkte wurden aus dem Handel zurückgerufen. **d.** Nach der Abreise des jemenitischen Präsidenten Saleh nach Saudi-Arabien scheint ein Machtwechsel möglich zu werden. Saleh wird nach einer Attacke auf seine Residenz in dem

Nachbarland medizinisch behandelt. **e.** Bundeskanzlerin Merkel und US-Präsident Obama haben sich in Washington in freundschaftlicher Atmosphäre getroffen. **f.** Die Kämpfe im Jemen gehen auch nach der Abreise von Diktator Saleh weiter, erneut hat es Tote gegeben. **g.** Fußball wird in Deutschland auch bei Mädchen und Frauen immer populärer. **h.** Chinesin Li Na hat als erste Asiatin ein Grand-Slam-Turnier gewonnen.

Fiche 5

1. **a.** Er mag heute nicht kommen. **b.** Er soll ein Praktikum in Basel machen. **c.** Im Büro darf nicht geraucht werden. **d.** Er will mehrmals nach Moskau geflogen sein. **e.** Sie mussten lachen. **f.** Sie hätte die Konsequenzen ihres Handelns bedenken sollen. **g.** Er will mit dem Zug fahren. **h.** sie möchten dich besuchen. **i.** Er kann uns nicht vom Bahnhof abholen. **j.** Was will er von mir? **k.** Mag kommen, was kommen will, ich schwänze den Unterricht. **l.** Er kann schwimmen. **m.** Ich muss weg.

2. **a.** Il faut l'aider. **b.** Elle ne sait pas mentir. **c.** Nous n'avons pas pu venir. **d.** elle n'a pas eu la permission d'aller à la patinoire. **e.** Je ne peux pas le lui raconter. **f.** Cette plante a besoin d'un terrain sec. **g.** Ce garçon sait beaucoup de poèmes. **h.** Il veut la lune. **i.** Cet enfant sait déjà parler.

3. **a.** Die türkische Regierungspartei AKP triumphiert bei der Parlamentswahl; sie kann mit komfortablem Vorsprung ohne Koalitionspartner weiterregieren. **b.** Die schlechte Wirtschaftslage war einer der Auslöser der Revolutionen in Tunesien und Ägypten. Nun muss der Westen Finanzhilfe gewähren, sonst könnte die weiterhin schlechte lage für das Scheitern der Reformen sorgen. **c.** Karl Jäger und der Mord an den litauischen Juden: Seine Heimatstadt will davon nichts wissen. Der Mann ist ja längst tot. 66 Jahre danach soll die Vergangenheit Vergangenheit bleiben. Doch ein Historiker ist anderer Ansicht. **d.** Mehrere Regierungskritiker sollen getötet worden sein. **e.** Die Proteste sollen nun in anderer Form fortgesetzt werden. **f.** Die schwer erkrankten EHEC-Patienten sind so stark nierengeschädigt, dass sie ein Spenderorgan benötigen oder lebenslang zur Dialyse müssen. **g.** Viele Kinder im Osten der Demokratischen Republik Kongo müssen ihren Lebensunterhalt selber verdienen.

Fiche 6

1. **a.** Er hat das Zimmer durchsucht. (Il a fouillé la pièce.) **b.** Sie lesen den Text durch. (Ils lisent le texte en entier.) **c.** Sie haben es eilig. Sie umfahren die Stadt. (Ils sont pressés, ils contournent la ville.) **d.** Er übernachtet in Wien. (Il passe la nuit à Vienne.) **e.** Achtung! Das Wasser fließt über! (Attention ! L'eau déborde !) **f.** Der Arzt untersucht den Patienten. (Le médecin ausculte le patient.) **g.** Der Obdachlose kommt bei Freunden unter. (Le sans-abri est hébergé chez des amis.) **h.** Gieß das Glas voll! Der Wein schmeckt aber gut! (Remplis mon verre ! Que ce vin est bon !) **i.** Der Vater widerspricht immer seinem Sohn. (Le père contredit toujours son fils.) **j.** Gib acht! Die Vase fällt um! (Fais attention ! Le vase se renverse !)

2. begonnen / aufgetreten / mitgemacht / verstanden / losgefahren vorgezogen / beobachtet / gefallen / aufgehört / wiederholt

3. **a.** Der Soldat ging zum Feind über. **b.** Nach dem Spiel warf er seinen Pulli über. **c.** Im Winter darf nicht überheizt werden. **d.** Er wird mit Geschenken überhäuft. **e.** Sie überleben uns alle! **f.** Die Polizisten überwältigen den Einbrecher. **g.** Ihm wurde der Verdienstorden übergeben. **h.** Die Hausbesetzer widersetzen sich der Polizei. **i.** Die Stimme hallt im leeren Zimmer wider. **j.** Wer hat den Befehl widerrufen? **k.** Der Gärtner hat die Pflanzen umgepflanzt. **l.** Jeden Tag bindet er sich eine neue Krawatte um. **m.** Sie hat die Schwierigkeiten umgangen. **n.** Ich habe meine Fähigkeiten überschätzt.

Test de niveau n° 1, fiches 1 à 6

1. c, *cf.* 1 fiche 3. Le verbe *gelten* est un verbe fort.
(Le producteur de films Bernd Eichinger, connu internationalement, passe pour être le cinéaste qui connaît le plus grand succès en Allemagne.)
2. b, *cf.* 1 fiche 3. Le futur est un temps composé en allemand qui utilise *werden* comme auxiliaire.
(Comment vivrons-nous à l'avenir ?)
3. d, *cf.* 1 fiche 3. Le verbe *lassen* est un verbe fort.
(Le peuple égyptien tient bon.)
4. a, *cf.* 1 fiche 6.
(La crise actuelle de l'euro occulta tous les débats.)
5. b, *cf.* 1 fiche 5. *Könnte* est le présent du subjonctif 2 qui correspond à notre conditionnel présent.
(Querelles frontalières entre la Thaïlande et le Cambodge : le patrimoine culturel de l'humanité pourrait être détruit.)
6. c, *cf.* 1 fiche 3. Le verbe *einbrechen* est un verbe fort.
(C'est alors que le malheur s'abattit sur nous.)
7. a, *cf.* 1 fiche 3. *Verhängen* est un verbe faible.
(Le juge prit des sanctions contre le malfaiteur.)
8. b, *cf.* 1 fiche 5.
(Je peux y arriver seul, tu n'as pas besoin de venir = tu n'es pas obligé de venir.)
9. c, *cf.* 1 fiche 5.
(Puis-je fumer ici ? = En ai-je l'autorisation ?)
10. b, *cf.* 1 fiche 5.
(Il est écrit dans la Bible : tu ne tueras pas = tu ne dois pas tuer.)
11. c, *cf.* 1 fiche 6.
(Sautez ce passage à la lecture.)
12. *cf.* 1 fiches 2, 4 et 5
a : sein, b : können, c : rennen, d : bringen, e : brechen
13. *cf.* 1 fiches 3 et 5.
a : ich / er ging, b : ich / er log, c : ich / er mochte, d : ich / er dachte nach, e : ich / er saß
14. a. *cf.* I Fiche 3. *Erlöschen (erlosch, erloschen; erlischt)* est un verbe fort.
(Ses sentiments se sont éteints.)
15. c. *cf.* 1 fiche 3. Trois de ces verbes sont réguliers au présent. En revanche, *werfen* présente au présent de l'indicatif le changement de voyelle des verbes forts en -e : *du wirfst, er, sie, es wirft.*
16. a. aufgelöst (Les généraux tunisiens ont dissous le parlement.)
b. zurückgewiesen (Le gouvernement tunisien a rejeté fermement la proposition de l'Italie.)
c. ausgerufen (Face à l'afflux des réfugiés, l'Italie a décrété l'état d'urgence humanitaire.)
d. geflüchtet (Après la chute du chef d'État Zine El Abidin Ben Ali, de plus en plus de Tunisiens ont fui vers l'Italie.)
17. b, *cf.* 1 fiche 3. (Les dirigeants militaires égyptiens ont suspendu la constitution.)

18. c, *cf.* 1 fiche 3.
(Dans les grandes villes comme Rome, Naples et Palerme, les femmes ont scandé : « L'Italie n'est pas un bordel ».)
19. *cf.* 1 fiche 5
a. will (Ce vendredi, l'opposition veut fêter le succès de ses protestations sur la place Tahrir.)
b. soll (Au plus tard dans six mois, il y aura de nouvelles élections = doivent avoir lieu)
c. will (L'Italie veut envoyer des policiers en Tunisie.)
d. muss (L'Europe doit aider l'Egypte. = il le faut vraiment)
20. b *cf.* 1 fiche 3. *Verleihen* (attribuer, décerner) est un verbe fort. Nous avons ici un passif impersonnel au prétérit.
(Lors des commémorations, on a remis au chef d'orchestre et pianiste Daniel Barenboim le prix de Dresde doté de 25 000 euros.)

Faites votre total et retournez à la page 42

Fiche 7

1. **a.** Arrête de frimer ! **b.** Parlez plus fort ! **c.** Ne sois pas si timide ! **d.** Aidez les donc ! **e.** Laisse-le tranquille ! **f.** Tiens-toi bien !
2. **a.** Sei vorsichtig! (Sois prudent !) **b.** Zieh dich sportlich an! (Mets des vêtements de sport !) **c.** Werde nicht seekrank! (N'aie pas le mal de mer !) **d.** Spring nicht ins Wasser! (Ne saute pas dans l'eau !) **e.** Fall nicht über Bord! (Ne passe pas par-dessus bord !) **f.** Pass auf! (Fais attention !)
3. Education

laisse ça
viens tout de suite
emporte ça
ne peux-tu pas écouter
apporte ça tout de suite
ne peux-tu pas comprendre
reste assis sans bouger
ne touche pas
reste assis sans bouger
ne mets pas ça à la bouche
ne crie pas
remporte ça tout de suite
fais attention
ôte tes mains de là
reste assis sans bouger
ne te salis pas
rapporte ça tout de suite
ne t'en mets pas plein partout
tiens-toi tranquille
laisse ça
celui qui ne veut pas écouter
le sentira passer

Fiche 8

1.

sie käme : prés. du subj. 2
wir gäben : prés. du subj. 2
ihr sprecht : prés. de l'indicatif
ihr lest : prés. de l'indicatif
er wisse : prés. du subj. 1
du bliebest : prés. du subj. 2
ihr nehmet : prés. du subj. 1
ihr wäret : présent du subj. 2
ich stünde : présent du subj. 2
er lernte : prétérit de l'indicatif et prés. du subj. 2
ich werde : prés. de l'indicatif et du subj. 1
wir seien : prés. du subj. 1
wir müssen : prés. de l'indicatif et du subj. 1
sie wüssten : prés. du subj. 2
du bliebst : prétérit de l'indicatif
sie brächten : présent du subj. 2
er könne : présent du subj. 1
wir riefen : prétérit de l'indicatif et présent du subj. 2

2. a. Inge erzählt, die Nachbarn hätten viel Lärm gemacht. Zum Glück würden sie bald nach Frankreich umziehen. Sie werde sie nicht vermissen, weil sie nicht besonders kontaktfreudig gewesen seien. Vorige Woche sei sie in Berlin gewesen. Sie habe die Stadt von früher nicht mehr erkennen können. Sie habe sich mit ihrer alten Freundin getroffen, und sie seien dann zusammen in das berühmteste Café auf dem Kudamm gegangen und hätten dort lange geplaudert. *(Inge raconte que les voisins ont fait beaucoup de bruit, que par chance ils vont déménager bientôt en France, qu'elle ne les regrettera pas parce qu'ils ne sont pas spécialement aimables, que la semaine dernière elle était à Berlin, qu'elle ne pouvait plus reconnaître la ville telle qu'elle était auparavant, qu'elle a rencontré sa vieille amie dans le café le plus célèbre du Kudamm et qu'elles y ont longuement bavardé.)*

b. Hugo sagt, seit drei Tagen gehe es ihm gut. Er sei froh, weil sich die ganze Familie freue, dass er wieder auf den Beinen sei. Er sei gestern wirklich glücklich gewesen, als ihm der Arzt gesagt habe, er könne wieder ein normales Leben führen. Natürlich habe er sofort an all seine Freunde gedacht, die ihn so oft im Krankenhaus besucht hätten. Manche von ihnen würden ihn bestimmt für verrückt halten, aber er werde sehr gern ins Büro gehen. *(Hugo dit qu'il va mieux depuis trois jours, qu'il est content parce que toute sa famille se réjouit de le revoir sur pied, que hier soir il était vraiment heureux d'entendre le médecin lui dire qu'il pouvait mener de nouveau une vie normale, qu'il a naturellement pensé tout de suite à tous ses amis qui lui ont si souvent rendu visite à l'hôpital, que certaine d'entre eux, en apprenant qu'il retournera avec plaisir au bureau, penseront qu'il est fou.)*

c. Peter erkundigt sich am Bahnhofsschalter, was die Hinfahrt nach Wien koste, wie lange die Reise dauere, ob es Studentenermäßigungen für die Reise mit dem Zug gebe, ob die Züge von München direkt nach Wien führen, warum er einen Sitzplatz reservieren müsse, ob sein Hund kostenlos mitfahren dürfe. *(Peter demande au guichet de la gare ce que coûte un aller pour Vienne, le temps que dure le voyage, s'il y a des réductions pour étudiants qui voyagent en train, si les trains sont directs de Munich à Vienne, pourquoi il lui faut réserver une place assise et si son chien a le droit de voyager avec lui.)*

3. Er hat uns letzte Woche geschrieben, dass er uns so früh wie möglich besuchen werde, dass er nicht wisse, ob er sich früh befreien könne, aber dass er sein Bestes tun werde.

Fiche 9

1. **a.** Er scheint alles zu wissen. **b.** Wir helfen den Kindern aufräumen **c.** Er hat Lust, aufs Land zu fahren. **d.** Es ist leicht, Deutsch zu lernen. **e.** Du darfst nicht den Rasen betreten. **f.** Ich möchte in einer Jugendherberge übernachten. **g.** Er hat die Absicht, im Garten zu arbeiten. **h.** Ich hätte es wissen sollen. **i.** Er fragt sich, wie er das hat wissen können. **j.** Er weiß, dass sie kommen wird. **k.** Er wusste die Arbeit der Studenten zu schätzen. **l.** Ich habe Schlittschuh laufen gelernt. **m.** Er half mir den koffer tragen. **n.** Bleib auf deinem Platz sitzen.
2. **a.** er kommt uns vom Bahnhof abholen. (Il vient nous chercher à la gare.) **b.** Er hat Angst, den Zug zu verpassen. (Il a peur de rater le train.) **c.** Hörst du ihn singen? **d.** Wir hoffen sehr, an diesem Festessen teilzunehmen. **e.** Er hat kommen müssen.
3. **a.** Facebooker, Youtuber und Blogger können den professionellen Journalismus nicht ersetzen. **b.** Schafft es Deutschland ohne Atommeiler auszukommen? **c.** Die Armee versuchte mit Schüssen in die Luft, die Menge aufzulösen. **d.** Der Ex-Militärchef der bosnischen Serben, Ratko Mladic, muss sich vor dem UN-Tribunal in Den Haag verantworten. **e.** Zehntausende Menschen wollen in der griechischen Hauptstadt auf die Straßen gehen, um gegen Korruption und Sparmaßnahmen zu protestieren. **f.** Nach Angaben der Vereinten Nationen kamen seit Beginn des Libyen-Krieges etwa 1200 Flüchtlinge bei dem Versuch ums Leben, das Mittelmeer zu überqueren.

Fiche 10

1. **a.** Von wem ist dieser lange Brief geschrieben worden? (Quel est l'auteur de cette longue lettre ?) **b.** Jeden Morgen wird sein Zimmer von der Putzfrau aufgeräumt. (Tous les matins, la femme de ménage lui range sa chambre.) **c.** Ein neuer Opel wird wahrscheinlich von seinen Eltern gekauft werden. (Ses parents achèteront vraisemblablement une nouvelle Opel.) **d.** In der Nacht sind einige Demonstranten von der Polizei kontrolliert worden. (Pendant la nuit, quelques manifestants ont été contrôlés par la police.) **e.** Letzte Woche sind dreißig Patienten vom Chefarzt operiert worden. (La semaine dernière, trente patients ont été opérés par le médecin-chef.) **f.** Ein guter Koch wird vom Hotel dringend gesucht. (L'hôtel recherche d'urgence un bon cuisinier.) **g.** Dieses Gedicht wurde 1950 von Prévert geschrieben. (Ce poème fut écrit par Prévert en 1950.)
2. **a.** In der deuteschen Grammatik trennt man Haupt- und Nebensätze durch ein Komma. (Dans la grammaire allemande, on sépare la principale des subordonnées par une virgule.) **b.** Die Bauern haben das Heu vor dem Gewitter in die Scheune getragen. (Les paysans ont rentré le foin dans la grange avant l'orage.) **c.** Der Supermarkt wird nächste Woche die Sommerartikel reduziert verkaufen. (La semaine prochaine, le supermarché vendra les articles d'été à prix réduit.) **d.** Alle Gäste schätzten die Party sehr. (Tous les invités apprécièrent beaucoup la soirée.)
3. **a.** Bei neuen Massenprotesten sind nach Angaben der Opposition mindestens neun Demonstranten von Polizei und Militär getötet worden. **b.** In Deutschland werden die übrigen neun Meiler in den kommenden elf Jahren nach und nach stillgelegt werden. **c.** Gewalt gegen Kinder wird nach dem neuen Report des Kinderhilfswerks UNICEF unterschätzt. **d.** Etwa 40 Tonnen Kriegsmaterial sind bisher von Frankreich an die libyschen Rebellen geliefert worden. **e.** Von den Mädchen in der Fußball Elite-Schule in Bad Neuenahr wird viel verlangt.

Fiche 11

1. **a.** Gewöhnlich wird bei ihm immer viel gegessen und getrunken. (Habituellement chez lui, on mange et on boit toujours beaucoup.) **b.** Normalerweise wird in Frankreich im August sehr wenig gearbeitet. (Normalement en France, on travaille très peu en août.) **c.** Gestern Abend wurde bei ihr bis Mitternacht getanzt. (Hier soir, on dansa chez elle jusqu'à minuit.) **d.** Bei Schmidts ist letzte Woche viel über die Jugend diskutiert worden. (La semaine dernière chez les Schmidt, on a beaucoup discuté sur la jeunesse.) **e.** Achtung! Jetzt wird angefangen! (Attention ! Ça commence maintenant !)

2. **a.** Nach dem Abendessen wird spazierengegangen. **b.** Ihm ist geholfen worden. **c.** Im Internat muss hart gearbeitet werden. **d.** In dieser Zeitung ist geschrieben worden, dass die heutige Jugend faul ist. **e.** Damals wurde in Deutschland nie gestreikt.

3. **a.** Man kann sie über Nacht feuern. (On peut la congédier du jour au lendemain.) **b.** Diese Landschaft ist viel fotografiert worden. (On a beaucoup photographié ce paysage.) **c.** Am Ende des Jahres gratulierte man ihr nicht. (À la fin de l'année, elle ne fut pas félicitée.) **d.** Man muss dieses Problem bis nächste Woche lösen. (Il faut résoudre ce problème d'ici la semaine prochaine.) **e.** Man wandert morgen den ganzen Tag. (On part demain en balade pour toute la journée.) **f.** Man denkt oft an die Zukunft. (On évoque souvent l'avenir.) **g.** Man hilft sofort den neuen Nachbarn. (On aide immédiatement les nouveaux voisins.)

4. **a.** Es wird im Sommer im benachbarten Garten gegrillt. (En été, on fait des barbecues dans le jardin voisin.) **b.** Es wird während der Sportstunde nie gefaulenzt. (On ne paresse jamais pendant l'heure de sport.) **c.** Es wurde damals in Berlin viel gefilmt. (On a tourné beaucoup de films à Berlin autrefois.) **d.** Es kann darüber nicht mehr viel diskutiert werden. (On ne peut plus tellement en parler.)

Fiche 12

1. **a.** über (Appel pour la libération de la photographe Maryam Majd : elle voulait faire un reportage sur le championnat du monde de football féminin en Allemagne.) **b.** an (Les dictateurs s'accrochent désespérément au pouvoir.) **c.** zu (Presque personne ne le connaît – Mais Peter Pewas fait partie des grands cinéastes du cinéma allemand.) **d.** auf, auf (Munich 2018 : les Munichois mettent tous leurs espoirs dans un conte hivernal : la métropole bavaroise mise avant tout sur le développement durable.) **e.** auf (Depuis le 1er juillet 2011, les forces combattantes allemandes sont une armée de volontaires. En cela, elles suivent la plupart des autres états de l'OTAN qui ont fait le choix d'armées professionnelles.) **f.** zu (Jusqu'à présent, les gros pollueurs comme les USA et la Chine ne veulent pas se laisser imposer des objectifs juridiquement contraignants de réductions de leurs émissions de CO_2.) **g.** über (Entre autre chose, des témoins de l'époque et des experts de l'histoire de la SED parleront de la RDA avec des étudiants.) **h.** für (En guise de compromis, le gouvernement à Athènes a offert de se charger lui-même, en coopération avec les Nations Unies, du transport des aides humanitaires dans la bande de Gaza.) **i.** auf (Pour le soixantième anniversaire de l'Institut Goethe, le ministre des Affaires étrangères, Guido Westerwelle, a fait savoir que cet institut de formation et de culture, actif dans le monde entier, ne pouvait pas espérer des moyens supplémentaires.) **j.** für (La livraison prévue de tanks allemands à l'Arabie Saoudite soulève maintenant des critiques également au sein de la coalition gouvernementale.)

2. **a.** b (Le ministre mit les invités présents dans l'ambiance des jours à venir.) **b.** c (Le cours de physique s'est posé la question de l'importance du rôle du scientifique.) **c.** a (Un groupe d'étudiants s'occupe d'un projet sur la protection de l'environnement.) **d.** d (Les étudiants se préparent à cet événement important.) **e.** c (Sur ce point, nous allons affronter de nouvelles difficultés.) **f.** b (Les journalistes s'en tiennent aux faits.)

Test de niveau n° 2, fiches 7 à 12

1. b, *cf.* I fiche 7
(Dans l'île de Juist en mer du Nord, il y a du vent, des nuages, la mer et beaucoup de soleil.)
2. c, *cf.* I fiche 7
(Les insulaires de l'île de Juist ont toujours su qu'ils habitaient sur « le plus beau tas de sable du monde ».)
3. a, *cf.* I fiche 11
(En 1891 s'installa à Dresde « le plus beau magasin de lait ».)
4. d, *cf.* I fiche 11
(Par grand froid, on ouvre dans la capitale de plus en plus d'asiles de nuit aux sans-logis.)
5. c, *cf.* 1 fiche 11
(Le besoin de parler est grand. On parle de beaucoup de choses au comptoir.)
6. b, *cf.* I fiche 7
(Après le séisme, le Japon est au bord d'une catastrophe nucléaire majeure.)
7. a, *cf.* I fiche 7
(Où est donc Robert ? Est-il encore au lit ?)
8. b, Il faut se rappeler que *werden* n'est pas seulement l'auxiliaire du passif, mais aussi celui du futur.
(Personne ne sait aujourd'hui à quoi ressemblera la Bundeswehr en 2012.)
9. d, *cf.* I fiche 13
(Mais ce qui attend maintenant la Bundeswehr est de loin la réforme la plus radicale depuis sa création en 1955.)
10. b, *cf.* I fiche 11
(On supprime le service militaire.)
11. b, *cf.* I fiche 13
(Le nombre des forces combattantes va diminuer pour compter tout au plus 185 000 membres.)
12. *cf.* I fiche 8
a. Seid immer höflich! (Soyez toujours polis!)
b. Räumt euer Zimmer auf! (Rangez votre chambre !)
c. Helft uns beim Putzen mit! (Aidez-nous à faire le ménage !)
d. Arbeitet besser! (Travaillez mieux !)
13. I fiche 13
a. Lass mich in Ruhe! (Laisse-moi tranquille !)
b. Unterbrich mich nicht! (Ne m'interromps pas !)
c. Entschuldige dich! (Excuse-toi !)

d. Geh früh ins Bett! (Va te coucher de bonne heure !)

14. a, *cf.* I fiche 13

(Les gens en Allemagne veulent être consultés sur les sujets sociaux et politiques.)

15. c, *cf.* I fiche 13

(C'est par internet que les groupes d'opposition appellent à protester contre le régime du président Kadhafi.)

16. d, *cf.* I fiche 13

(Des milliers de personnes participent aux manifestations pour obtenir davantage de droits et pour lutter contre le népotisme.)

17. a, *cf.* I fiche 7

(La crédibilité de l'homme politique le plus aimé d'Allemagne est en jeu : Le ministre de la défense Zu Guttenberg conteste avoir commis des plagiats en écrivant sa thèse.)

18. *cf.* I fiche 10

a. Warum lohnt es sich, Deutsch **zu** lernen? (Pourquoi cela vaut-il la peine d'apprendre l'allemand ?)

b. Pas de *zu* lorsque l'infinitif est complément d'un verbe de modalité (dürfen)

(Depuis janvier 2011, les secrétaires des débats au Bundestag ne peuvent plus travailler sans cravate.)

c. pas de zu devant l'infinitif complément d'un verbe de modalité (können)

(Ces sans-abris sont en sécurité : ils peuvent passer au chaud la nuit la plus froide jusqu'à maintenant.)

d. Patienten auf Verlangen zu töten ist den Ärzten weiterhin verboten.

(Il reste interdit aux médecins de tuer leurs patients à leur demande.)

19. c, *cf.* I fiche 12

(Sous les régimes autoritaires, on censure beaucoup.)

20. *cf.* I fiche 9

Der Journalist berichtet, Atomkraftgegner **hätten** der Polizei vorgeworfen, beim jüngsten Castor-Transport brutal und willkürlich gegen Demonstranten vorgegangen zu sein. Mehrere Menschen **seien** verletzt worden. Einige Demonstranten **seien** ohne Begründung bis zu drei Stunden festgehalten worden. Die Polizei **habe** den Vorwurf unangemessener Gewaltanwendung **zurückgewiesen**.

(Le journaliste rapporte que des adversaires de l'énergie nucléaire ont reproché à la police d'avoir agi brutalement et arbitrairement envers ceux qui manifestaient lors du dernier transport des déchets nucléaires. Plusieurs personnes ont été blessées. Quelques manifestants ont été arrêtés sans raison parfois trois heures. La police a nié avoir riposté de façon disproportionnée.)

Faites votre total et retournez à la page 76

Section 2 La sphère du nom

Fiche 13

1.

	Masculin	Féminin	Neutre	Pluriel
Minister	+			+
Tauben				+
Geister				+
Tische				+
Alte		+		+
Artist	+			
Monate				+
Zeug			+	
Frauen				+
Auge			+	
Löffel	+			+
Gesellschaft		+		
Studium			+	
Heiterkeit		+		
Tier			+	
Politiker	+			+
Häuslein			+	+
Genie			+	
Handballspieler	+			+
Werbung		+		

2. **a.** Geist (l'esprit) : c'est le seul masculin, les autres sont neutres. **b.** Hütte (la cabane) : c'est le seul féminin, les autres sont neutres. **c.** Hemd (la chemise) : c'est le seul neutre, les autres sont masculins. **d.** Stahl (l'acier) : c'est le seul masculin, les autres sont neutres. **e.** Irrtum (l'erreur) : c'est le seul masculin, les autres sont neutres. **f.** Giraffe (la girafe) : c'est le seul féminin, les autres sont des masculins faibles. **g.** Robbe (le phoque) : c'est le seul féminin, les autres sont masculins. **h.** Server (le serveur) : c'est le seul masculin, les autres sont neutres. **i.** Straßenbahn (le tram) : c'est le seul féminin, les autres sont masculins. **j.** Frist (le délai) : c'est le seul féminin, les autres sont masculins.

3. **das** Wörterbuch – **der** Bücherschrank – **der** Schönheitswettbewerb – **der** Zeitungsartikel – **die** Straßenseite – **der** Tanzabend – **die** Biologielektion – **die** Hausarbeit – **die** Haustür – **der** Sportschuh – **die** Klavierpartitur – **der** Reisepass – **das** Tanzlokal – **die** Bergbahn – **die** Hausordnung

4. **a.** der Hut: **die Hüte** **b.** der Strand: **die Strände** **c.** das Meer: **die Meere** **d.** der Herr: **die Herren** **e.** der Chef: **die Chefs** **f.** der Krieg: **die Kriege** **g.** der Maurer: **die Maurer** **h.** das Loch: **die Löcher** **i.** die Maus: **die Mäuse** **j.** das Hemd: **die Hemden**

k. die Arbeit: **die Arbeiten** **l.** der Passagier: **die Passagiere** **m.** das Argument: **die Argumente** **n.** der Apparat: **die Apparate** **o.** Die Gefahr: **die Gefahren**.

5. Die Drehbücher - die Küchengeräte - die Grammatikübungen - die Seefische - die Funktürme - die Kinosäle - die Geburtstagskuchen - die Kinderlieder - die Seeleute - die Deutschlehrer - die Betriebsräte - die Bierfässer - die Tierärzte - die Taschentücher - die Schlafzimmer

6. der Grund, der Brief, ein Deutscher, das Baby, das Haar, die Tochter, eine Grenze, der Ball, das Kind, ein Eindruck, ein Rat, ein Thema, die Französin, ein Fest, die Zeitschrift, ein Artikel, der Text

7. die Alben, die Atlanten, die Atlasse, die Basen, die Dankesworte, die Dramen, die Examina, die Firmen, die Globen, die Globusse, die Gremien, die Gymnasien, die Kommata, die Kommas, die Hassgefühle, die Klimate, die Klimas, die Konten, die Lexika, die Praktika, die Soli, die Sportarten, die Viren

Fiche 14

1. **Trois nominatifs :** die Kühlungsmaßnahmen, Techniker, die Gefahr. **Trois accusatifs :** Wirkung, weitere kleine Erfolge, Nachweise. **Deux datifs :** Radioaktivität, Lebensmitteln. **Deux génitifs :** der beschädigten Reaktoren, der Strahlung.
(Fukushima : Les mesures pour refroidir les réacteurs endommagés se montrent efficaces. Les techniciens annoncent d'autres petits succès. Mais le danger de la radioactivité demeure élevé. On retrouve en effet des traces radioactives dans des aliments.)

2. **a.** Trotz der Atomkatastrophe... (Malgré la catastrophe nucléaire au Japon, Moscou et Minsk continuent la construction d'une centrale nucléaire en Biélorussie.) **b.** Seit Jahrzehnten... (Cela fait des décennies que des chercheurs travaillent à une nouvelle forme de production d'énergie.) **c.** Für ihr fulminantes Romandebüt... (Pour son premier roman très réussi en langue allemande, Olga Martynova reçoit le prix de promotion Adelbert von Chamisso.) **d.** Statt umweltschädlichen Kohlestroms... (Taïwan : de plus en plus de ménages préfèrent utiliser dorénavant l'énergie hydroélectrique à celle produite par les centrales thermiques au charbon polluantes pour l'environnement.) **e.** Wegen Vergewaltigung und sexueller Nötigung... (L'ancien président israélien a été condamné à sept ans de prison pour viol et harcèlement sexuel.) **f.** Jemen: unter dem Druck... seit 32 Jahren... (Sous la pression du mouvement protestataire, le chef d'État en place depuis 32 ans se déclare prêt à renoncer à une nouvelle candidature.) **g.** Wegen der radioaktiven Strahlung... Über dem Reaktor... (Tous les techniciens et les pompiers furent évacués en raison du rayonnement radioactif. De la fumée s'est élevée au-dessus du réacteur.) **h.** Trotz der Angriffe... (Malgré les attaques, le potentat Kadhafi ne songe pas à renoncer au pouvoir.) **i.** Bei einem Bombenanschlag... (Un attentat à la bombe à Jérusalem a fait au moins 25 blessés.) **j.** Bereits seit einer Woche... (Cela fait déjà une semaine que les adversaires du régime protestent en Syrie.) **k.** Nach wochenlangen Unruhen... (Après une agitation de plusieurs semaines, le président du Yémen doit quitter le pouvoir.)

3. **a.** Die Zeit des Alleinherrschers... (Le temps du souverain absolu est passé.) **b.** Sicherheitskräfte haben mehrere Demonstranten getötet. (Les forces de sécurité ont tué plusieurs manifestants.) **c.** Angesichts der Proteste... (Devant les protestations, de plus en plus d'hommes politiques et d'officiers changent de camp au Yémen.) **d.** 41 Prozent der Bürger... (41 % des citoyens ont voté.)

4. **a.** Unseren Freunden geht es gut. (Nos amis vont bien.) **b.** Ich bin stolz auf diesen Erfolg. (Je suis fier de ce succès.) **c.** Es gelang dem Architekten... (L'architecte réussit à imposer son plan.) **d.** Ich gehe mit meiner Freundin... (Je vais au cinéma avec mon amie.) **e.** Ich traue diesen Kollegen nicht. (Je ne fais pas

confiance à ces collègues.) **f.** Das wissen wir aus der Zeitung. (C'est le journal qui nous l'a appris.) **g.** Die Touristen genießen jeden Tag ihres Urlaubs. (Les touristes profitent de chaque jour de leurs vacances.)

Fiche 15

1. ein alt**er** Wagen / unsere alt**en** Wagen / welcher alt**e** Wagen? / alle alt**en** Wagen / diese alten Wagen / dieser alt**e** Wagen / der alt**e** Wagen / zwei alt**e** Wagen / sein alt**er** Wagen / wenige alt**e** Wagen / einige alt**e** Wagen / euer alt**er** Wagen

2. a. Viele deutsch**e** Eltern geben ihren Kindern heute kurz**e** Namen. (Beaucoup de parents allemands donnent des prénoms courts à leurs enfants.) b. Einerseits haben viele jung**e** Frauen eine besser**e** schulisch**e** Ausbildung als Männer. Andererseits gibt es gerade für verheiratet**e** Frauen noch immer stark**e** Anreize, einen klein**en** Job zu übernehmen. (D'un côté, beaucoup de jeunes femmes ont une meilleure formation scolaire que les hommes, mais d'un autre côté, celles qui sont mariées ont encore fortement tendance à prendre un petit job.) **c.** Ein etwas welk**er** Salat oder ein Apfel mit einer braun**en** Stelle bleiben im Regal liegen. Nur teur**e** Produkte sind für Menschen viel Wert. (Une salade un peu fanée ou une pomme avec une tache brune resteront sur l'étal. Seuls les produits chers ont de la valeur pour les gens.) d. Euer von allen Angestellt**en** unterschrieben**er** Protest hat den Chef genervt. (Votre protestation signée par tous les employés a énervé le chef.) e. Die Streiche Till Eulenspiegels sind nicht nur in Deutschland beliebt: auf der ganz**en** Welt kennt man seine spannend**en** Abenteuer. (Les farces de Till Eulenspiegel ne sont pas seulement aimées en Allemagne : on connaît ses aventures palpitantes dans le monde entier.) f. Wir kennen jedes alt**e** Haus der malerisch**en** Altstadt. (Nous connaissons toutes les vieilles maisons de la vieille ville pittoresque.) g. Diese wunderschön**e** Geschichte werde ich nie vergessen. (Cette histoire merveilleuse, je ne l'oublierai jamais.) h. Schrill**e** Stimmen gellen uns in den Ohren. (Des voix stridentes nous percent les oreilles.)

3. **a.** Wir Deutsch**en** **b.** Für uns Deutsch**e** **c.** Wir alt**en** Freunde **d.** Ihr mutig**en** Grün**en**
Après un pronom au nominatif pluriel, on emploie plutôt la marque faible alors qu'à l'accusatif pluriel, on emploie uniquement la marque forte.

4.

Gut**en** Appetit!	Froh**es** Fest!	Gut**en** Abend!
Gut**en** Rutsch!	Schön**e** Reise!	Froh**e** Weihnachten!
Gut**e** Nacht!	Gut**en** Tag!	Gut**e** Fahrt!
Gut**en** Morgen!	Schön**es** Wochenende!	Gut**e** Erholung!

Fiche 16

1. **a.** Ludwig Erhards wirtschaftliche Politik trug Früchte. **b.** Bärbels jüngere Schwester hat einen interessanten Zeitungsartikel geschrieben. **c.** Doktor Müllers Konferenz wurde in einem Fernsehgespräch erwähnt. **d.** Ich bin mit Herrn Müllers Wagen nach Berlin gefahren. **e.** Carl Spitzwegs volkstümliche Bilder sind sehr beliebt. **f.** Bertolt Brechts *Mutter Courage* wird regelmäßig gespielt. **g.** Walter Gropius' entworfene Gebäude sind in einem Berliner Museum aufbewahrt. **h.** Onkel Fritz' Wagen ist gestern gestohlen worden. **i.** Kokoschkas erste Werke entstanden ab 1906. **j.** Manfreds Freunde haben gestern seinen Geburtstag gefeiert. **k.** Herrn Meyers neuer Wagen ist ein Mercedes. **l.** Alban Bergs Oper *Wozzeck* wurde 1925 bei der Uraufführung in Berlin sehr kritisiert. **m.** Von Claras Fenster aus sehen wir den Wald. **n.** Alle Musiker kennen Johann-Sebastian Bachs Werke. **o.** Die Kinder spielen sehr oft in Thomas'Garten.

2. a. Georg Büchners romantisches Drama *Wozzeck* inspirierte Alban Berg. **d.** Ludwig Erhards wirtschaftliche Politik begann nach Kriegsende. **f.** Martina liest gern Ingrid Nolls Romane.

3. a. Die Ansprache Papst Benedikts XVI. (des Sechzehnten) **b.** Till Eulenspiegels Streiche **c.** Die Günstlinge Königin Christines von Schweden **d.** Libyens Machthaber Gaddafi **e.** Prinz Williams Hochzeit **f.** Westminster Abbey ist die berühmteste Kirche Englands. **g.** Der Tod des Sokrates

Test de niveau n° 3, fiches 13 à 16

1. c. der Liberalen : génitif pluriel
(Le ministre de la santé Philipp Rösler doit succéder à Guido Westerwelle à la tête des Libéraux.)
2. a. der in die Kritik geratene Außenminister
(En outre, le ministre des Affaires étrangères en proie aux critiques, doit céder son poste de vice-chancelier à Rösler.)
3. b. verseuchtes Wasser
(La centrale nucléaire de Fukushima déverse de l'eau contaminée dans la mer.)
4. a. ein Gesandter Gaddafis
b. die Festnahme des chinesischen Künstlers Ai Weiwei
c. Libyens Regierung
5. c. wegen der ungelösten Probleme, *wegen* est suivi du génitif.
(À cause des problèmes insolubles causés par l'énergie nucléaire, il se pourrait que le gouvernement japonais ne puisse atteindre ses objectifs sur la protection du climat.)
6. a. die Ereignisse : accusatif pluriel
(Nous avons résumé les événements.)
7. d. von Fußball spielenden Frauen, von exige l'emploi du datif.
(Nous recherchons des photos inhabituelles ou amusantes de footballeuses dans le monde entier.)
8. c. gedenkt der Opfer : gedenken se construit avec le génitif.
(L'Ukraine commémore le souvenir des victimes de Tchernobyl.)
9. b. seinen beliebtesten Musiker : accusatif masculin singulier.
(Haïti a élu comme président son musicien le plus aimé.)
10. b. japanische Firmen : accusatif pluriel.
(Fukushima est aussi une catastrophe pour les agriculteurs japonais.)
11. a. deutsche Firmen : accusatif pluriel.
(La crise du Japon touche des entreprises allemandes.)
12. b. Bänder
(Car actuellement au Japon, les chaînes de montage sont stoppées.)
die Bänder : les chaînes de montage, die Bande : les liens, die Bände : les volumes (livres), die Bands : les groupes de musique
13. **das Fall-out :** les retombées radioactives, **das Highlight :** l'élément phare, **das Hightech :** la technologie de pointe mais **der Videoclip** : le clip
14. **der Container :** le container, **der Chip :** la puce électronique, **der Cocktail** mais **das Cockpit.**

15. **das Pony :** le poney, **der Pony :** la frange (cheveux)
16. c. das gut bezahlte Mannequin
17. Ehrenmänner : des hommes d'honneur / Seeleute : des marins / Strohmänner : des hommes de paille / Kaufleute : des commerçants
La règle est la suivante : le pluriel se fait avec Leute quand des hommes appartiennent au même groupe, font le même travail, s'il s'agit d'individus, on utilise Männer.
18. die Erlaubnis : la permission, c'est le seul féminin, les autres noms sont neutres.
19. der Muskel : le muscle. Son pluriel est : *die Muskeln*, les autres noms proposés sont invariables au pluriel.
20. das Reisig : la brindille, les autres noms sont masculins.

Faites votre total et retournez à la page 96

Fiche 17

1. Ich finde meinen Walkman nicht. Siehst du **ihn**? Vielleicht hat Isabel **ihn** benutzt. Kannst du **sie** danach fragen? Sie ruft gerade ihren Freund an. Hörst du **sie**? Sie spricht lange mit **ihm**, obgleich die Mutter **ihr** verbietet, ständig am Telefon zu hängen. Isabel aber sagt **ihr**, dass ihre Freunde auch von **ihnen** hören lassen, sobald sie auf Reisen sind. Sie freut sich dann, von **ihnen** zu hören.

2. **a.** Le livre en soi n'avait pas grande valeur, mais c'était un souvenir cher à son cœur. **b.** Il croyait qu'elle avait déjà vu ce film, mais en fait elle ne le connaissait pas. **c.** Sais-tu d'où vient ce chant ? Peux-tu leur demander s'ils le savent. **d.** Si tu connaissais ces paysages, tu ne les oublierais jamais. **e.** Donne de tes nouvelles !

3. **a.** Es ist mir leider nicht gelungen, rechtzeitig am Bahnhof anzukommen. **b.** Es ist nichts Schlimmes geschehen. **c.** Es fehlte an Zeit, um dieses Thema anzuschneiden. **d.** Er hatte es so eilig, dass ich ihn kaum sah. **e.** Es hat den ganzen Winter geschneit. **f.** Es klingelt an der Tür. **g.** Es war gestern Abend. **h.** Ich bin es. **i.** Es riecht nach Tabak. **j.** Es ist sehr spät. **k.** Es wird heute Abend getanzt. **l.** Es waren drei Pferde im Stall.

4. **a.** Cela se termine mal. **b.** Tu réussiras à surmonter ces obstacles. **c.** C'étaient ses enfants. **d.** Il fait des éclairs. **e.** On sent Noël approcher. **f.** On manque de pain. **g.** Elle a des vertiges. **h.** Ce livre fourmille de mots étrangers. **i.** Cela dépend. **j.** Il s'est chargé de s'occuper des enfants. **k.** J'en ai assez. **l.** Fais vite, nous sommes pressés. **m.** Depuis le milieu des années 70, il existe une littérature spécifiquement féminine. **n.** Il a réussi dans la vie.

Fiche 18

1. **a.** Gestern bin ich dorthin gegangen. **b.** Berlin? Ich habe dort gute Freunde und ich komme von dort. **c.** Bist du schon auf diesen Turm gestiegen? Ich möchte auch gern hinauf. **d.** Hast du an die Reise gedacht? Ja, ich habe daran gedacht. **e.** Die friesischen Inseln? Ich habe dort zwei Sommer verbracht. **f.** Ich bin darauf gefasst, eine gute Note in Deutsch zu haben. **g.** Matheübungen? Ich mache noch welche. **h.** Es ist Frankfurter Wurst. Möchtest du davon? **i.** Seine neue Schule? Er ist stolz darauf. **j.** Ein Aufenthalt am Meer / an der See? Dieses Jahr müssen wir darauf verzichten.

2. **a.** dort (Étais-tu en Australie ? Oui, je suis rentré hier.) **b.** darauf (Il a une nouvelle Volkswagen. Il en est très fier.) **c.** keine (Vendez-vous cette sorte de confiture ? Non, je n'en ai plus.) **d.** welche (Auriez-vous encore des pommes vertes ? Oui, j'en ai.) **e.** dazu (Sais-tu s'il va au Canada ? Oui, il est disposé à

le faire.) **f.** hinauf (Ah, le sommet de la montagne ! J'aimerais bien y monter.) **g.** dorthin (Pardon ? À Sylt ? Non, il n'y est pas allé.) **h.** auf (Il admire son frère, mais il en est un peu jaloux.) **i.** dort (Mozart resta longtemps à Vienne. Il y composa de beaux morceaux.) **j.** deren (Sa paresse, il n'en a pas conscience.)

Fiche 19

1. **a.** Genau einen Monat nach dem verheerend**en** Erdbeben und d**er** Tsunami-Katastrophe fanden in Japan Gedenkveranstaltungen statt. (Un mois exactement après le tremblement de terre dévastateur et la catastrophe du tsunami eurent lieu au Japon des cérémonies commémoratives.) **b.** In Japan sind Roboter längst fest**er** Bestandteil der Gesellschaft. Sie pflanzen Reis oder arbeiten in Fabriken. In nah**er** Zukunft sollen sie auch im Haushalt und in der Altenpflege eingesetzt werden. (Au Japon, les robots font partie intégrante de la société. Ils plantent du riz ou travaillent en usine. Dans un proche avenir, ils seront utilisés pour tenir la maison et assister les personnes âgées.) **c.** Wir leben in herausfordernd**en**, unsicher**en** Zeiten, die sogar die Zuversicht des größt**en** Optimisten erschüttern könnten. Einst sicher**e** Plätze sind gefährdet, und die Zahl der Arbeitslos**en** vervielfacht sich. Gibt es nichts und niemanden, der unser**es** ganz**en** Vertrauens würdig wäre? (Nous vivons des temps exigeants et incertains qui pourraient même ébranler la confiance du plus grand optimiste. Des emplois autrefois sûrs se voient menacés et le nombre des chômeurs se multiplie. N'y-a-t-il rien ni personne pour être digne de notre confiance ?)

2. **a.** Gut 18 Millionen junge Menschen leben in Deutschland. **b.** Die Jugend eignet sich neue Werte an, aber sie hält an traditionellen Werten fest. **c.** Für viele Jugendliche steht ein gesicherter Arbeitsplatz im Vordergrund. **d.** In Deutschland leben viele Ausländer miteinander, die sehr unterschiedliche Erfahrungen gesammelt haben. **e.** Die Jugend engagiert sich für alternative Lebensformen.

3. In Deutschland gibt es Museen verschiedenst**er** Art. Sie sind meistens aus bürgerlich**en** Sammlungen entstanden. Schon im 16. Jahrhundert gab es in München ein international**es** Kunstzentrum. Viel**e** wohlhabend**e**. Bürger wirken als Mäzene am Museumsboom mit. In verschieden**en** Ländern müssen wir über die Häufung berühmt**er** Museen staunen. Sie verdienen oft besonder**e** Beachtung. *(En Allemagne, on trouve les musées les plus variés qui soient. Ils sont nés la plupart du temps de collections privées. Déjà au XIVe siècle, il y avait à Munich un centre artistique international. Beaucoup de personnes aisées contribuent comme mécènes au développement des musées. Dans différents Länder, le nombre de musées nous étonne. Ils méritent souvent une attention particulière.)*

4. **a.** Fast jeder zweite deutsche Jugendliche spielt ein Musikinstrument. **b.** Die deutsche Architektur hat lange unter ihrer schwierigen Situation nach 1945 gelitten. **c.** Helmut Jahn, ein deutescher Architekt, hat einen 256 Meter hohen Turm in Frankfurt am Main gebaut. **d.** Nicht alle deutschen Künstler können vom Verkauf ihrer ausgestellten Werke allein leben.

Fiche 20

1. **a.** Bier ist teurer als Mineralwasser. **b.** Sie arbeitet besser als ihr Bruder. **c.** In Frankreich sind die Steuern höher als in Japan. **d.** Es gibt so viele Vorurteile in Frankreich wie in Deutschland. **e.** Es gibt mehr Arme in der Dritten Welt als in Europa. **f.** Wer nicht fließend Deutsch spricht, hat weniger Chancen, eine Stelle in Deutschland zu finden. **g.** Die türkischen Schüler haben es schwieriger als die deutschen Schüler. **h.** Sie müssen sich mehr anstrengen als ihre Mitschüler. **i.** Die Deutschen müssten internationaler denken, um die Ausländer besser zu inte-

grieren. **j.** So würden die Ausländer sich weniger ausgeschlossen fühlen. **k.** Wer fließendes Deutsch spricht, bekommt also bessere Aufstiegschancen. **l.** Er ist bekannter als Journalist denn als Maler. (*denn als* pour éviter deux *als* côte à côte).

2. **a.** Das Ruhrgebiet ist das größte europäische Industriegebiet. (La Ruhr est la plus grande région industrielle d'Europe.) **b.** Der deutsche Fußballbund ist der mitgliederstärkste Sportverband in Deutschland. (En Allemagne, la fédération de football est celle qui compte le plus d'adhérents.) **c.** Der Staat ist für die meisten Bürger ein abstrakter Begriff. (L'État pour la majorité des citoyens est un concept abstrait.) **d.** Der Zug bleibt das sicherste Verkehrsmittel. (Le train reste le moyen de transport le plus sûr.) **e.** Die Jugendromane von Erich Kästner gefallen den deutschen Kindern am besten. (Les romans pour la jeunesse qui plaisent le plus aux enfants allemands sont ceux d'Erich Kästner.) **f.** Pei ist einer der bekanntesten Architekten der modernen Zeit. (Pei est l'un des architectes les plus connus des temps modernes.) **g.** Die stärksten Impulse der deutschen Architektur gingen von Weimar und Dessau aus. (C'est de Weimar et de Dessau que partirent les impulsions les plus fortes de l'architecture allemande.)

3. **a.** Es ist der schnellste Wagen auf der ganzen Messe. **b.** In der Schule läuft Paul am schnellsten. **c.** Kennst du die kältesten Gegenden Europas? **d.** Die meisten Leute interessieren sich für Bücher. **e.** Die wahnsinnigste Werbung ist die vom Opel.

4. **a.** besser, **b.** lieber, **c.** dunkler, **d.** teurer, **e.** näher, **f.** weniger, **g.** klüger, **h.** höher

Fiche 21

1. **a.** La plupart des cambriolages ont lieu en fin de soirée. **b.** Je souffre du talon d'Achille : plus je cours, plus j'ai mal. **c.** N'hésitons pas d'autant plus que cette affaire n'est pas nouvelle. **d.** Plus elle jeûne, plus elle grossit.

2. **a.** Je weniger er redet, umso besser ist es. **b.** Immer weniger Leute wollen einen seemännischen Beruf ergreifen wollen. **c.** Mehr Sicherheit bedeutet weniger Freiheit. **d.** Europa hat immer weniger Einwohner, die immer älter werden. **e.** Die Europäer leben immer länger, haben jedoch weniger Kinder und arbeiten weniger.

3. **1 / c** Je mehr der Angeklagte redete, desto weniger glaubte ihm der Richter. (Plus l'accusé parlait, moins le juge le croyait.) **2 / d** Je teurer die Spielzeuge zur Weihnachtszeit sind, desto mehr reiben sich die Kaufleute die Hände. (Plus les jouets sont onéreux au moment de Noël, plus les commerçants se frottent les mains.) **3 / e** Je mehr Platz die Kinder haben, desto mehr bringen sie ihr Zimmer in Unordnung. (Plus les enfants ont de place, plus ils mettent leur chambre en désordre.) **4 / f** Je reifer die Trauben sind, desto süßer ist der Wein. (Plus les raisins sont mûrs, plus le vin est doux.) **5 / a** Je weniger mehrsprachig die Leute in Europa sind, desto schwieriger ist die Kommunikation zwischen ihnen. (Moins les gens sont polyglottes en Europe, plus il leur sera difficile de communiquer entre eux.) **6 / b** Immer mehr Geschäftsleute fahren mit der ECE (Inter City Express). (De plus en plus d'hommes d'affaires prennent le ICE.)

4. **Plus que jamais :** mehr als je zuvor / mehr denn je. **Moins que jamais :** weniger als je zuvor / weniger denn je.

Europa spricht außenpolitisch immer noch nicht – und weniger als je zuvor – mit einer Stimme.

Fiche 22

1. Das Land war arm **an** Rohstoffen. Deshalb war es **auf** die Hilfe reicherer Länder angewiesen. Die Regierenden mussten **zu** den größten Anstrengungen bereit sein, um **für** die Situation geeignete Mittel anzuwenden. Viele Leute waren zwar **an** große Schwierigkeiten gewöhnt, aber konnten nicht umhin, **über** das Elend traurig zu sein. Viele Industrieländer blieben **gegen** diese Armut gleichgültig, **für** die sie doch verantwortlich waren. In diesem Punkt waren sie **bei** der Bevölkerung verhasst. Manche Beobachter, die **über** diese Situation entrüstet waren, haben die reichen Länder **auf** das Problem aufmerksam gemacht. Sind sie endlich **zu** einer schnellen Hilfe entschlossen? Sonst wird die Dritte Welt **über** ihr Verhalten enttäuscht sein.

(Le pays était pauvre en matières premières. Il dépendait donc de l'aide de pays plus riches. Les dirigeants devaient consentir d'immenses efforts pour trouver des solutions à la situation. Beaucoup de gens avaient beau être habitués à de graves difficultés, ils ne pouvaient que s'attrister de la misère ambiante. Bien des pays industriels restaient indifférents à cette pauvreté dont ils étaient pourtant responsables. C'est la raison pour laquelle la population les détestait. Certains observateurs que la situation indignait, ont alors attiré l'attention des pays riches sur le problème. Ces derniers sont-ils enfin prêts à fournir une aide rapide ? Faute de quoi, leur comportement décevra le tiers-monde.)

2. Viele Menschen sind über **den** Verlust vieler Arbeitsplätze entrüstet. Sie verlangen vom Staat für **dieses** Problem geeignete Maßnahmen. Aber viele Unternehmer bleiben gegen **die** Arbeitslosigkeit gleichgültig. Deshalb sind die Gewerkschaften so wütend auf **die** Politiker, die ihrer Meinung nach an **ihren** Schwierigkeiten schuld sein.

(Beaucoup de personnes sont indignées de la perte de nombreux emplois. Ils exigent de l'Etat des solutions à ce problème. Mais beaucoup de chefs d'entreprise restent indifférents au problème du chômage. C'est pourquoi les syndicats sont furieux contre les hommes politiques qui, d'après eux, sont responsables de leurs ennuis.

3. a. Die meisten Studenten sind finanziell **von** ihren Eltern abhängig. (La plupart des étudiants dépendent financièrement de leurs parents.) **b.** Wir waren **von** diesem Konzert total begeistert. (Nous fûmes totalement enthousiasmés par ce concert.) **c.** Er ist **mit** der Reparatur meines Druckers beschäftigt. (Il est occupé à réparer mon imprimante.) **d.** Wer ist **an** diesem Blödsinn beteiligt? (Qui a participé à cette idiotie ?) **e.** Die Japaner sind **über** das Fall-out beunruhigt. (Les Japonais sont inquiets des retombées radioactives.) **f. Über** das Spiel ihrer Mannschaft sind die Zuschauer mehr als erfreut. (Les spectateurs sont plus que satisfaits de leur équipe.) **g.** Sind die Kinder **mit** ihren Hausaufgaben fertig? (Les enfants ont-ils fini leurs devoirs ?) **h.** Er ist **zu** uns wirklich nett. (Il est vraiment gentil avec nous.) **i.** Er ist froh **über** das Resultat des Bewerbungsgesprächs. (Il est heureux du résultat de son entretien d'embauche.) **j.** Die neue Sekretärin ist nicht **für** die Arbeit geeignet. (La nouvelle secrétaire n'a pas les compétences requises pour ce travail.) **k.** Ich bin neugierig **auf** seine Reaktion. (Je suis curieux de voir sa réaction.) **l.** Wir können **mit** dem Ergebnis zufrieden sein. (Nous pouvons être contents du résultat.)

Test de niveau n° 4, fiches 17 à 22

1. b. (Dans la crise libyenne, il faut de la patience et de l'endurance.)
2. b. (Des milliers de Syriens exigent plus que les timides réformes du président.)
3. a. (L'exploitant de la centrale nucléaire, Tepeo, a maintenant annoncé les premiers dédommagements.)
4. d. (Dans tout le cosmos, tout interagit avec tout.)
5. c. (L'eau est la base de la vie sur terre.)
6. a. näher, b. dunkler, c. mehr, d. teurer
7. a. öfter, b. höher, c. kränker, d. schwärzer
8. c. (Ma chambre est trop petite, j'en voudrais une plus grande.)
9. d. (Il court plus vite que les autres étudiants, c'est lui qui court le plus vite.)
10. b. (Les enfants jouent bruyamment dans la cour. Mais ce bébé crie le plus fort.)
11. a. (Quand on s'absente assez longtemps, il faudrait fermer le gaz.)
12. c. *unser* est le génitif (Prends pitié de nous.)
13. b. (Le Brésil est le partenaire commercial de l'Allemagne le plus important en Amérique latine.)
14. a. (Une semaine après l'attentat à la bombe à Marrakech, la police marocaine a arrêté trois suspects.)
15. c. (Un tribunal du Caire jugea coupable l'ancien ministre de l'Intérieur de blanchiment d'argent et d'enrichissement personnel.) *Für schuldig befinden* (déclarer coupable) se construit avec le génitif.
16. c. (Ossama ben Laden était responsable de nombreux attentats.)
17. b. (Ils étaient fâchés de son comportement.)
18. d. (elle est très sensible au froid.)
19. a. (Les mères sont-elles jalouses de leurs filles ?)
20. b. (Il était déçu du résultat.)

Faites votre total et retournez à la page 122

Fiche 23

1. **a.** Komm **zu** mir, ich warte **auf** dich. (Viens chez moi, je t'attends.) **b.** Es friert, das Wasser wird **zu** Eis. (Il gèle, l'eau se transforme en glace.) **c.** **Ohne** deine Hilfe hätte ich es nicht geschafft. (Sans ton aide, je n'y serais pas arrivé.) **d.** Vergiss nicht, wir essen **um** 18 Uhr. (N'oublie pas, nous mangeons à 18 h.) **e.** Ich werde **mit** meinem Bruder **in** die Schweiz fahren. (J'irai en Suisse avec mon frère.) **f.** Kinder **bis** elf Jahre zahlen die Hälfte. (Moitié prix pour les enfants de moins de onze ans.) **g.** Das Haus ist **mit** einem Garten umgeben. (La maison est entourée d'un jardin.) **h.** Seit er Student ist, wohnt er nicht mehr **bei** seinen Eltern. (Depuis qu'il est étudiant, il n'habite plus chez ses parents.) **i.** Die kinder bummelten **mit** den Eltern **durch** die Straßen. (Les enfants flânaient dans les rues avec leurs parents.) **j.** Die Straße **entlang** standen Bäume. (Toute la rue était plantée d'arbres.) **k.** Diese Münze ist jetzt **außer** Kurs. (Cette monnaie n'a plus cours.) **l.** Er ist leider **gegen** einen Baum gefahren. (Il est malheureusement rentré dans un arbre.) **m.** **Trotz** heftigen Regens gingen sie spazieren. (Ils sont allés se promener malgré une pluie battante.) **n.** **Wegen** / **infolge** einer Panne mussten

wir auf unsere Reise ins Ausland verzichten. (Nous avons dû renoncer à notre voyage à l'étranger à cause / à la suite d'une panne.) **o.** Laut des Befehls lässt die Polizei den Ort räumen. (Conformément aux ordres, la police fait évacuer les lieux.) **p.** Die Kinder kommen um 13 Uhr aus der Schule. (Les enfants sortent à 13 h. de l'école.)

2. **a.** Wegen zu hoher Bankgebühren werden Zahlungen per Scheck nicht akzeptiert. (Les paiements par chèque ne sont pas acceptés à cause des taxes bancaires trop élevées.) **b.** Am 20. April 2010 explodierte die Deepwater Horizon Ölplattform vor der Küste Louisianas im Golf von Mexico. (Le 20 avril 2010, la plate-forme pétrolière Deepwater Horizon explosa devant la côte de la Louisiane dans le golfe du Mexique.) **c.** Bei den knapp dreiwöchigen Unruhen in Ägypten wurden mehr Menschen getötet als bisher. (Rien que dans les trois semaines d'émeutes en Egypte, il y eut davantage de morts que jusqu'à présent.) **d.** deutsche Firmen bewerben sich um den Bau eines Hochgeschwindigkeitszuges in Brasilien. Dabei bekommen sie Unterstützung aus der deutschen Politik. (Les firmes allemandes se portent candidates à la construction d'un train à grande vitesse au Brésil. La politique allemande soutient leur projet.) **e.** Nach gewaltsamen Protesten 2010 hat die Regierung in Bangladesch die Löhne in der Textilbranche fast verdoppelt. (Après de violentes protestations en 2010, le gouvernement au Bangladech a presque doublé les salaires dans la branche textile.) **f.** Designstudenten entwickeln futuristische Kreationen für die Mode der Zukunft. (Des étudiants stylistes développent des créations futuristes pour la mode de demain.)

3. **a.** trotz (Malgré de nouvelles menaces du gouvernement, des milliers de Syriens ont manifesté pour obtenir des réformes démocratiques.) **b.** wegen (Le Conseil des Droits de l'Homme des Nations Unies a sévèrement condamné le gouvernement syrien pour la violence de sa répression.) **c.** nach (après l'attentat à la bombe dans un café fréquenté par les touristes dans la ville marocaine de Marrakech, les autorités suivent toutes les pistes.) **d.** durch (Environ 300 personnes ont perdu la vie à la suite des graves intempéries dans le sud-est des USA.) **e.** gegen (La violence permanente du régime syrien contre le mouvement protestataire cause de plus en plus de morts.) **f.** zwischen (Depuis des semaines, rien ne va plus comme avant entre le Maroc et le Yémen.) **g.** ab (À partir du 1er mai, les citoyens des huit États de l'Europe de l'est ont le droit de travailler également en Allemagne sans restrictions.)

Fiche 24

1. **a.** auf die (Ils se sont assis sur le banc fraîchement peint.) **b.** an die (Tous les dimanches, ils vont au bord de la mer.) **c.** hinter den (Qu'as-tu fait tomber derrière l'armoire ?) **d.** in der (Nous avons passé nos vacances en Turquie.) **e.** auf den (Elle pose le vase sur la table.) **f.** in die (L'an prochain, nous allons en Suisse.) **g.** in die (J'aime me coucher au soleil.) **h.** auf dem (Le repas était déjà sur la table.) **i.** vor dem (Tous les enfants aiment rester assis devant l'écran.) **j.** unter das (Je n'aime pas mettre la tête sous l'eau.) **k.** zwischen (Il était assis entre moi et mon mari.) **l.** ans (Elle courut au téléphone.) **m.** auf die (Elle étend le linge sur la corde.) **n.** an der (Il était à la porte avec des fleurs.) **o.** an der (Berlin est sur la Spree.) **p.** in die (Il met les mains dans les poches de son manteau.) **q.** über dem (La lampe est au-dessus de la table.)

2. 1 / d, 2 / f, 3 / g, 4 / a, 5 / b, 6 / e, 7 / c

3. **a.** in der (En Côte-d'Ivoire, six mois après sa victoire électorale, Alassane Ouattara a pris officiellement ses fonctions de chef d'État.) **b.** in seiner (La France a

stationné des troupes dans son ancienne colonie.) **c.** auf der (Pour la première fois, le champion de Formule 1, Sebastian Vettel, n'est pas en pole position dans la cinquième course.) **d.** auf die (Au Yemen également, des dizaines de milliers de personnes sont descendues de nouveau dans la rue pour exiger le départ du président.) **e.** auf (Des soldats de la Bundeswehr ont tiré sur des corps, sur des bras et des jambes de manifestants violents.) **f.** auf einen (Le nombre de délits sur le net a atteint un nouveau record.) **g.** unter autoritären (On censure beaucoup dans les régimes autoritaires.) **h.** vor der (En Allemagne, le championnat du monde de football féminin va avoir lieu très bientôt.) i. steht vor der Tür.

Fiche 25

1. **a.** Ich habe meinen Freund Bernd und seine Schwester getroffen. **b.** Der Sohn hört auf den Vater und folgt seinen Ratschlägen. **c.** Anton verabschiedete sich von Bernd und dessen Frau. **d.** Ich habe deine neuen Bücher gesehen. **e.** Der Junge zog seinen Mantel an. **f.** Herr Professor, Ihr neuestes Buch ist sehr interessant. **g.** Schreibst du regelmäßig an deine Eltern? **h.** Kinder, habt ihr eure Schulaufgaben gemacht? **i.** Meiner Meinung nach solltest du dich warm anziehen. **j.** Er hat seine Sachen wiedergefunden. **k.** Frau Müller, gehört dieses Comicheft Ihren Kindern? **l.** Sie findet ihren Walkman nicht mehr.

2. **a.** Es sind **deine** Bücher. (Ces livres t'appartiennent, ce sont tes livres.) **b.** Er trägt **ihren** Koffer. (Il porte la valise de son amie, il lui porte sa valise.) **c.** Sie retteten **sein** Leben. (Les médecins sauvèrent la vie du bébé, ils lui sauvèrent la vie). **d.** Sie gehören **ihren** Kindern (Les jouets appartiennent aux enfants de la voisine, ils appartiennent à ses enfants.) **e.** Sie wissen **seine** Küche zu schätzen. (Les clients savent apprécier la cuisine de l'aubergiste, ils savent apprécier sa cuisine.) **f.** Es ist **ihre** Lieblingsbeschäftigung. (Beaucoup d'adolescents jouent avec des jeux vidéo, c'est leur occupation favorite.)

3. **a.** Eurer / Ihrer Meinung nach (Ihr est la forme de politesse.) **b.** Eure Exzellenz **c.** Eure / Ihre Angehörigen **d.** Auf euer / Ihr Wohl! **e.** Vater unser, der Du bist im Himmel

Fiche 26

1. **a.** L'un de vous connaît-il ce conte ? **b.** Chacun a le droit de prendre un nouveau départ. **c.** Dans cette boutique, on ne vend rien d'intéressant. **d.** Il aborda un étranger. **e.** Quand on ne se sent pas bien, il vaut mieux rester chez soi. **f.** On aimerait rester jeune longtemps. **g.** Quelqu'un me l'a raconté. **h.** Personne ne m'écrit. **i.** Il n'est l'ami ni l'ennemi de personne. **j.** As-tu des mouchoirs en papier ? Oui, j'en ai. **k.** Quelques personnes tiennent le dernier roman de Ransmayr pour un best-seller.

2. **1 / g** In dieser Großstadt ist einem kaum jemand bekannt. (Dans cette grande ville, c'est à peine si l'on connaît quelqu'un.) **2 / d** Eltern können einem auch nicht alles verbieten. (Les parents ne peuvent pas tout vous interdire.) **3 / a** Ich habe kein Geld. Hast du welches? (Je n'ai pas d'argent. En as-tu ?) **4 / e** Hat keiner von euch mein Portemonnaie gesehen? (Est-ce que personne parmi nous n'a vu mon portemonnaie ?) **5 / b** Das kann niemand anders gewesen sein als du. (Ce ne peut être que toi.) **6 / c** Jeder fasse sich an seine eigene Nase. (Que chacun balaie devant sa porte !) **7 / f** Das weiß doch jedermann. (Tout le monde sait cela.)

3. **a.** Jeder will etwas anderes. **b.** Ich weiß nichts, niemand sagt mir etwas. **c.** Da kann man nichts machen, das ist ebenso. **d.** Er ist mit allen einverstanden. **e.** Sie hat alles, was sie braucht. **f.** Keiner hat es gewusst. **g.** Das kann einem passieren. **h.** Vor dem Gesetz sind alle gleich. **i.** Jedem das Seine, aber mir das Meiste! **j.** Die

ganze Arbeit war für nichts und wieder nichts. **k.** Statt über andere zu reden, sollte sie lieber vor ihrer eigenen Tür kehren.

Fiche 27

1. **a.** im, b: um, c: am, d: am, e: am, f: rien: 2012, g: Einmal im Jahr, h: im, i: um, j: im, k: an/zu

2. Es war im Januar dieses Jahres wieder sehr kalt. Schon am frühen Morgen hatten wir immer um 5 Uhr Schwierigkeiten, unsere Autotür zu öffnen. In der Nacht fror es oft. Erst am Spätvormittag, wenn manchmal die Sonne schien, konnte man das Auto ohne Gefahr benutzen. Um 17 Uhr brach die Nacht herein, und es war höchste Zeit, wieder nach Hause zu fahren. Es ist schon einmal hier so kalt gewesen. Es muss im Winter um den 19. Dezember im Jahre 1954 gewesen sein.

3. **a.** Er besucht uns jedes Jahr im Herbst. b. Weißt du, ob die Berliner Mauer im Jahre 1989 / 1989 oder im Jahre 1990 / 1990 gefallen ist? c. Am Abend sind die Straßen der Hauptstadt leer. d. Nächstes Jahr werde ich ein Praktikum in Deutschland machen. e. Am Dienstagmorgen haben wir Biologie. f. Er kommt am Abend immer spät nach Hause. g. Ich habe sie um 9 Uhr vor der Post getroffen. h. Letzten Monat war ich um den 15. April in Rom. i. In der Nacht/ nachts sind alle Katzen grau.

4. **a.** seit, b. vor, c. seit, d. seit, d. seit, e. seit, f. vor

5. **a.** Vor einem Monat haben wir unsere Pariser Freunde getroffen. b. Unser Telefon ist seit vierzehn Tagen außer Betrieb. c. Vor zwei Tagen habe ich einen Techniker kommen lassen. d. Seit wann singst du auf Deutsch? Seit letztem Oktober. e. Ich habe diesen Roman vor Jahren gelesen. f. Auf dem Markt gibt es viele Leute am Sonntag. g. Seit immer will er um Mitternacht baden. h. Vor etwa einer Woche habe ich sie im Bus gesehen. i. Seitdem habe ich sie nicht mehr getroffen.

6. 1 / b, 2 / c, 3 / a, 4 / d

Fiche 28

1. **a.** Je n'ai lu que trois pages et j'ai abandonné ma lecture. **b.** Je n'ai lu que trois pages mais d'ici à la semaine prochaine, j'aurai terminé le livre. **c.** Elle n'a qu'un fils et aimerait avoir une fille. **d.** Ils sont encore jeunes et n'ont pour le moment qu'un enfant. **e.** As-tu de l'argent sur toi ? Malheureusement seulement trois euros. **f.** Elle n'a pu apporter que trois bouteilles à la soirée. **g.** Que c'est ennuyeux ! Et il n'est que neuf heures et quart ! **h.** C'est seulement la semaine prochaine que nous pourrons travailler sur l'ordinateur. **i.** À cette époque, mon neveu n'était qu'un petit garçon. **j.** Il était hors d'haleine et ne pouvait nous dire que son prénom.

2. **a.** Er kam erst nach dem Essen. **b.** Er wollte nur zehn Minuten bleiben. **c.** Sie fliegen erst nächste Woche nach Rio. **d.** Ich habe nur zehn Gehminuten bis zum Bahnhof. **e.** Wann wird er anrufen? Erst um Mitternacht.

3. **a.** nur : Je pensais avoir davantage d'argent : je n'ai que vingt euros. **b.** nur : Elle ne reste que trois jours chez son ami. **c.** erst : L'excursion dure une semaine, ils ne sont en route que depuis quatre jours. **d.** nur : Nous ne le voyons jamais en semaine. Il nous rend visite seulement le dimanche. **e.** erst : Déjà si grand ! Et il n'a que quatorze ans !

4. **a.** nichts Schönes : Je n'ai rien trouvé de beau aujourd'hui dans ce magasin de mode. **b.** etwas Billiges : As-tu acheté quelque chose de bon marché à manger ? **c.** etwas Unerwartetes : Il dit qu'il a quelque chose d'inattendu à raconter. **d.** mit

etwas Unbekanntem : Il dit qu'il veut absolument commencer par quelque chose d'inattendu. **e.** von etwas anderem : Ne peux-tu pas parler d'autre chose ? **f.** etwas Gutes : Ils voudraient goûter quelque chose de bon. **g.** nichts Neues : Il ne nous a rien raconté de nouveau aujourd'hui. **h.** von etwas Unglaublichem : J'ai rêvé de quelque chose d'incroyable.

5. **a.** Haben Sie etwas Gutes zu trinken? **b.** Er hat nichts Außergewöhnliches gesagt. **c.** Sie wünscht nichts anderes. **d.** Ich brauche etwas Nützliches. **e.** Wir haben nichts Neues erfahren. **f.** Es gibt hier nichts Interessantes für mich. / Hier gibt es nichts, was mich interessieren könnte. **g.** Hast du etwas Originelles anzubieten? **h.** Nein, nichts als banale Geschenke.

Fiche 29

1. **b.** Der Deutsche : c'est le seul adjectif substantivé, les autres sont des masculins faibles.

2. **c.** der Ungar : c'est le seul masculin faible.

3. **a.** die Schweiz **b.** der Irak **c.** der Libanon **d.** Norwegen
Norwegen est l'intrus, ce pays n'a pas d'article.

4. **a.** die Londoner Kneipen **b.** die Dresdner Bank **c.** die Straßburger Würste **d.** der Wiener Dom **e.** der Genfer See **f.** das Heidelberger Schloss

5.

PAYS	HABITANT	ADJECTIF
Belgien	der Belgier (-)	belgisch
Dänemark	der Däne (n,n)	dänisch
Finnland	der Finne (n,n)	finnisch
Indien	der Inder (-)	indisch
Irland	der Ire (n,n)	irisch
Israel	der Israeli (s)	israelisch
Kongo	der Kongolese (n,n)	kongolesisch
Kuba	der Kubaner (-)	kubanisch
Marokko	der Marokkaner (-)	marokkanisch
Palästina	der Palästinenser (-)	palästinensisch
Polen	der Pole (n,n)	polnisch
Portugal	der Portugiese (n,n)	portugiesisch
Ungarn	der Ungar (n,n)	ungarisch

Test de niveau n° 5, fiches 23 à 29

1. an (Le président des États-Unis reçoit ce vendredi le Premier Ministre israélien Nétanyahou)
2. an (Le président de la Commission européenne José Manuel Barroso plaide en faveur d'un Européen à la tête du FMI.)
3. angesichts (Le poste pourrait revenir à des candidats issus des pays émergents vu le poids grandissant de ces derniers dans l'économie mondiale.)
4. bei (Lors d'un échange de tirs entre des vigiles de l'entreprise et des émeutiers, huit talibans auraient été tués.)
5. zwischen (La ville pétrolière de Kirkouk est traditionnellement le théâtre de tensions entre les différents groupes ethniques.)
6. gegen ... wegen (L'Union européenne veut aggraver ses sanctions contre L'Iran en raison du programme nucléaire de ce pays.)
7. in (Le Japon glisse dans la récession.)
8. seit (L'essor économique a permis au marché allemand de connaître son meilleur début d'année depuis la réunification.)
9. Ai Wei Wei werde ohne Zugang zu einem Anwalt an einem unbekannten Ort festgehalten. (Ai Wei Wei serait retenu prisonnier dans un lieu inconnu sans pouvoir recourir à l'aide d'un avocat.)
10. Der dänische Filmregisseur Lars von Trier ist nach positiven Äußerungen über Hitler beim Filmfestival in Cannes zur unerwünschten Person erklärt worden. (Le cinéaste danois Lars von Trier a été déclaré persona non grata pour des propos tenus sur Hitler au festival de Cannes.)
11. keiner (Combien de gens vivent-ils en Allemagne ? Comme personne ne le sait exactement, un recensement de la population aura lieu en 2011.)
12. aus (Le président du FMI doit-il être obligatoirement européen ?)
13. über (De plus en plus de réfugiés tentent la traversée dangereuse de la Méditerranée en direction de l'Europe.)
14. an (Beaucoup de dictateurs se cramponnent désespérément au pouvoir.)
15. mit (Le prix Georg Büchner doté de 50 000 euros passe pour être la récompense littéraire la plus prestigieuse d'Allemagne.)
16. laut (Selon les tests, aucune centrale nucléaire allemande n'est en état de résister au crash violent d'un avion.)
17. aus (En dehors de la littérature allemande, ce sont les traductions d'ouvrages anglais qui occupent une place prédominante.)
18. zum (Des manifestants furent abattus près de la frontière avec le Liban.)
19. seit (Ça fait des mois que se multiplient les attaques contre les Coptes.)
20. zum (Le critique littéraire Volker Weidemann a écrit une biographie pour célébrer le centième anniversaire de Max Frisch.)

Faites votre total et retournez à la page 152

Section 3 La phrase

Fiche 30

1. **a.** Nein, es geht mir nicht besser. (Non, je ne vais pas mieux) **b.** Nein, ich habe kein konkretes Beispiel für die praktische Umsetzung meines Projekts. (Non, je n'ai pas d'exemple concret pour la mise en œuvre de mon projet.) **c.** Nein, sie kümmern sich nicht um die Produktion der Firma (Non, ils ne s'occupent pas de la production de la firme.) **d.** Nein, die Bundesregierung hat die wirtschaftliche Bedeutung des Fahrradtourismus nicht erkannt. (Non, le gouvernement fédéral n'a pas reconnu l'importance économique du tourisme à bicyclette.) **e.** Nein, Heroinsüchtige sind nicht alle labil. (Non, les héroïnomanes ne sont pas tous instables.) **f.** Nein, Sabine ist nicht lange krank gewesen. (Non, Sabine n'a pas été longtemps malade.) **g.** Nein, nicht alle Babys haben einen Schnuller. (Non, tous les bébés n'ont pas une tétine.) **h.** Nein, die Kinder lesen keine Comics in der Schule. (Non, les enfants ne lisent pas de BD à l'école.) **i.** Nein, ich habe an deinen Geburtstag nicht gedacht. (Non, je n'ai pas pensé à ton anniversaire.) **j.** Nein, sie haben noch nicht über seinen Vorschlag diskutiert. (Non, ils n'ont pas encore discuté de son projet.) **k.** Nein, er kann nicht auf diese Frage antworten. (Non, il ne peut pas répondre à cette question.) **l.** Nein, er hat seine Freunde nicht eingeladen. (Non, il n'a pas invité ses amis.) **m.** Nein, der Lehrer hat uns kein Wörterbuch empfohlen. (Non, le professeur ne nous a pas recommandé de dictionnaire.) **n.** Nein, er gab mir keine Blumen. (Non, il ne m'a pas donné de fleurs.) **o.** Nein, ich habe meine Schlüssel nicht. (Non, je n'ai pas mes clés.) **p.** Nein, Bernd ist kein guter Tennisspieler. (Non, Bernd n'est pas un bon joueur de tennis.) **r.** Nein, ihr dürft nicht vor der Kirche parken. (Non, vous n'avez pas le droit de vous garer devant l'église.) **s.** Nein, wir haben kein Brot gekauft. (Non, nous n'avons pas acheté de pain.) **t.** Nein, er arbeitet nicht mehr in Berlin. (Non, il ne travaille plus à Berlin.)

2. **a.** Bernd hat nicht genug Taschengeld. **b.** Er wollte nicht allein zu Hause bleiben. **c.** Er steht nicht gern früh auf. **d.** Es hat dieses Jahr nicht viel geregnet. **e.** Mein Bruder kommt nicht morgen, sondern übermorgen. **f.** Er trinkt kein Bier. **g.** Du gehst nicht weg, bevor du deine Lektion gelernt hast. **h.** Ich habe keine Lust mehr, ins Konzert zu gehen. **i.** In den Sommerferien macht es Spaß, weder Hausaufgaben noch Lektionen zu haben. **j.** Er hat keinen Hunger, er hat keinen Durst. **k.** Weder Fisch noch Fleisch. **l.** Wir haben keine Zeit, ins Theater zu gehen. **m.** Das hat weder Hand noch Fuß. **n.** Sie verlangen weder mehr noch etwas Besseres. **o.** Wir sind mit dem Resultat gar nicht zufrieden. **p.** Die Post ist am Sonntag und am Montag nicht geöffnet. La négation *nicht* se place après les compléments de temps avec préposition.

Fiche 31

1. **a.** **Was** sagt er denn? (Je ne comprends pas un mot. Que dit-il donc ?) **b.** **Wen** beobachtest du so genau? (Qui observes-tu aussi attentivement ? Le nouveau professeur ?) **c.** **Wer** hat dir das Buch geliehen? (Qui t'a prêté le livre ? - Mon frère.) **d.** **Wem** hast du in der Deutschstunde geholfen? (Qui as-tu aidé pendant le cours d'allemand ?) **e.** Mit **wem** gehst du in die Oper? (Avec qui vas-tu à l'opéra ?) **f.** Für **wen** hast du Äpfel gekauft? (Pour qui as-tu acheté des pommes ?) **g.** Vor **wem** hast du Angst? (De qui as-tu peur ? De ton père ?) **h.** **Was** hältst du davon? (Qu'en penses-tu ? - Rien de particulier.) **i.** **Wessen** CD ist das? (À qui est le

CD ?) **j.** Wem hast du dieses Restaurant empfohlen? (À qui as-tu recommandé ce restaurant ?)

2. **a.** Ich habe mir gestern einen Film von Wim Wenders angesehen. - Welchen? **b.** Ich fahre mit Freunden nach Wien. - Mit welchen Freunden? **c.** Ich möchte Romane moderner Schriftsteller. - Was für Romane? **d.** Ich möchte mir eine Steroanlage kaufen. - Was für eine?

3. **a.** Wen haben Sie auf der Post getroffen? (Qui avez-vous rencontré à la poste ?) **b.** Mit wem / Mit welchen Freunden seid ihr spazieren gegangen? (Avec qui / Avec quels amis êtes-vous allés vous promener ?) **c.** Wessen Mercedes ist das? (À qui est la Mercedes ?) **d.** Wer besucht euch regelmäßig? (Qui vous rend régulièrement visite ?) **e.** Was wollt ihr euch ansehen? (Que voulez-vous aller voir ?) **f.** Wem hast du das letzte Buch von Günter Grass geschenkt? (À qui as-tu offert le dernier livre de Günter Grass ?) **g.** Bei wem bleibst du eine Woche? (Chez qui restes-tu une semaine ?) **h.** Auf wen ist er stolz? (De qui est-il fier ?) **i.** Wem hat er aufräumen helfen?

Remarque : ich habe ihr aufräumen geholfen ou ich habe ihr aufräumen helfen, car avec helfen après un infinitif sans zu, on peut utiliser aussi bien le participe passé que l'infinitif.

4. a / 3, b / 7, c / 6, d / 5, e / 1, f / 2, g / 8, h / 4

5. **a.** Worauf achten die Bioethiker? **b.** Wozu trägt eine solche Entdeckung bei? **c.** Woran erinnern uns die Journalisten in ihrem Artikel? **d.** Woran sollen sich die Wissenschaftler halten? **e.** Worüber empören sich die Konservativen?

6. Eine Journalistin interviewt einen Abiturienten, sie fragt ihn, was er im Gymnasium gelernt habe, was er jetzt machen wolle, was sein Traumjob sei, wie er dahin komme, was für ihn wichtig im Leben sei und ob er Angst vor der Zukunft habe.

Fiche 32

1. **a.** Ich weiß, dass es wahr ist. (Je sais que c'est vrai.) **b.** Er behauptet, dass er der Beste ist. (Il affirme être le meilleur.) **c.** Sie fragt mich, ob sie ins Kino gehen darf. (Elle me demande si elle peut aller au cinéma.) **d.** Wir wissen, dass das Examen uns bevorsteht. (Nous savons que l'examen est proche.) **e.** Sie zweifeln, ob sie da bleiben. (Elles / Ils ne sont pas sûrs de rester là.)

2. **a.** Sie sagt, dass sie oft im Sommer an den Strand geht. (Elle dit aller souvent à la plage l'été.) **b.** Sie wissen nicht, ob der Zug um 7 Uhr vom Gleis A abfährt. (Ils ne savent pas si le train part quai A.) **c.** Er erklärt uns, dass junge Akademiker in Deutschland nur schwer an Lehrstellen kommen. (Il nous explique qu'en Allemagne, les jeunes universitaires ont beaucoup de peine à trouver des postes.) **d.** Der Tourist erkundigt sich, ob die Raben immer noch um den Berg fliegen. (Le touriste veut savoir si les corbeaux continuent de voler autour de la montagne.)

3. **a.** Die Italiener nannten den Kaiser Friedrich I. „Barbarossa", weil er einen rötlichen Bart hatte. (Les Italiens appelaient l'empereur Frédéric I « Barbarossa » parce qu'il avait une barbe rousse.) **b.** Da er krank war, konnte er nicht kommen. (Comme il était malade, il ne pouvait pas venir.) **c.** Da er den Brief nicht bekommen hat, ist er nicht auf die Party gekommen. (Comme il n'a pas reçu la lettre, il n'est pas venu à la soirée.) **d.** Die Bäume verlieren ihre Blätter, weil es zu viel geregnet hat. (Les arbres perdent leurs feuilles parce qu'il a trop plu.)

4. **a.** Er bleibt zu Hause, weil er sich auf die Prüfung vorbereiten will. (Il reste chez lui parce qu'il veut se préparer à l'examen.) **b.** Tatsache ist, dass die Zahl der Arbeitslosen nicht zurückgeht. (Il est un fait que le nombre des chômeurs

ne diminue pas.) **c.** Da er sich nicht hat anstrengen wollen, wird er diesmal nicht versetzt. (Comme il n'a pas voulu faire d'efforts, il redouble cette fois.) **d.** Der Lehrer zweifelt, ob seine Gruppe noch Fortschritte machen kann. (Le professeur doute que son groupe puisse encore faire des progrès.) **e.** Er konnte nicht zum Unterricht kommen, da er krank war. (Il n'a pas pu venir en cours parce qu'il était malade.)

Fiche 33

1. A. **a.** dem (Le directeur, déjà propriétaire de trois firmes, veut en acheter une autre.) **b.** denen (Les ouvriers auxquels il a promis une augmentation de salaire, ont manifesté.) **c.** die (Les manifestants photographiés par les journalistes, marchèrent jusqu'au ministère qui leur donna une réponse négative.) **d.** den (Ils s'adressèrent alors à nouveau au directeur, leur dernier espoir.) **e.** die (Les postes auxquels ils postulent se trouvaient dans les petites annonces d'un journal.)

B. **a.** deren (Les artistes dont les tableaux sont exposés dans la galerie, ne sont pas encore connus.) **b.** dessen (Le chien dont la laisse s'était cassée, quitta son maître en courant.) **c.** dessen (Le bateau dont l'équipage est français, est en train de sortir du port.) **d.** deren (Les enfants dont les parents se font du souci, ont besoin de cours de soutien.) **e.** dessen (Le garçon dont les amis attendaient des nouvelles, se manifesta enfin.)

C. **a.** dem (L'enfant que les policiers recherchaient depuis deux jours, fut retrouvé sain et sauf.) **b.** das (L'enfant dont ils s'occupaient n'avait que trois ans.) **c.** die (Les policiers auxquels s'était adressée la famille, furent soulagés.) **d.** dem (La fête à laquelle ils furent invités, avait lieu en plein air.) **e.** denen (Les collègues avec lesquels ils travaillaient depuis longtemps, furent heureux de leur succès.) **f.** die (Les amis dont ils se souvenaient avec plaisir, arrivèrent de province.) **g.** die (Les questions auxquelles l'enfant devait répondre, étaient trop compliquées.)

2. **a.** Im ganzen Land wurde der Angriffe vom 11. September gedacht. **b.** In New York, im Pentagon und in Shanksville/Pennsylvania fanden Trauerfeiern statt, an denen auch US-Präsident Barack Obama teilnahm. **c.** In Shanksville legte er einen Kranz an dem Denkmal nieder, das aus vierzig Säulen besteht, in die die Namen der Frauen und Männer vom United-Airlines Flug 93 eingraviert sind.

Test de niveau n° 6, fiches 30 à 33

1. **c.** (Un météorologue a étudié la part de vérité dans les maximes paysannes.)
2. **d.** (C'est parce qu'ils vivaient de leur récolte que les paysans dépendaient de la pluie, de la sécheresse, de la tempête et du froid.)
3. **b.** (L'Allemagne est la première nation industrielle du monde à ne plus utiliser bientôt l'énergie nucléaire.)
4. **a.** (Que fait Birgit Prinz pendant ses loisirs ? Elle joue au badminton ou va se promener avec son chien.)
5. Nach Jahren, in **denen** kaum jemand gefragt hat, unter **welchen** Umständen unser Essen produziert wird und **was** drin ist, interessieren sich immer mehr Deutsche für die Details der Nahrungsmittelherstellung. *(Après des années pendant lesquelles pratiquement personne ne s'est interrogé sur les conditions de production et sur le contenu de ce que nous mangions, de plus en plus d'Allemands s'intéressent maintenant aux détails de la production alimentaire.).* Donc la deuxième proposition est juste.

6. **b.** (En Allemagne, on bataille durement pour savoir si le bon âge pour partir à la retraite est 60, 65 ou 70 ans.)
7. **c.** (Qui réussit bien professionnellement, devrait pouvoir décider lui-même de la date de son départ à la retraite.)
8. **b.** (*Derrick* est une série policière allemande connue qui passa à la télévision allemande de 1974 à 1998.)
9. **b.** (De quoi as-tu peur ? – De perdre les gens qui sont importants pour moi.)
10. **b.** (Une femme sur laquelle les années n'ont pas de prise.)
11. **d.** (Pour écrire, l'auteur se sent bien dans le petit salon qu'aménagèrent les parents de son mari.)
12. **a.** (Tu peux comprendre que je sois fâché.)
13. a. Tout ça pour rien !
b. Je ne ferai jamais ça.
c. Il n'y a pas de réseau / ça ne capte pas.
d. Il n'y avait personne.
14. **a.** Du bist kein Kind mehr.
b. Ich habe keins davon.
c. Er macht keinerlei Fortschritt.
d. Er ist keineswegs einverstanden.
15. **b.** (Où en es-tu de ton travail ?)
16. a. Das weiß kein anderer als du.
b. Er weiß es besser als jeder andere.
17. **d.** (Ses projets et ce qu'il réalise, cela fait deux.)
18. **a.** / 2, **b.** / 3, **c.** / 1
19. **c.** (Je crains qu'il ne l'apprenne.)
20. **b.** (Dis-moi lesquelles de ces fleurs sont les plus belles.)

Faites votre total et retournez à la page 172

Fiche 34

1. **a.** als (Quand il la revit trois ans après, il ne la reconnut pas.) **b.** wenn (Nous faisons un tour à bicyclette quand le temps est ensoleillé.) **c.** wenn (Quand l'étang est gelé, nous faisons du patin à glace.) **d.** als (Ma mère explosa de rage en apprenant la nouvelle.) **e.** wenn (Quand Pinocchio disait un mensonge, son nez rougissait.)
2. **a.** Als sie das Abi machte, hatte sie Angst, der Sache nicht gewachsen zu sein. **b.** Wir nehmen immer eine Taschenlampe mit, wenn wir am Abend spät nach Hause gehen. **c.** Wenn der Herbst kommt, ziehen die Schwalben fort. **d.** Als er den Unfall erfuhr, lief er direkt zum Krankenhaus.
3. **a.** bevor (Avant que les parents ne reviennent, les enfants rangent leur chambre.) **b.** nachdem (Après avoir rangé leur chambre, ils font les fous.) **c.** nachdem (Ce n'est qu'après avoir compris le texte que tu pourras l'interpréter.) **d.** bevor (Avant d'aller à l'école, les enfants doivent prendre un petit déjeuner.) **e.** nachdem (Après avoir dansé toute la nuit, il avait grand soif.)
4. **a.** Nachdem sie das Abendessen eingenommen hatten, gingen sie ins Kino. **b.** Bevor er nach Deutschland fuhr, kaufte er sich ein zweisprachiges Wörterbuch. **c.** Nachdem er sich die Ausstellung über Dürer angesehen hat, spricht er nur von *Ritter, Teufel und Tod*. **d.** Nachdem er das Gymnasium verlassen hatte, trat er in die Lehre ein. **e.** Bevor du Peter anrufst, musst du dich erkundigen,

unter welcher Nummer du ihn erreichen kannst. **f.** Bevor du eine lange Fahrt unternimmst, sollst du nachprüfen, ob der Wagen genug Öl hat.

5. **a.** solange (Tu peux rester autant que tu veux.) **b.** während (Pendant que je restai auprès du blessé, mon ami appelait au secours.) **c.** seit (Je me sens mieux depuis que j'ai fait cette cure.) **d.** während (Alors que l'employé prenait son service à 9 heures, le directeur paressait toute la matinée.) **e.** sobald (Dès qu'il rentre à la maison, il veut manger tout de suite.) **f.** bis (Attends que je revienne.)

6. **a.** Die wichtigsten Oppositionsgruppen teilen mit, dass sie sich nicht an den Gesprächen beteiligen würden, solange das Regime auf friedliche Demonstranten schießen lasse. **b.** Während in Süddeutschland der Arbeitsmarkt leer gefegt ist, meldet Berlin noch immer eine Erwerbslosenquote von fast 14 Prozent. **c.** Es gibt Menschen, die alles weghauen, was sie nicht mehr brauchen. Sogar Bücher werden entsorgt, sobald sie gelesen sind.

Fiche 35

1. 1 / **c.** (Si je sais où tu passes tes vacances, je te rendrai visite.) 2 / **e.** (Si nous l'avions su plus tôt, nous ne serions pas venus aussi tôt.) 3 / **h.** (S'il dormait plus longtemps le matin, il serait sûrement de meilleure humeur.) 4 / **b.** (Si les voisins faisaient moins de bruit la nuit, nous pourrions dormir tout notre content.) 5 / **d.** (S'il avait des diplômes, il trouverait un travail sans difficultés.) 6 / **f.** (Si nous avions une auto, nous irions plus souvent nous mettre au vert.) 7 / **i.** (S'il n'avait pu me contacter à temps, nous serions maintenant dans le pétrin.) 8 / **g.** (Si tu veux, c'est avec plaisir que je t'accompagnerai chez tes parents.) 9 / **j.** (Si je n'avais pas été malade, j'aurais aimé participer à la randonnée.) 10 / **a.** (Si c'était nécessaire, il interviendrait.)

2. **a.** Wenn ich Zeit hätte, würde ich mehr Bücher lesen. **b.** Wenn sie ein Jahr länger in Frankreich bliebe, würde sie die Sprache besser beherrschen. **c.** Wenn du mir genug Geld gegeben hättest, hätte ich ins Theater gehen können. **d.** Wenn du morgen kommst, kaufe ich Kuchen. **e.** Wenn du mich früher über deine Pläne informiert hättest, hätten wir eine Villa am Meer gemietet.

3. **a.** Wenn die Amerikaner, die Kanadier und die Dänen ihre Altersgrenzen lockern oder abschaffen können, warum geht das nicht auch bei uns? Lasst uns länger arbeiten! **b.** Wenn sie nur da wäre! Wir könnten an die See fahren, um uns wieder zu beruhigen. **c.** Wenn wenig Luft zirkuliert, sind die dichtbebauten Viertel hohen Belastungen ausgesetzt. **d.** Si les avions de l'OTAN n'avaient pas soutenu le combat des rebelles contre Kadhafi, une victoire n'aurait pas été possible. **e.** Si à cause d'une alerte à la bombe, le président turc Abdullah Gül n'avait pas été obligé de renoncer à son discours prévu à l'Université Humboldt à Berlin, il aurait parlé de l'histoire des relations germano-turques.

Fiche 36

1. **a.** Obwohl / obgleich / obschon er kein Geld hat, geht er ins Kino. (Bien qu'il n'ait pas d'argent, il va au cinéma.) **b.** Obwohl die Straßen vereist sind, muss er schnell nach Hause. (Bien que les routes soient verglacées, il doit rentrer rapidement à la maison.) **c.** Obwohl er eine Goldmedaille errungen hat, glaubt niemand an seinen Erfolg. (Bien qu'il ait gagné une médaille d'or, personne ne croit en son succès.) **d.** Obwohl ich ihm helfen wollte, wünschte er keine Unterstützung. (Bien que je voulusse l'aider, il ne souhaitait aucune aide.) **e.** Obwohl er sich viel Mühe gegeben hat, ist er durchgefallen. (Bien qu'il se soit donné beaucoup de mal / Malgré tout le mal qu'il s'est donné, il a échoué.) **f.** Obwohl sie sich sehr beeilte, versäumte sie den Zug nach Berlin. (Elle eut beau se hâter vraiment, elle rata le

train pour Berlin.) **g.** Obwohl sie wie Könige lebten, verdienten sie nicht viel Geld. (Ils avaient beau vivre comme des rois, ils n'avaient pas beaucoup d'argent.) **h.** Ich will es nicht glauben, obwohl man mir versichert, dass er ein Spezialist ist. (Je ne veux pas le croire bien qu'on m'affirme que c'est un spécialiste.) **i.** Sie ist gar nicht müde, obwohl sie die ganze Nacht kein Auge zugemacht ist. (Elle n'est pas du tout fatiguée bien qu'elle n'ait pas fermé l'œil de la nuit.) **j.** Obwohl das Kind viele Spielzeuge bekam, war es damit nicht zufrieden. (Bien qu'il ait reçu beaucoup de jouets, l'enfant n'était pas content.)

2. **a.** Was er auch tun mag, sie ist nie zufrieden. **b.** Was auch geschehen mag, du kannst dich auf mich verlassen. **c.** Er mag noch so reich sein, sie will ihn nicht heiraten. **d.** So stark er auch sein mag, er hat keine Medaille errungen. **e.** Wie dem auch sei / Was auch sein mag, ich bleibe bei meiner Meinung. **f.** Wer sie auch ist, sie erschreckt mich nicht. **g.** So schön sie auch ist / sein mag, sie gefällt mir nicht. **h.** Ich komme morgen, es sei denn, es regnet. **i.** Ich komme nicht auf die Party, es sei denn, sie kommt mit mir. **j.** Ich werde pünktlich sein, es sei denn, ich finde meinen Weg nicht.

3. **a.** Ob die Pyrenäen, Marokko, Honduras, der Balkan oder Kanada, Eisenbahnen gibt es überall. **b.** Soll Putin in den Kreml zurückkehren, wird er nicht nur dem westlichen Ausland, sondern auch dem eigenen Volk erklären müssen, warum Medwedew nicht länger Präsident bleiben soll, obwohl er keine gravierenden Fehler gemacht und Russland ganz passabel durch die Jahre der Wirtschaftskrise gesteuert hat.

Fiche 37

1. **a.** Er freut sich, ins Kino zu gehen. (Il se réjouit d'aller au cinéma.) **b.** Sie hat vor, in München zu studieren. (Elle a l'intention de faire ses études à Munich.) **c.** Sie schlagen vor, heute Abend in die Kneipe zu gehen. (Ils proposent d'aller au troquet.) **d.** Sie haben Lust, im Sommer nach Italien zu fahren. (Ils ont envie d'aller cet été en Italie.) **e.** Die Polizisten haben die Absicht, ihrem Dienst nachzukommen. (Les policiers ont l'intention de faire leur devoir.)

2. 1 / **c.** (Il prend le tramway sans ticket.) 2 / **h.** (Il est allé au café au lieu d'aller à l'école.) 3 / **b.** (Elle est assez douée pour comprendre l'exercice.) 4 / **g.** (Ils vont au cours de maths sans avoir fait les devoirs.) 5 / **d.** (Il a joué une valse au lieu d'un tango.) 6 / **a.** (Il somnole au lieu de m'écouter.) 7 / **e.** (Christa va au supermarché acheter de la lessive.) 8 / **f.** (Il a pris sa décision sans l'avertir.) 9 / **j.** (Tu vas au marché aux puces acheter une vieille horloge murale.) 10 / **i.** (Il choisit cette méthode pour se préparer à l'examen.)

3. **a.** Die Eltern geben dem Kind Geld, damit er sich Bücher kauft. (Les parents donnent de l'argent à l'enfant pour qu'il s'achète des livres.) **b.** Sie hat viel Geld gespart, um sich einen Smart zu kaufen. (Elle a économisé pour s'acheter une Smart.) **c.** Er hat Nachhilfestunden nötig, um ein gutes Zeugnis zu haben. (Il a besoin d'heures de soutien pour avoir un bon bulletin.) **d.** Sie erinnert ihn an den Termin beim Arzt, damit er ihn nicht vergisst. (Elle lui rappelle le rendez-vous chez le médecin afin qu'il ne l'oublie pas.) **e.** Der Arzt unstersucht das Baby, um festzustellen, woran es leidet. (Le médecin examine le bébé afin de savoir de quoi il souffre.)

4. **a.** Er wollte ins Museum, anstatt ins Kino zu gehen. **b.** Er besichtigte die Ausstellung, ohne sich den Katalog zu kaufen. **c.** Der Lehrer führt die Schüler ins Theater, damit sie die neue Inszenierung sehen. **d.** Er war stolz darauf, seine Briefmarkensammlung zu zeigen. **e.** Er tippt seine Texte, damit sie lesbar sind.

Fiche 38

1. **a.** Das versprochene Gehalt **b.** Die bombardierte Stadt **c.** Der verlorene Schlüssel **d.** Ein störender Lärm **e.** Die singende Schauspielerin

2. **a.** Das dem Nachtwächter versprochene Gehalt (Le salaire promis au veilleur de nuit.) **b.** Die im Krieg bombardierte Stadt (La ville bombardée pendant la guerre.) **c.** Der gestern verlorene Schlüssel (La clé qui a été perdue hier.) **d.** Ein die Nachbarn störender Lärm (Un bruit qui dérange les voisins.) **e.** Die eine schöne Melodie singende Schauspielerin (La comédienne qui chante une jolie mélodie.)

3. **a.** Quelques étudiants que l'examen fait trembler **b.** Les bijoux volés par le cambrioleur **c.** Une leçon apprise avec beaucoup de difficulté **d.** Un bruit qui gêne les voisins. **e.** Le chaton couché dans le panier

4. **a.** Der Zug, der um 10 Uhr abfährt, fährt nach Bonn über Duisburg. (Le train qui part à 10 heures, va à Bonn via Duisburg.) **b.** Wir haben die Arbeit, die wir gestern angefangen haben, zu Ende bringen können. (Nous avons pu finir le travail que nous avons commencé hier.) **c.** Ich habe einen Text von Luther übersetzt, der in Latein geschrieben wurde. (J'ai traduit un texte de Luther écrit en latin.) **d.** Die Fahrgäste, die im Zug laut sprechen, stören die anderen Fahrgäste. (Les passagers qui parlent fort dans le train, dérangent les autres passagers.) **e.** Die Blätter, die im Herbst von den Bäumen fallen, haben oft schöne Farben. (Les feuilles qui tombent des arbres en automne, ont souvent de belles couleurs.)

5. **a.** In Kambodscha sind nach schweren Regenfällen 200 von Wassermassen eingeschlossene Touristen mit Hubschraubern in Sicherheit gebracht worden. **b.** Hunderte zu Gefängnisstrafen verurteilte Mitglieder der baskischen Untergrundsorganisation ETA haben ihre in Freiheit befindlichen Gesinnungsgenossen zu einem völligen Verzicht auf Gewalt aufgerufen. **c.** Nach 20 Jahren in der Todeszelle ist der wegen Polizistenmordes verurteilte Troy Davis mit der Giftspritze hingerichtet worden.

Fiche 39

1. **a.** Il quitta la salle en saluant tous les participants de la séance. **b.** En mangeant, il s'est cassé une dent. **c.** Il lit des BD en mangeant un sandwich. **d.** Ils furent tous ébahis en entendant la nouvelle à la radio. **e.** Il tombait des cordes. Il arriva au rendez-vous en courant. **f.** Es-tu passé ce matin devant l'hôtel de ville ? **g.** Il disparut derrière la porte en hurlant. **h.** Elle se fit mal en voulant éteindre le feu. **i.** En étant adroit, on peut bricoler à la perfection. **j.** En faisant des exercices de grammaire avec application, tu améliores ton allemand.

2. **a.** beim (En jouant, il s'est fait mal.) **b.** als (En raccrochant, Thomas ne se souvenait plus de l'adresse. **c.** wenn (En travaillant avec la vidéo, elle a fait des progrès.) **d.** indem (En faisant la vaisselle, il chante toujours *l'hymne à la joie*. **e.** und (Il partit en souhaitant à chacun une agréable soirée.) **f.** weinend (Pourquoi viens-tu vers nous en pleurant ?) **g.** indem (On peut comprendre l'art moderne en visitant de nombreuses expositions.) **h.** beim (En chantant, il a soudain perdu sa voix.) **i.** wenn (En regardant demain la télévision, les enfants apprendront quelque chose sur le Titanic.)

3. **a.** Unsere Freunde kamen lachend herein. **b.** Indem wir Ihr Einverständnis voraussetzten, hofften wir auf eine positive Antwort. **c.** Die letzte Lieferung betreffend möchten wir Ihnen unsere Enttäuschung mitteilen. **d.** Man ehrte die Sportler, indem man ihnen Medaillen verlieh. **e.** Beim Skifahren vergisst er seine Sorgen.

Fiche 40

1. a. Die Experten behaupten, die unmittelbaren wirtschaftlichen Schäden der Anschläge vom 11.September würden offiziell auf 60 Milliarden geschätzt. Doch die Folgekosten seien ungleich höher.

Die wirtschaftlichen Schäden, die der islamische Terror bislang der Weltwirtschaft zugefügt habe, ließen sich natürlich nicht exakt berechnen.

Die Anschläge vom 11.September hätten die Welt verändert.

(Les experts affirment que le chiffre officiel des dommages économiques immédiats des attentats du 11 septembre est de 60 milliards. Mais les frais qui s'ensuivront seront de loin plus élevés.

Naturellement, il n'est pas possible de calculer exactement les dommages économiques que la terreur islamique a causés à l'économie mondiale.

Les attentats du 11 septembre ont changé le monde.)

b. Dina El-Mamoun, Jemenexpertin von Amnesty International, erklärt, die Gesellschaft sei männerdominiert, aber die einflussreichen NGOs in den großen Städten würden von Frauen geleitet.

Eine Frau erklärt auf einer Demo, Ali-Abdullah Saleh werde nie mehr zurück an die Macht kommen. Sie würden ihn und seine Leute vor Gericht anklagen, weil sie so viele Demonstranten auf dem Gewissen hätten.

Amal Basha, die Vorsitzende der Menschenrechtsorganisation SAF sagt, im Jemen hätten die Frauen viele Gründe zu demonstrieren. Die Analphabetenquote liege bei 70 Prozent. Nirgends stürben so viele Frauen bei der Entbindung und nirgends würden so viele Mädchen zwangsverheiratet. Es seien die Frauen, die am meisten unter dem traditionellen System im Jemen litten.

(Dina El-Mamoun, l'experte du Yémen à Amnesty International, déclare que la société est dominée par les hommes, mais que ce sont des femmes qui dirigent les ONG influentes dans les grandes villes.

Une femme déclare lors d'une manifestation qu'Ali-Abdullah Saleh ne reviendra plus au pouvoir, qu'ils l'accuseront devant un tribunal, lui et ses sbires, tant ils ont de manifestants sur la conscience.

Amal Basha, la présidente de l'organisation des droits de l'homme la SAF, dit qu'au Yémen, les femmes ont bien des raisons de manifester. Le quota d'analphabètes est de 70 %. Nulle part ailleurs ne meurent autant de femmes lors de leur accouchement et nulle part ailleurs il n'y a autant de mariages forcés. Ce sont les femmes qui souffrent le plus du système traditionnel au Yémen.)

2. Am 22.August kamen plötzlich graue Wolken aus dem Süden. Niemand achtete darauf. Viele Touristen lagen in der Sonne oder waren am Ufer entlang spazieren gegangen. Die Kinder spielten Ball oder badeten im warmen Wasser. Im Nu wurde der Himmel schwarz und es donnerte. Jeder bekam Angst vor den Blitzschlägen und versuchte, so schnell wie möglich den Strand zu verlassen. Zwei Stunden lang regnete es stark. Es war das erste Mal, dass ein solcher Sturm so heftig in dieser Gegend wütete. Hoffentlich wird so etwas nie wieder geschehen.

(Le 22 août, des nuages gris arrivèrent soudain du sud. Personne n'y prêta attention. Beaucoup de touristes bronzaient au soleil ou étaient allés se promener le long du rivage. Les enfants jouaient au ballon ou bien se baignaient dans l'eau chaude. En un instant, le ciel devint noir et il se mit à tonner. Tout le monde avait peur des éclairs et essayait de quitter la plage aussi vite que possible. Il y eut des trombes d'eau pendant deux heures. C'était la première fois qu'une telle tempête faisait rage dans cette région. Espérons qu'une telle chose n'arrivera plus.)

3. Peter erkundigt sich am Bahnhofsschalter, was die Hinfahrt nach Wien koste, wie lange die Reise dauere, ob es Studentenermäßigungen für die Reise mit dem Zug gebe, ob die Züge von München direkt nach Wien führen, warum er einen Sitzplatz reservieren müsse, ob sein Hund kostenlos mitfahren könne.
(Peter demande au guichet de la gare ce que coûte un aller simple pour Vienne, le temps que dure le voyage, s'il y a des réductions pour les étudiants qui voyagent en train, si les trains vont directement de Munich à Vienne, pourquoi il est obligé de réserver une place assise et si son chien peut voyager avec lui gratuitement.)
4. Peter sagt zum Beamten am Schalter, er wolle also gern eine Fahrkarte lösen, er solle ihm eine Hinfahrtkarte nach Wien geben, er möge ihm aber bitte einen Sitzplatz reservieren.
(Peter dit à l'employé au guichet qu'il voulait un billet, il lui demanda un aller simple pour Vienne et le pria de lui réserver une place assise.)
5. Er hat uns letzte Woche geschrieben, er werde uns so früh wie möglich, besuchen, er wisse nicht, ob er sich früh befreien könne, aber er werde sein Bestes tun.

Fiche 41

1.

1. Das ist **doch** möglich.
2. Keine Sorge! wir finden **schon** den Weg.
3. Wieso? Anton kommt nicht? Aber nein, er hat es **doch** gesagt.
4. Danke für das Geschenk, das ist **aber** nett von euch!
5. Du kannst **ruhig** probieren, mein Computer funktioniert nicht.
6. Wer singt **schon** sowas?
7. Hast du **etwa** geraucht?

2.

1. vernünftigerweise (raisonnablement)
2. dummerweise (stupidement, bêtement)
3. glücklicherweise (heureusement)
4. merkwürdigerweise (étonnamment)
5. freundlicherweise (amicalement, aimablement)
6. bedauerlicherweise (malheureusement)
7. seltsamerweise (étrangement)
8. netterweise (gentiment, aimablement)
9. unerklärlicherweise (de manière inexplicable)

3.

1. Aber du bist doch nicht krank.
2. So ist das Leben!
3. Lies ruhig weiter!
4. Das ist ganz einfach blöd
5. Da ist aber nicht gewöhnlich (banal)!
6. Er ist eigentlich Anstreicher
7. Erzähl doch keinen Quatsch!
8. Kauf dir doch einen neuen Bleitstift!
9. Du hast die Flasche leergetrunken? Ich hatte eben Durst
10. Bleibst du etwa bis Mitternacht?

4.

1. On peut dire que tu as eu de la chance.
2. Tu sais bien qu'elle m'en veut.

3. Je finirai bien par prendre ma revanche.
4. Si seulement il pouvait rapporter un peu plus d'argent à la maison !
5. Mais c'est insensé !
6. Je t'avais bien dit qu'il ne neigerait pas.
7. Le bus n'attend pas, alors presse (grouille)-toi !
8. Elle a bien vieilli.
9. Il sait toujours mieux que tout le monde.
10. Tu trouves que l'exercice est facile, alors tu n'as qu'à le faire seul !

Test de niveau n° 7, fiches 34 à 41

1. muss (Il n'est pas oblgé de m'accompagner s'il n'en a pas envie.)
2. damit (Pour que les clients profitent de leurs loisirs, le personnel répond à leurs exigences.)
3. bevor (Avant de profiter de leur liberté, les retraités ont beaucoup travaillé.)
4. als (Cem Özdemir fur le premier député du Landstag d'origine turque quand il entra au parlement.)
5. damit (Dans toute société, il y a un système de formation professionnelle, un système scolaire, un monde du travail – Pour avancer dans la société, il faut intégrer ces systèmes.)
6. während (Pendant que d'autres enfants passent leur matinée dans une salle de classe, Richard et Georg eux, reçoivent l'enseignement de leurs parents.)
7. als (Il y a deux ans quand Winkmüller mit en route le premier séminaire destiné aux enfants de la guerre, ce fut comme si s'était ouverte une porte depuis longtemps fermée.)
8. solange (9 septembre 2011 : ça fait onze semaines qu'une vache nommée Yvonne, vit dans une forêt en Basse Bavière sans qu'on puisse l'attraper !
Les vaches aussi ont des rêves. Yvonne prit la poudre d'escampette. Tant qu'elle resta dans le sous-bois, personne ne se préoccupa d'elle.)
9. als (Mais quand Yvonne osa sortir des fourrés, l'histoire prit une autre tournure.)
10. damit (Afin que la vache ne fasse pas de bêtise, n'attaque personne, on a dressé des barrières entre la forêt et la rue et réduit la vitesse à 30 km/h.)
11. wie (Comme l'a communiqué l'office des statistiques de Wiesbaden, le taux de chômage des jeunes entre 15 et 24 ans était en juin de 9,1 %.)
12. als (Les nageurs qui, aux championnats du monde de Shanghai, ont traversé le bassin en glissant, semblaient voler dans l'eau.)
13. wenn (Est-ce que ça t'ennuie si je pars ?)
14. obwohl (Bien qu'elle soit fatiguée, elle continue à travailler.)
15. als (Au moment précis où je voulais partir, il se mit à pleuvoir.)
16. habe (La mort du fondateur d'Apple agite le monde. Le président américain Barack Obama a déclaré que le monde avait perdu un visionnaire.)
17. wie (Selon ce qu'il aura décidé, nous partirons pour Venise ou pas.)

Cette subordonnée est dite comparative, on peut trouver *je nachdem, wo* ou je nachdem *wann* : selon l'endroit / selon le moment.

18. bis (Cela va mettre longtemps avant qu'il ne s'en aperçoive.)
19. sobald (Dès qu'il fait nuit, je me mets au lit.)
20. wann (Il n'a pas réussi à savoir quand le bus part.)

Faites votre total et retournez à la page 206

Test Bilan

1. Wagners kommen nach München, aber sie wohnen in Berlin. (Les Wagner vont à Munich mais habitent à Berlin.)
2. Ich will keine roten Rosen, ich möchte gelbe Rosen. (Je ne veux pas de roses rouges, je voudrais des roses blanches.)
3. a. (Elle conduit sa voiture = la voiture de son ami.)
4. b. zu mir (Volker et Ingrid viennent chez moi demain.)
5. c. (Elle veut aller travailler, mais il est contre.)
6. d. (Asseyez-vous donc !)
7. a. (Mon frère est plus grand que moi.)
8. c. (Le médecin donne quelque chose à manger à Monsieur Bachmann.)
9. a. (L'an dernier / il y a un an, elle était en Afrique.)
10. c. (Je l'appellerai demain au bureau.)
11. b. (Je suis tombé malade alors que je m'apprêtais à partir en vacances.)
12. d. (C'est Helm & Co. qui construit le nouvel immeuble de bureaux.)
13. a. (Je ne veux pas être dérangé.)
14. d. (Ca fait un an qu'elle est en Afrique.)
15. b. (Je sais qui vient demain matin.)
16. a. (Monsieur Mannteurr n'a pas assez à manger.)
17. d. (Il n'est pas permis de fumer ici.)
18. d. (Malgré la peine que ça donne, tout me fait très plaisir.)
19. a. (Quand j'ai commencé, je ne peux plus m'arrêter.)
20. c. (Mets le repas sur la table.)

Faites votre total et retournez à la page 237 pour voir l'appréciation de votre score

Index

Les numéros renvoient aux fiches.

N

O

P

Q

R

S

T

V

W